[丹]约恩·德尔曼(Jørgen Delman) [丹]魏安娜(Anne Wed
谷健 等/译

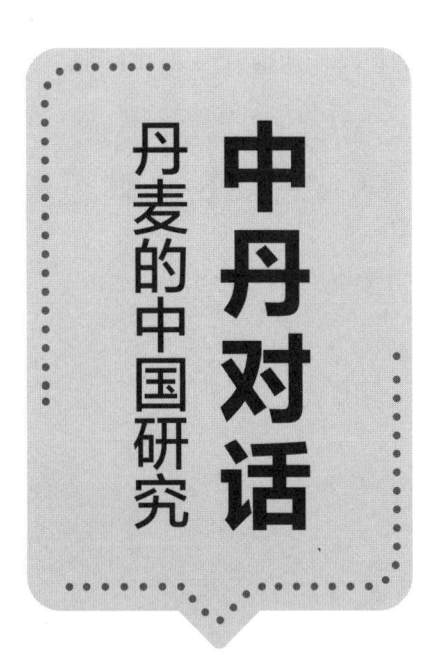

中丹对话
丹麦的中国研究

DIALOGUE BETWEEN
CHINA AND DENMARK

China Studies in Denmark

上海社会科学院出版社
SHANGHAI ACADEMY OF SOCIAL SCIENCES PRESS

图书在版编目(CIP)数据

中丹对话：丹麦的中国研究 /（丹）约恩·德尔曼，（丹）魏安娜主编；谷健等译 .— 上海：上海社会科学院出版社，2022
 ISBN 978 - 7 - 5520 - 3683 - 1

Ⅰ. ①中… Ⅱ. ①约…②魏…③谷… Ⅲ. ①汉学—研究—丹麦 Ⅳ. ①K207.8

中国版本图书馆 CIP 数据核字（2021）第 193515 号

中丹对话：丹麦的中国研究

主　　编：[丹]约恩·德尔曼　[丹]魏安娜
译　　者：谷　健　等
责任编辑：章斯睿
封面设计：周清华
出版发行：上海社会科学院出版社
　　　　　上海顺昌路 622 号　邮编 200025
　　　　　电话总机 021 - 63315947　销售热线 021 - 53063735
　　　　　http://www.sassp.cn　E-mail：sassp@sassp.cn
照　　排：南京前锦排版服务有限公司
印　　刷：上海景条印刷有限公司
开　　本：710 毫米×1010 毫米　1/16
印　　张：15.75
字　　数：282 千
版　　次：2022 年 7 月第 1 版　2022 年 7 月第 1 次印刷

ISBN 978 - 7 - 5520 - 3683 - 1/K・633　　　　　定价：88.00 元

版权所有　翻印必究

致谢：在此感谢丹麦范岁久基金会(S. C. Van Foundation)对本书出版给予的经费支持。范岁久基金会长期致力于支持中丹两国的文化教育交流和研究。

目　录

导言　从远处看中国 ………………………………………………………………
　　约恩·德尔曼（Jørgen Delman）　魏安娜（Anne Wedell-Wedellsborg）
　　　　　　　　　　　　　　　　　　　　　　　　张喜华　001

扬州评话《西汉》传统留存下来的说书艺人的脚本 ………………………………
　　　　　　　易德波（Vibeke Børdahl）/著　杨静林/译　017

孔子2.0版，还是儒学某某主义？
　　——文化调解者建构初探 ……………………………………………………
　　　　　　　本特·尼尔森（Bent Nielsen）/著　于春华/译　030

"音乐的势力"
　　——20世纪20年代后半叶的中国崛起 ………………………………………
　　　　　　　史通文（Andreas Steen）/著　王莎/译　043

当代中国文学身份空间中的多重时间性
　　——论余华小说《兄弟》及其接受研究 ………………………………………
　　　　　　　魏安娜（Anne Wedell-Wedellsborg）/著　于春华/译　062

亚健康
　　——当代中国身体素质之问 ……………………………………………………
　　　　　　　武博格（Mikkel Bunkenborg）/著　余沁/译　076

当代中国文化中的多孔渗透性人格
　　——与跨文化心理学的对话 ························
　　　　　　　　孙博（Bo Ærenlund Sørensen）/著　曹洪瑞/译　093

中国政治与国有企业的发展 ····················
　　　　　　·········　柏思德（Kjeld Erik Brødsgaard）/著　孙宁/译　106

中国城市气候变化政治
　　——碎片化整合机制与杭州的治理创新 ·················
　　　　　　　　约恩·德尔曼（Jørgen Delman）/著　孙宁/译　128

重塑中国城乡边界
　　——例外是获得发展的标准 ····················
　　　　　　　　叶思博（Jesper Willaing Zeuthen）/著　余沁/译　152

让中国走向世界，让世界走进中国
　　——陈衡哲与早期的全球化计划 ···················
　　　　　　　　丹尼斯·金普尔（Denise Gimpel）/著　曹洪瑞/译　172

我要用我自己的小方式来改变中国学前教育
　　——中国留学生、"西方"价值与学前教育改革 ············
　　　　　　　　曹诗弟（Stig Bjarka Thøgersen）/著　蒋芳芳/译　188

中国留学生问题研究
　　——一场基于软实力的公共外交？ ·················
　　　　　　　　　　　毕安娜（Ane Bislev）/著　蒋芳芳/译　205

重温中国和拉美经济发展
　　——不同工业化战略的非预期结果 ········　李形/著　倪晓文/译　226

导言　从远处看中国

近年来，考古学家在对北欧国家进行考古挖掘的过程中发现的有力证据表明，北欧维京人在1000多年前就已经拥有价值不菲的中国产品，比如丝绸。尽管从逻辑上来看，维京人很可能会在远征途中遇到中国人，但文献首次记载中国人与丹麦人之间的往来是在1733年，当时丹麦货轮"克里斯蒂安皇家号"（Cron Printz Christian）于1731年在广东的码头靠岸，随行牧师发表了一篇游记，他描述中国：人民富庶，治理有序。"中国是福地，尽管人口众多，但都极为富裕，连外邦人都能尽享恩惠。金银珠宝，名贵器物，无论是天然而成的还是手工雕制的，应有尽有，还有许多其他包括食物在内的佳品，让人赏心悦目"（Huusaman 1733）。

"克里斯蒂安皇家号"隶属于当时新成立的名为"中国会"（Chinesisk Societet）的贸易公司（Asmussen 2019），这艘货轮在当时顺利抵达中国，为中丹两国日趋密切的经贸关系发展奠定了基础。自那时起，两国的经贸关系不断改变和深入，虽有动荡，但丹麦商人从未怀疑中国对于他们乃至丹麦经济的重要性。丹麦是1950年最早承认中华人民共和国的欧洲国家之一，即使在"文革"期间，宝隆洋行（the Danish East Asiatic Company）也作为为数不多的西方公司之一在中国保留了代表权。（Thøgersen et al. 2017；Brødsgaard & Kirkebæk 2001）

几个世纪以来，丹麦的企业和商人在中国几经盛衰，但破产的公司再多也无法阻挡新公司前赴后继到中国发展商业贸易的脚步。他们寄望于前人的成就，以寻求商业上的灵感。自1870年起，丹麦在上海建造了最早的现代全球基础设施项目之一——丹麦大北电报公司（Thøgersen et al. 2017）。1854年，多名外国驻上海领事率先成立了大清皇家海关总税务司。表面上看来，大清皇家海关总税务司由清政府管辖，但实质上它是一个半殖民性质的机构，其高级官员大多都是外国人。1860年，海关总税务司雇用了第一位丹麦人，到1949年，大约有250名丹麦人在此就职，其中许多人工作了几十年并担任要职。

中丹的经贸合作也带动了两国之间的文化交流。19—20世纪,约有150名丹麦传教士来到中国(Thøgersen et al. 2017),并对当地的宗教、文化和教育产生了一定影响。20世纪80年代以来,移民、外交和旅游业不断发展,中丹两国人员在商业、教育和文化交往中发挥重要作用。这些自下而上的交流活动使两国关系历久弥坚。丹麦与中国的外交最早始于1820年,当时丹麦政府任命詹姆士·马地臣(James Matheson)担任首任驻华领事,此人在广州还设立过公司,首位丹麦籍驻华领事于1851年在上海就职,首任丹麦驻华大使于1912年驻华工作(Thøgersen et al. 2017)。

2008年,中丹两国建立双边全面战略合作伙伴关系,这标志着两国关系迈出了新的一步。双方希望通过政府间更密切的互动与合作来寻求新型的公共外交,包括环境、气候变化、能源、教育、人权以及政府责任制和透明度等方面(Sørensen and Delman 2018)。

中国崛起速度之快,令人瞩目,中国现已成为世界舞台上的一个新的大国。到21世纪初,丹麦人总体对中国呈积极态度,但也有一些杂音。中丹两国政体不同,文化各异,信仰和价值观不同。丹麦民众对中国和美国等大国都心存戒备,因为丹麦是个小国家,担心被卷入大国对垒中。中丹关系会有变化,但可以肯定的是,中丹两国关系将会进一步发展,因为两国的友好是建立在坚实的社会基础之上的。

为了了解中国,发展两国友好关系,丹麦需要精通汉语和了解中国的人才,如译员、文化交流者、分析师、商业精英、导游、记者、外交官、学者等。他们当中的部分人在丹麦高校从事中国研究。起初,这些人被称为"汉学家",是一个相对较小而又边缘化的群体,他们专事中国研究。然而,近几十年来,该群体人数数量大增,中国研究在丹麦大学的多个学科中日益重要,成效显著。

本书的出版缘由

哥本哈根大学的约恩·德尔曼(Jørgen Delman)教授和奥胡斯大学的魏安娜(Anne Wedell-Wedellsborg)教授两位丹麦的中国研究专家精选了本书的内容。北京第二外国语学院丹麦研究中心主任兼哥本哈根大学荣誉博士张喜华教授常年致力于中丹文化交流,她了解丹麦在中国研究领域里学者众多,著述颇丰,也希望有更多的中国学者、外交人士和公众了解外国人眼中的中国,她对丹麦传播中国文化,也希望中国读者了解丹麦的中国研究,从而知己知彼,促进更有效的文化对话和交流。在张喜华教授的动议下,在文化交流和对话的共同目标的驱动下,三位学者通力合作,进行选材、审校和翻译。本书是丹麦的中国研究和中国的丹麦研究的交汇点。

本书汇集了诸多丹麦学者的中国研究成果,他们致力于研究中国的当代和历史问题。甄选了 2000 年后发表的人文社科领域内的代表性文章。文章入选有几个标准。首先,文章的作者均是丹麦高校的中国研究专家学者,国籍不限;其次,他们的研究必须基于中国一手文献资料,文章应该是这些丹麦学者的代表性作品,体现其研究旨趣、研究领域及其研究语境;最后,入选的文章必须符合中国实际。

丹麦的中国研究专家希望能把他们扎实的理论和创新的方法应用到各自的中国研究中。我们希望本书的读者能够了解中国研究在丹麦的重要意义,也能审视来自异域的别样思考。丹麦的中国研究是基于丹麦语境的中国研究,不能以中国视角去解读异域的阐释和认知。马克思曾经说过,东方是一种谋生之道,中国研究对于部分丹麦学者来说,同样是谋生之道。中国读者在批判性阅读的过程中能够借助于他者眼光,辩证地看待跨文化交流中的差异性和多样性,甄别学术立场和研究语境,以便更好地向世界讲述好中国故事。

欧洲及丹麦的中国研究历程

描述并分析中国的一切是欧洲对中国 800 多年来的研究传统,《马可·波罗中国游记》开启了欧洲研究中国的先河,马可·波罗在游记中描述了其在元朝时期造访大汗帝国的经历。自那时起,关于中国的游记以及相关描述在很大程度上影响了世界对中国的认识。

继马可·波罗之后,欧洲传教士纷纷前往中国布道。有些传教士把心思都花在了研究异域中国,而忘记了布道初衷。他们将所见所闻记录成册,送回自己的国家,随后再由人基于当时的语境撰写出关于中国的语言、文化、思想和科学的著作。以利玛窦(Matteo Ricci,1552—1610)为重要代表的大批天主教传教士因熟谙中国语言和文化,对中国的研究独具影响,他们中有些人还在清代朝廷任职。

17 世纪 60 年代末,佛兰德耶稣会士南怀仁(Ferdinand Verbiest)奉命给观象台安装新的天文仪器,于是他决定重建由丹麦天文学家第谷·布拉赫(Tycho Brahe 1546—1601)设计的天文仪,这也是中丹两国科学交流的首个已知案例。目前,这些天文仪器依然陈列在北京古观象台博物馆里。

耶稣会士还将多部儒家经典翻译成当时欧洲通用的学术语言——拉丁语,

这在欧洲的思想界产生了巨大影响,尤其是在法国。中国思想和政府的概念在欧洲启蒙运动的论争中发挥了重要作用。德国哲学家莱布尼茨(Leibniz,1646—1716)对中国产生了浓厚兴趣,并建议彼得大帝修建一条横跨西伯利亚到中国的公路,连接中国和欧洲。继拉丁语译本后,欧洲接连出版了中国文学的法译本、德译本和英译本(Mungello, 2013)。18世纪上半叶欧洲人对中国充满赞誉,到了19世纪则毁誉参半。但无论如何,中欧之间贸易频繁,中国的文化产品、艺术品和手工艺品在当时的欧洲深受欢迎,茶叶、丝绸和瓷器等奢侈品也成为欧洲富裕阶层的家居用品。

首个汉学教授职位于1814年在巴黎设立,旨在训练一批具有语言技能和文化能力的人员,让他们能够在中国担任口译员并代表法兰西帝国与中国对话。此后的几十年里,欧洲多所大学相继设立了类似汉学教授的职位。

从传统意义上讲,汉学一直被认为是以语言学为基础、主要通过研究中国哲学、语言、文学、文化和历史来研究中国。丹麦科学家龙伯格(Knud Lundbæk,1912—1995)记录了传教士在中国的历史及其为科学所做的努力以及早期汉学家的历史(Lundbæk 1986; 1995)。尽管龙伯格是丹麦奥胡斯大学的医学教授,但他自学汉学,热忱于收集16世纪以来罕见的汉学原著,后来也成为汉学家。

20世纪初,哥本哈根大学开设了汉语教学,由库尔特·伍尔夫(Kurt Wulff,1881—1939)教授汉语。自1928年起到他1939年去世的11年间,库尔特·伍尔夫担任东亚语言的汉语教学,同时,他还是一名训练有素的印度学家,也是丹麦皇家图书馆的图书管理员。(Karttunen 2018; Arendrup 1995)

1958年,哥本哈根大学设立了首个全职汉学教授职位,易家乐(Søren Egerod, 1923—1995)教授曾担任该职,直至1993年退休。"二战"后,易家乐在前往法国求学前,曾自学中文。1945年,他获得洛克菲勒基金会(Rockefeller Foundation)的教育项目资助,该项目资助每个北欧国家一名汉学专业学生。1946年,易家乐作为斯堪的纳维亚汉学大师高本汉(Bernhard Karlgren, 1889—1978)的学生前往斯德哥尔摩学习,就读于斯德哥尔摩大学。后来在丹麦奥胡斯大学建立中国研究中心的顾迤素(Else Glahn)、专门研究中国古典和现代语言学及文学的瑞典国际知名教授兼瑞典科学院委员格伦·马尔姆奎斯特(Göran Malmqvist)以及奥斯陆大学从事中文研究的亨利·亨恩(Henry Henne)教授都得到过该资助。正如大多数其他早期的汉学家一样,易家乐专门研究古代汉语和中国传统文化,他在美国加州大学伯克利分校进行了开创性的辩证研究。他的博士论文题目为《隆都方言:华南成语的描述性及历史研究》,并取得哥本哈根大学的博士学位。2016年,易家乐先生所著的《隆都方言》在中山翻译出版,成为"中山文史"系列的一部分。易家乐于1960年在哥本哈根大学建立了东亚研究所,自那时起,哥本哈根大学设置了完整的汉学研究项目,现更名为中国学。1968年,斯堪的纳维亚亚洲研究所成立,(后更名为北欧亚洲研究所［NIAS: Nordic Institute of Asian Studies］),其目的是促进和支持北欧国家的亚洲研究,易家乐作为创始人之一,任首任所长。

几乎同时期,丹麦第二大学府奥胡斯大学设立了汉语教学项目,顾迩素副教授是该项目的创始人(Chiu 2011)。她最初是一名木匠,后来成为建筑师,她对中国建筑和木工产生了浓厚的兴趣,还成为前文所提的著名瑞典汉学家大师高本汉的学生。顾迩素受过扎实的传统教育,对中国传统文化有着深厚的了解,在奥尔胡斯大学开设中国学之际,便展现出对当代中国的浓厚兴趣,其主要研究方向为中国建筑和建筑传统,尤其关注12世纪中国的建筑方法《营造法式》(Glahn 1981;1975)。

150多年来,尽管欧洲汉学家们主要研究传统语言、语言学、文化、历史、哲学等有限领域,但他们坚持认为,自己才是中国这一庞大国家和民族的唯一诠释者。身为中国通,他们努力维护自己在学术界内外的特殊地位。他们当中许多人,包括易家乐和顾迩素,在丹麦大学里对中国了解甚微时,就在中国研究领域取得了显著的成绩。遗憾的是,汉学作为一门学科,当时在大学内部依然处于相对孤立的地位,但从20世纪60年代末开始,尤其是1978年中国改革开放以后,人们对有关当代中国的知识需求激增,社会对于汉语人才的需求也有所增长,传统的汉学面临挑战,汉学家们自身及其研究方法都需要革新。

中国研究是以语言为基础的区域研究

以语言为基础的区域研究,例如当代的"中国研究",发祥于20世纪30年代的美国,并在"二战"期间尤其是"二战"后迅速发展,目的是培养高素质且具备足够汉语能力的专家,以便帮助美国从世界各地搜集情报,为国家、军队和情报部门服务。冷战时期,由于获取苏联和中国等共产主义国家重要情报的渠道有限,美国对这类人才的需求进一步扩大。

虽然一直以来学术界认为汉学是中国研究的根,但当代中国学的学者主要还是借鉴人文社科既定的研究方法来进行研究,把重点放在现当代中国和现代汉语上。中国研究打破了传统汉学只关注历史上的中国和文言文研究的学术孤立困境,使其更加贴近当代中国。除了要精通中国文化、中国历史和中国思想外,中国学专业的研究生还必须能熟练地阅读、解读和分析中国的政策文件、相关文献、媒体资讯和其他来自中国的一手资料。如此培养这些研究生的目的,就是要让他们能够运用相关学科的理论和方法,专事中国研究和中国的国际关系研究。

丹麦的中国研究

中国研究作为以语言为基础的区域研究,现已是大多数欧洲国家研究中国的标准,丹麦也不例外。严格意义上来说,中国研究本身并不是一门学科,而是被视为在学校层面的、以研究为基础的"中国研究"教育项目(丹麦语称为"Kinastudier")。目前这类项目由多名一专多能的专家进行管理,他们大多都具备用汉语工作、教学和研究的能力。

多所丹麦高校自20世纪70年代起就开设了中国研究,其中奥胡斯大学于1969年设立了首个中国研究项目(那时称之为汉语研究,即"Chinese Studies")。易家乐教授退休后,哥本哈根大学于20世纪90年代将传统的汉学项目改为区域研究项目。哥本哈根商学院于1993年设立亚洲研究项目,并于2003年起增设汉语选修课程。奥尔堡大学2007年起设立中国区域研究项目,但中文学习没有纳入必备要求中。南丹麦大学于2007—2015年也设立了中国研究项目。

哥本哈根大学的中国研究

哥本哈根大学的中国研究隶属于人文学院的跨文化与区域研究系。跨文化与区域研究系还设立了其他类似以语言为基础的区域研究项目,如其他亚洲国家。2009—2021年,约恩·德尔曼(Jørgen Delman)教授(本书编辑兼撰稿人)主要从事中国研究。继易家乐教授后,他是第二位丹麦的中国研究全职教授。

哥本哈根大学中国研究项目的研究范围涵盖中国香港、台湾地区和中国其他边境地区在内的中国领域。该项目包括四年制的本科(含一年的汉语语言学习)、两年的硕士研究生和为期3年的博士研究生3个不同阶段的课程,每年招收约40名新生,主要以中国历史、文化、社会和政治为核心内容展开教学,前3个学期主要以汉语学习为主,同时学生还要学习自上古黄帝时期至新时代习近平主席的中国历史。到第三学期,学生会前往中国,在北京第二外国语学院进修强化课程。在中国修完课程返回丹麦后,学生主要研修课程的课程为现当代中国,同时还须在人文社科相关项目当中选择一科必修科学理论课和3门其他选修课。中国研究相关项目中的所有本科课程教学中要集合人文科学和社会科学的不同理论和方法,还有融合汉语教学内容和方法。所有学生必须具备科学阅读和分析中文文本(从广义上而言)的能力,这是贯穿整个培养过程的指导原则,文言文并不是该项目的必修内容。

尽管中国研究项目的硕士课程对专业内容和语言能力的要求更高,但其指导原则和教学方式与本科课程大同小异,它还为学生提供选修课,允许学生专攻自选方向,学生们可以去中国大陆、中国香港或中国台湾地区攻读选修课,或者在丹麦驻外机构寻求实习机会。2021年,哥本哈根大学的中国研究硕士项目被并入亚洲研究项目,该项目包括中国、日本、韩国和印度研究。这一举措将有益于学生以更加跨学科和跨区域的视角来广泛关注中国研究,同时学生仍会接受各自专业的语言训练。在人文学院,博士项目是标准的学科项目,需要学科的专业能力以及相关的语言能力,如中文能力。

2018年,哥本哈根商学院(Copenhagen Business School)的亚洲研究项目与哥本哈根大学中国研究项目合作,哥本哈根大学为哥本哈根商学院中文专业的本科学生提供相关课程。哥本哈根大学每年接收约70名哥本哈根商学院的学生,本校还招收40名中国研究新生。这样,哥本哈根大学的中国研究的项目每年招收约110名新学生,是北欧最大的中国研究基地。

近年来,中国学研究人员的专业领域不断多样化,分布在文学、历史、思想史、文化生产、人类学、政治学、政治经济学、社会化、语言习得等领域。本书的撰稿人中的本特·尼尔森(Bent Nielsen)和米克尔·邦肯博格(Mikkel Bunkenborg)两位副教授都是哥本哈根大学中国研究的核心成员。

哥本哈根大学有许多中国学生就读,数量不定;校内还有大量的中国博士生和研究人员。哥本哈根大学的研究人员和中国合作伙伴之间有相当广泛的研究合作,但都主要集中在理工科领域,哥本哈根大学不同学院和学科领域都开展了多元化的中国研究,由此,哥本哈根大学于2013年成立了名为"ThinkChina.dk"的中国智库,支持与协调学校所有与中国有关的外联活动,以造福丹麦社会和中丹关系。

哥本哈根大学还是参与创立了中国科学院大学中丹学院(Sino—Danish College,University of Chinese Academy of Sciences)、复旦大学北欧中心(the Nordic Center Fudan University)和北京第二外国语学院丹麦研究中心(Center for Denmark Studies,Beijing International Studies University)。

奥胡斯大学的中国研究

奥胡斯大学的中国研究可以追溯到20世纪60年代末,当时语言学系设立了一个中文教职,由前哥本哈根皇家图书馆的中文研究馆员顾迩素副教授担任。

然而，这个新成立的中文教研室很快就朝着与语言系不相容的方向发展。到1973年，中国研究最终成为独立的东亚研究系（包括日本学）的发展基石，而中文教研室作为致力于研究近现当代中国的单位，已经拥有了一定的知名度，其研究基于跨学科融合的思想，先关注语言和历史知识，再结合其他研究领域的社会、科学和文化研究方法，实际上就是在开展区域研究。

龙伯格是奥胡斯大学早期从事中国研究的另一位重要人物。他在长期担任医学教授后开始从事汉学研究，是欧洲早期著名的汉学家。他收藏了多部珍贵的汉学原始文献，现存放于奥胡斯大学。

1986年，顾迩素副教授退休，把这个涵盖语言、文化、历史、政治和社会研究工作的系交给了一支相对年轻的队伍。虽然扎实掌握中国历史和传统文化仍是研究中国的必要前提，但多年来，人们对现当代汉语和中国社会的关注却不断加强，这两方面也就成为研究和教学的核心内容（Clausen et al. 1995）。

1996年，奥胡斯大学的中国研究正式设立首个全职教授席位，这实际上是北欧国家范围内首个专注于现代汉语的教授职位，由专攻现代文化和文学的魏安娜（Anne Wedell-Wedellsborg，本书编辑兼撰稿人之一）担任。随后，专攻现代社会和教育的斯蒂格·索格森（Stig Thøgersen，本书撰稿人之一）在2005—2019年4月间也担任了这一专业的正教授。目前，奥胡斯大学唯一的中国研究全职教授是史通文（Andreas Steen，本书撰稿人之一），他的研究重点是中德历史和中国现代社会中的音乐。

自成立以来，中国研究作为涵盖学士、硕士和博士学位的独立学科，已牢固确立了以语言为基础的区域研究的学术传统。此外，在1985—2002年的17年间，奥胡斯大学的中国研究与政治科学系紧密合作，成为斯堪的纳维亚地区唯一提供两年制跨学科硕士项目的学校，允许其他专业的研究生修学现代中国或日本社会。

奥胡斯大学四年制本科、两年制硕士和三年制博士的总体研究项目与哥本哈根大学的安排相同。所有本科学生第4学期将会前往北京大学学习，而硕士研究生则可能专门研究语言教育。之后，学生将在华东师范大学进行一学期的学习。

中国研究目前在人文学院的全球研究系中占比很大，与其他部门有着密切的合作。中国研究的方向随着时间的推移而变化，近期主要分布在文学、音乐、音韵、人类学、移民、教育、政治、社会化、语言习得和文化生产等领域。

同哥本哈根大学一样，奥胡斯大学的其他研究人员也与中国同事开展了多项备受瞩目的合作研究项目，主要集中在自然科学领域。另外，奥胡斯大学也是中国科学院大学中丹中心的主要推动方和创建方之一。

哥本哈根商学院的中国研究

哥本哈根商学院于1993年设立了以日本为重点的亚洲研究项目。2003年,该项目扩大研究范围,开始了中国研究。该项目结合商业、经济领域的研究与政治、社会领域的研究,并辅以中文和日语的高级研究,同时设立学士学位项目,使学生具备足够资质在全球或国际公司、机构和组织(无论是私营部门还是公共部门)从事商业及相关职业。

2003年,哥本哈根商学院任命曾在哥本哈根大学工作的柏思德(Kjeld Erik Brødsgaard,本书撰稿人之一)担任中国商业和政府研究的首位全职教授。从2020年起,哥本哈根商学院与哥本哈根大学就亚洲研究项目中的语言研究展开合作,该项目现更名为亚洲国际商务(International Business in Asia)。哥本哈根商学院也是中国科学院大学中丹学院的创建方之一,主要负责协调其社会科学项目。

1995年,哥本哈根商学院成立亚洲研究中心(Asia Research Centre),该中心传统上以中国为重点,约有15位学者从事政治、经济、跨文化管理和国际商务等与中国相关问题的研究。2005年,哥本哈根商学院同剑桥大学联合启动中国高管领导力项目,自那以来,已有250多位中国央企和国企的董事长和董事会主席参加该项目。

南丹麦大学的中国研究

从2007年持续到2015年,南丹麦大学的中国相关研究归口人文学院设计与传播系,是结合商业和中国语言、文化和社会背景下的市场营销的研究项目。该项目自2012年起提供四年制学士学位(含1年在中国大学语言培训)和两年制硕士学位课程。本科专业平均每年招收25名学生,硕士专业平均每年招收8—10名学生。这些学生一半学分用来学习社会科学学院开设的商业与市场营销课程;另一半学分用来学习汉语、文化和社会课程。项目由德国的迈克尔·鲁道夫(Michael Rudolph)教授和王琦(Qi Wang)副教授共同负责。前者主要从事人类学研究,主攻中国台湾原住民的当代风俗研究;后者主要从事中国性别、政治和女性主义研究。2015年,由于政府施行简政改革,该项目关闭。随着2021年6月底最后一批硕士研究生毕业,该项目彻底终止。

奥尔堡大学的中国研究

2007年,奥尔堡大学人文学院设立中国区域研究本科项目。2008年,社会科学学院将中国区域研究专业作为"发展与国际关系"硕士项目的部分内容,这一举措是中国区域研究专业向社会科学学院的自然延伸。2011年,中国区域研究被纳入社会科学学院国际事务研究委员会旗下的"中国与国际关系"双硕士学位中,为期至2023年。李形(Li Xing,本书撰稿人之一)教授作为首批获得丹麦社会科学博士学位的华人之一(1998),发起设立了双专业和双硕士学位培养项目。2021年,社会科学学院正在着手为与中国合作以及在中国工作的研究人员建立社群。

奥尔堡大学是中国科学院大学中丹学院的积极成员,并负责该中心的一个硕士项目。奥尔堡大学有关中国的重点研究内容涵盖中国社会信用体系、中国国际关系以及比较视角下的中国福利等主题。发展与国际关系研究团队目前有一名教授和两名副教授从事中国研究,其中两位副教授毕安娜(Ane Bislev)和雅诗柏·泽斯恩(Jesper Zethen)均为本书撰稿人。2021年中国研究团队新增博士后一人。此外,奥尔堡大学的其他几个研究机构也都积极参与了有关中国的研究项目。

中国科学院大学中丹学院(Sino-Danish College, University of Chinese Academy of Sciences)

中丹学院成立于2010年,由八所丹麦高校、中国科学院(CAS)以及中国科学院大学(UCAS)合作成立,地点位于中国科学院大学的雁栖湖校区。

中丹学院的活动包括在指定的重点领域开展中丹研究合作,以及在平等的基础上为中国和丹麦学生提供八个硕士项目,其中两个项目属于社会科学领域,即创新管理、公共管理与社会发展。中丹学院每年招收硕士研究生150余人,并培养大量博士研究生。学生可获得相关丹麦大学和中国科学院大学的双学位。中丹学院的总体目标是促进和加强丹麦和中国之间的教育合作,增加丹麦和中国之间的学生和研究人员的流动性。值得注意的是,中丹学院的两个社会科学项目是学科项目,而不是区域研究项目。虽然中国学生以中文为母语,但该项目对丹麦学生没有掌握并使用中文的要求。

2020年,中丹学院发布了首份科学报告,报告内容主要集中在中丹绿色能源领域,并对两国学者作出的共同努力和丰硕成果表示祝贺。

北欧亚洲研究所(Nordic Institute of Asian Studies)

如上文所言,北欧亚洲研究所由哥本哈根大学易家乐教授一手创建,在50余年的历史中几经更迭,其宗旨是支持北欧国家发展亚洲研究,并促进从事亚洲研究的科研人员与其在北欧和亚洲国家之间的联系。之前,北欧亚洲研究所具备相当强大的研究能力。现在，研究所主要以网络、会议、博士培养和研究基础设施的形式来促进北欧之间及北欧与亚洲之间的合作。哥本哈根大学政治科学系的邓肯·麦克卡瑞（Duncan McCargo）教授是北欧亚洲研究所的新任所长（2019—　），大学要求他重振研究所的科研环境。

北欧亚洲研究所受北欧亚洲研究理事会（the Nordic NIAS Council）指导，该理事会是由从事亚洲相关活动的多所北欧大学和研究机构组成的网络。北欧亚洲研究所是北欧国家研究亚洲的主要公共资源中心，为理事会成员机构的学生和研究人员提供宝贵的资源，尤其是访问亚洲语言数据库的权限。因此，北欧亚洲研究所成为北欧国家重要研究型基础设施的一部分，对有关中国和其他亚洲国家的高质量研究和教学工作提供支持。另外，北欧亚洲研究所也是世界重要的小型独立出版商之一，是北欧亚洲研究所出版社（NIAS Press）的创建方和主办机构，该出版社几乎与北欧亚洲研究所同时成立。

从2013年至2021年，北欧亚洲研究所是复旦-欧洲中国研究中心（Fudan-European Center for China Studies）的所在单位，这是哥本哈根大学和上海复旦大学的合作项目。该中心通过与欧洲、北欧国家和复旦大学的合作者进行跨学科和比较研究，聚焦中国政治、经济、社会和文化的关键问题。就在该中心开展卓有成效的学术活动和交流之时，哥本哈根大学却出于战略考虑，决定于2020年退出合作。之后，复旦-欧洲中国研究中心便迁至挪威的奥斯陆大学。

丹麦孔子学院

到目前为止，丹麦共成立过3所孔子学院，分别位于奥尔堡大学、哥本哈根商学院和丹麦皇家音乐学院。由于各自使命不同，这三所学院都在各自的领域内从事中国和中国文化研究，并为丹麦大学和其他学校的汉语教学做出了贡献。然而，3所孔子学院现均已关闭。

本书的主要研究内容

在丹麦，当代有关中国的研究来自不同学科。许多跨学科的研究中心、研究小组、倡议或项目都从事着与中国相关的研究。研究人员学科背景各不相同，他们在进行以中国为重点的研究时，丹麦内部的科研环境有限，因此他们大多都会在自身研究环境以外寻找合作者，尤其是与中国的合作。

本书收录的文章均根据上文提及的标准选定，文章主题涵盖广泛，涉及中国文学、文化、政治、社会等领域的丹麦见解和丹麦阐释。一些文章涵盖如口述故事、音乐、孔子地位、文学、人类学或心理学等多种议题;社会和政治相关性的问题、商业团体的形成、气候政治和城市农村边界的发展问题也有所收录;还有一些文章讨论了早期全球化思想、中国文化女性先驱代表、中国留学生、中国外交政策、中国和拉丁美洲的经济发展等主题。

本书收录的文章不能完全代表丹麦全部的中国研究,但都来自丹麦国内权威的中国学研究专家和学者。我们鼓励中国读者继续寻找丹麦研究语境下的相关研究。他山之石,可以攻玉。无论研究中国,还是研究丹麦,我们都可以在互看互视和互审中,以学术交流为平台,进行跨文化的合作与对话,促进中丹之间有效的交流和互信,提升中丹友谊。

以下为本书撰稿人的学术简介,读者从中可见丹麦中国研究学者研究的丰富性、多样性和创造性。本书为中国读者提供了丹麦中国研究的基本面貌。但丹麦作者和学者毕竟是在丹麦语境下开展研究,是异域视野下的中国研究,不同的视野、不同的方法、不同的观点,供中国读者辩证的比较和参考。

主编:

1. 约恩·德尔曼(Jørgen Delman)

约恩·德尔曼毕业于奥胡斯大学,获博士学位,哥本哈根大学跨文化与区域研究系中国研究名誉教授,1977—1978年就读于北京大学,研究方向为当代中国的国家与社会关系、政治变革和政治经济,目前研究重点是城市化环境、中国气候政治、能源和能源安全政治、可再生能源发展以及城市层面的气候治理。德尔曼教授关注中国"一带一路"倡议的绿色发展问题,曾在中国及其他发展中国家担任发展顾问,并在中国、越南、俄罗斯和秘鲁担任过大型发展援助项目的经理,其咨询活动主要集中在农村和农业发展、公共部门改革、私营部门发展、企业对企业伙伴关系、技术转让和学习过程的制度化等领域。1983—1986年就职于联合国粮农组织(FAO),1991—1996年在中国农业部担任中欧农业技术中心(CECAT)欧洲联席主任,1998—2001年,任丹麦安博(Ramboll)工程管理咨询公司私营部门发展部经理,2002—2009年,任丹麦哥本哈根大学北欧亚洲研究所所长。2009年任中国学教授,曾在中国生活和工作10余年,自1982年以来每年访问中国2—3次。约恩·德尔曼学术成果丰盛,在中国和丹麦发表系列中国研究论文20多篇。

2. 魏安娜(Anne Wedell-Wedellsborg)

魏安娜是奥胡斯大学中国学荣誉教授,主要研究方向为现当代中国文学,发表多篇著作,研究范围包括中国文学史、中国文学文化与思想论争、中国当代艺术、中欧文化与文学交流、卡夫卡作品在中国的接受等。曾将余华、北岛、残雪等中国作家的作品翻译成丹麦语，担任索伦·克尔凯郭尔（Søren Kierkegaard）作品在中国的翻译和出版编辑委员会成员。1977—1978年，魏安娜求学于北京大学，1991年为中国社会科学院访问学者，并分别于2004年和2014年担任北京大学和浙江大学客座教授。1994—1996年，担任奥胡斯大学文化研究中心高级研究员。1996年，担任奥胡斯大学现代汉语与中国文化专业的全职教授。目前，魏安娜为奥胡斯大学人文学院院长和学术委员会成员。她在中国和丹麦发表中国研究论文和著作颇多。

其他撰稿人：

1. 毕安娜（Ane Bislev），中国学博士，现任奥尔堡大学中国区域研究副教授。研究方向为中国社会信用体系和教育与旅游中的跨文化交流。

2. 柏思德（Kjeld Erik Brødsgaard），博士，哥本哈根商学院前亚洲研究中心主任（2003—2016），国际经济、政府与商业学系教授。1990—2003年，担任哥本哈根大学亚洲研究系中国学副教授，《哥本哈根亚洲研究》主编。柏思德教授曾在中国、新加坡和美国进行访问研究，还担任新加坡国立大学东亚研究所国际顾问委员会成员、剑桥中国发展信托基金理事及北京大学荣誉研究员，目前研究领域包括中国国家-政党-商业关系、职衔制度与干部管理以及中国国有企业改革等。

3. 武博格（Mikkel Bunkenborg），哥本哈根大学跨文化与区域研究系中国学副教授，研究中国学和人类学，曾在中国北方农村范庄村进行实地考察，完成博士论文《卫生实践的民族志研究》。武博格曾在莫桑比克和蒙古从事中国基础设施建设、资源开采和贸易方面的比较研究，目前正参与名为《当代中国食品道德经济》的民族志合作项目，其多部著作围绕当代中国社会和汉语世界的人类学展开，特别强调身体、健康、食品和医药，还有中国农村的宗教、仪式、道德和政治、中国本土以外的中国项目以及民族志方法和人类学理论。

4. 易德波（Vibeke Børdahl），丹麦汉学家，现任丹麦哥本哈根大学、北欧亚洲研究所高级研究员。长期从事中国文学的研究与翻译工作，涉及的领域包括中国现代与当代小说和诗歌、现代与当代文学理论、语言学和方言学、说唱文学、明清小说等。主要著作有《沿着现实主义的广阔道路——秦兆阳的小说世界》（1990）、《扬州评话探讨》（1996；中文版本2006，2015）、《中国说唱文学》（1999）、《扬州古城与扬州评话》（2002）、《说书：扬州评话的口传艺术》（2018）、《扬州评话四家艺人》（与费力、黄瑛合编，2004）、《中国通俗文学中的口头与书面传统互动关系》(与 Margaret B. Wan 合编,2010)、《武松打虎——中国小说、戏曲、说唱中的口传传统与书面文化互相交叉影响》(2013)、《西汉——扬州评话艺人的脚本》(与葛良彦和王亚龙合编,2017)等。他的翻译作品有《金瓶梅词话》(2011年起),一共10本,第7本刚刚出版。

5. 丹尼斯·金普尔(Denise Gimpel),哥本哈根大学跨文化与区域研究系荣誉副教授,2013—2017年担任哥本哈根大学中国学副教授。1999年获得菲律宾马尔堡大学非欧洲语言文化哲学博士学位(以优等成绩毕业),论文题目为《清末民初小说杂志〈小说月报〉(1910—1914)》,并出版专著《现代性失落的声音:语境中的中国通俗小说杂志》(2001)和《陈衡哲:正统之间的生活》(2015)。在《社会科学辑刊》上发表《改变如何发现:一种不同的文化研究方法的建议》,在《黑龙江社会科学》上发表《跨文化交流和翻译研究——论将一国的过去经验转换到另一国的将来语境的困境》。

6. 李形,发展和国际关系博士,现任奥尔堡大学社会科学学院政治与社会学系国际关系学正教授兼发展与国际关系研究中心主任,同时担任《中国与国际关系学报》(Journal of China and International Relations.)主编,其研究兴趣和教学领域包括发展研究、国际关系、国际政治经济学、新兴大国和世界秩序等。近年来,除了在国际和中文期刊上发表大量文章外,还编辑了多部以中国/新兴大国崛起及其对现有世界秩序的影响的主题丛书。李形教授是中国多所大学聘任的名誉教授,定期应邀到中国和世界各地访问讲学。

7. 本特·尼尔森(Bent Nielsen),1996年完成关于纬书与《易经》的论文并取得哥本哈根大学中国早期思想史博士学位。随后,在嘉士伯基金会(the Carlsberg Foundation)的资助下,获得哥本哈根大学为期4年的博士后职位。2004—2006年任教于首尔韩国大学,2010年至今在哥本哈根大学担任中国文化与文明副教授。尼尔森曾在莱顿国际亚洲研究所、台湾大学、复旦大学和京都大学担任过短期研究职位,在《中国哲学杂志》(Journal of Chinese Philosophy)、《中国早期思想》(Early Chinese Thought)、《周易研究》(Zhouyi Studies)、《中亚和东亚宗教研究》(Studies in Central & East Asian Religions)、《国际词典学》(International Journal of Lexicography)等期刊上发表多篇文章,著有《易经算术与宇宙学:从汉(公元前202年—220年)到宋代(公元前960—1279年)的中国图像与数字研究》《应对未来:东亚占卜的理论与实践》。

8. 史通文(Andreas Steen),丹麦奥胡斯大学中国学教授,曾在柏林自由大学研究汉学和英语文献学(文化研究),1990—1992年在上海复旦大学研究汉语和现代中国文学。2003年,撰写关于上海早期音乐产业在全球背景下崛起的论文,并获得博士学位。在参与奥胡斯大学长期项目《中国之声:从留声机到MP3的文化和政治》之前,史通文广泛发表关于中德关系和中国流行音乐的文章,主要研究中国近代史和文化,包括中外关系、大众文化、文化产业、声音记忆研究。

9. 孙博(Bo Ærenlund Sørensen),毕业于丹麦创意写作学院(the Danish Academy of Creative Writing),并拥有牛津大学比较文学学士、历史学硕士和东方研究博士学位,现为哥本哈根大学中国学副教授,曾在诺和诺德公司(Novo Nordisk)和丹麦广播公司(the Danish Broadcasting Corporation)就职,主要研究方向包括中国近代史与文学、全球史、认知文学研究、记忆研究、数字人文等。目前正从事两册当代中国科幻小说的丹麦语翻译工作。

10. 曹诗弟(Stig Bjarka Thøgersen),博士学历,奥胡斯大学荣誉教授,约50年前开始研究中国,2005—2019年,担任奥胡斯大学文化与社会学院中国学教授。自1978年以来,一直受雇于该学院,在此期间,还担任多个从事地区研究、中国研究和博士研究的研究团队成员。此外,还担任过该系系主任以及多家中国期刊报社,如《中国季刊》和《中国日报》的编辑委员会成员,主要研究方向为教育和教育移民。

11. 叶思博(Jesper Willaing Zeuthen),丹麦奥尔堡大学中国地区研究副教授,2001年于奥胡斯大学获得中国与国际关系硕士学位,并于2010年在罗斯基勒大学获得国际发展研究博士学位,曾担任高中中文教师,丹麦国防部顾问以及厦门一家丹麦轮椅工厂的物流经理,并在天津、北京、台北、厦门和成都生活过较短时间,研究重点是城乡差异、中国的资源政治、中国与格陵兰的关系等。

展望与挑战

随着时间的推移,中国学逐步向学科和跨学科方向发展,将人文和社会科学联系起来。中国学既不是单纯的语言研究,也不再是传统的汉学研究。然而,即使中国学的重点是当代中国,国际中国研究专家仍希望要保留汉学传统的根基,熟悉中国的历史和文化,哥本哈根大学的文言文教学也是基于这个期望。

遗憾的是,目前,中国学面临着学科的挑战,学科研究大多集中在社会科学领域内,而且大多并非基于语言研究,但中国学的研究必须要继续进行下去,原因有二:首先,并非所有与中国相关的研究都能在没有任何中国文化、中国历史和语言基础的情况下进行;其次,国别与区域研究在世界各国都受到重视,中国作为大国,在国际的影响越来越大,对中国进行研究永不过时。因此,科研人员必须掌握区域研究的科学方法,思考如何进一步整合人文社会科学的理论和方法,并在教学及研究中开发和整合数字资源,以方便处理国别与区域研究中海量的数据、信息和文本。

  本书的出版得到了丹麦爱国华人范岁久设立的范岁久基金会支持,北京第二外国语学院丹麦研究中心、上海社会科学院思想文化研究中心的博士和硕士担任了大量的翻译和校对工作,北京语言大学谷健博士组织了全书的翻译和审校工作。北京第二外国语学院丹麦研究中心研究生范芯蕊、房佳宁、高婉婷、于洪鉴参与了校译工作。上海社会科学院思想文化研究中心马驰研究员担任了全书的审校和编选指导工作,在此一并表示感谢!

丹麦哥本哈根大学约恩·德尔曼(Jørgen Delman)
丹麦奥胡斯大学魏安娜(Anne Wedell-Wedellsborg)
中国北京第二外国语学院丹麦研究中心　张喜华(Zhang Xihua)
2021年3月

扬州评话《西汉》传统留存下来的说书艺人的脚本

易德波（Vibeke Børdahl）/著　杨静林/译

　　扬州评话是一门历史悠久的传统说书艺术，有名的说书艺人柳敬亭（1592—1674）最早代表这门艺术在明清时代的扎根。当代的评话艺人们都认为"口传心授"（师傅向徒弟口授）是其主要的训练方式。脚本，即底本之类的书面材料，乃家族密藏，不会外示于同行，甚至师徒之间对此也往往避而不谈。自20世纪90年代以来，一些评话艺人公开承认，他们祖辈中有些人撰有脚本以备不时之需，并留传给了后人。

　　本文将介绍一个晚清时期（约1880—1910）的扬州评话脚本。这个没有书名的脚本，共362页，分成五本，载有《西汉》这部扬州评话传统书目。在中国说书中，"西汉"这样的主题可以追溯到宋朝，元朝已经出现《说韩信》这样的书目。在扬州评话中，自19世纪上半叶以来已有五代艺人连续表演以"西汉"为主题的书目。柳敬亭大概在17世纪上半叶已经在其所表演书目中涉及此类主题。[①]

　　以下将讨论上述脚本的流传历程、手稿的形式和语言以及脚本的叙事特征与章回小说的所谓"说书体"这一概念之间的关系。

《西汉》脚本的流传历程

　　笔者有机会首次目睹这个脚本是在2000年，在主人之家，名为戴步章（1925—2003），是一位知名的扬州评话艺人（见图7）。戴步章之父戴善章（1880—1938）以及他的多位伯父叔父和兄弟皆从事评话艺术。他们专门表演一些传统书目。戴步章从小既受到家族的内部传承，也向家族之外的评话艺人学艺。

《西汉》脚本的手稿原来的书法显然是一个人单独手写的字,但是字行之间经常加上别人的改造或补充。书页已显残破,手稿用报纸手工装订而成,报纸年份显示为 1912 年。据戴步章所言,此份手稿的年代可大致确立为 1880—1910 年,历经数代流传,但并不限于同一家族之间。历经不同的渠道后,落入自己的家里。这本脚本的创始者不清,有的说许鸿章(1847—1905)是手稿的作者,有的说是其弟子任永章(晚清—民国),他们二人是《西汉》口传书目远祖胡兆章(约卒于 1850 年)的第一代和第二代传人。任永章未有子嗣,因此他将脚本传与他最为得意的弟子戴善章,即戴步章的父亲(见图 1)。脚本的流传是用符号"*"注解的。在此期间,另一位著名评话艺人樊紫章(1848—1968)也短暂收藏过《西汉》脚本。②

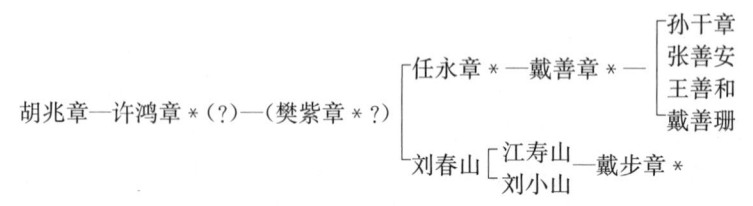

```
                                          ┌孙干章
                                ┌任永章*—戴善章*—┤张善安
                                │               │王善和
胡兆章—许鸿章*(?)—(樊紫章*?)┤               └戴善珊
                                │    ┌江寿山┐
                                └刘春山┤      ├戴步章*
                                      └刘小山┘
```

图 1 许门《西汉》脚本的流传

在童年时期,戴步章经常听到其父表演过《西汉》这部长篇书目。其父于 1938 年去世后,戴步章跟随另一位评话艺人江寿山(1888—1961)学《西汉》。不过,在正式学习之前,戴步章已经通读过家存的《西汉》脚本,以此作为学前的准备。由于他对书目内容极为熟稔,因此阅读起来毫不费力。他利用脚本背诵诗歌,除此并无他用。不过,戴步章向笔者承认,在脚本的页边空白处他写下了一些注释、校对和增补方面的内容。20 世纪 40 年代和 50 年代之间他曾表演过这部书,但后来因失去兴趣而转向其他书目,也就不再记得那些诗歌。因此,在后来表演《西汉》的节选片段时,他不得不省略其中的诗歌部分。他曾给笔者当面表演了其中的一节,此节参见脚本影印件(见图 2)。③

戴步章告诉笔者,此脚本由戴氏家族保存,与其说有多少实际用途,不如说是为了纪念祖辈。不过,戴步章似乎视此"传家之宝"如敝屣,多次将这本蒙灰的破损手稿砰然掷于桌上,并说这些老古董无甚用处。然而,戴步章的这种说法不一定可当真。戴先生属于那种诙谐的评话艺术家,其个人性格和行事方式极具幽默感。因此,笔者宁愿相信,他允许我翻阅脚本并拍照,这是他极其慷慨的表现。尽管他面带笑容,但是他对脚本"视若敝屣"的态度以及"嘲讽"的语气恰恰表现出了他对祖辈评话艺术的未来所持的深深忧虑。④

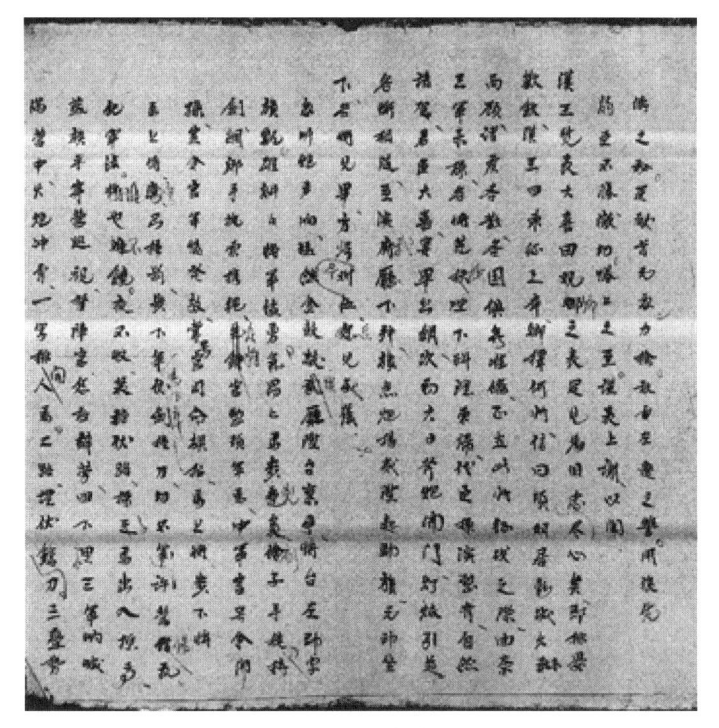

图 2　《西汉》脚本中的一页，扬州戴步章家，2000 年由 Jette Ross 摄

《西汉》脚本与所谓"说书体"

在对《西汉》脚本的初步研究中，笔者仅仅有机会分析丹麦朋友 Jette Ross 先前拍摄的清晰度较高的几页手稿照片。显然，仅凭一小段手稿文字不足以讨论脚本的诸多特点。目前已有输入电脑的手稿全文，因此全面研究终于成为可能。下文笔者将就脚本中有无所谓的"说书体"展开详细论述。

在中国明清小说中，"说书体"这一风格是非常明显的。这种"模拟说书"一般被认为具有如下特点：（一）全书再分的部分和单位；（二）散文和韵文的交替；（三）叙述者类型；（四）叙述者的评论和与观众的模拟对话；（五）说书的套语，包括固定套用的（a）韵文导语、（b）结合词语以及（c）设问的导语。针对"说书体"的来源的争论由来已久。⑤"说书体"到底是说书人口头表演习惯的反映，且后来为小说体裁所借用？还是"说书体"根本是为了小说而展现出的一种新的文体形式，即它和口头表演的说书叙事方法的关系并不密切？下面将更为详尽地分析《西汉》脚本与"说书体"的关系。

本文的研究对象是一个数代扬州评话艺人使用过的传统脚本手稿,其原作者(抄写的人)不详。针对作者的问题,我们可以假定四种可能性:第一种,脚本的作者或抄写者可能是一位评话艺人写来自用和供其弟子使用的;第二种,可能是一位说书界的文人写来供其评话艺人朋友排练之用;第三种,脚本可能被写下来,希望有朝一日作为文学读物而出版;第四种,脚本可能以其他完全不同的方式而写成。

脚本流传过程显示,第三种和第四种可能性应该排除在外。第一种的可能性最大,而且这也是戴步章本人的观点。第二种可能性在目前不能排除。如果脚本的产生是基于第一种或第二种可能性的话,那么我们需要思考:一、作者/抄写者在撰写脚本的手稿过程中是否根据《西汉》口头的表演记录,即根据曾经听过的表演而记下了书词,或者是与师傅或同行艺人学书的结果。二、脚本是根据某些书写的文件抄写的,即根据作者手头的历史书籍而撰写的。三、脚本系采用两种方法而成,即既基于口头表演的记忆,又参照了通俗历史书和其他书面材料。问题可以如此总结:《西汉》脚本意味着口头评话的书词实录,或者是口头评话表演的指导手册。

尽管可以确认这个脚本是几代扬州评话艺人表演《西汉》口传书目的真迹底本,但是它的用途也许极为有限。[⑥]于1915年至20世纪40年代出生的几代评话艺人大多承认这种书写的材料一般来说对于他们的学艺并不重要,毕竟师徒之间的口传心授才是根本。脚本只是彰显了其持有者家族的名声。不过,戴步章似乎属于不多的例外——如前所述,在他跟随新的师傅学艺之前他已经通读了手稿,而且还借助手稿背诵诗歌。

面对这样一个19世纪下半叶至20世纪上半叶的扬州评话艺人的传统脚本真迹,我们想探究"说书体"是否体现以及如何体现。

(一)全书再分的部分和单位

《西汉》脚本誊写在五本纸质笔记本上,用报纸装裱而成。每本的首页和尾页均已残破不堪,因此没有办法知道每个本子是如何开头的,脚本的标题(如果有的话)也不清楚。在报纸装裱的每本封面上用数字标示该本的数目,不过称呼不一,"本""册""卷""书"之说法都有。在脚本手稿正文中,并未见到什么再分的单位。扬州评话口头表演一般分成"一场书""一天书",即两三小时的表演,或"一段书"——半个小时左右的表演。出版的扬州评话"新话本"一般采用小说的章回体,即以"回"为再分单位。"本""册""卷"和"书"的命名明显是根据每个笔记本的具体页数,而与口传的评话再分法无关,与章回体更无关。

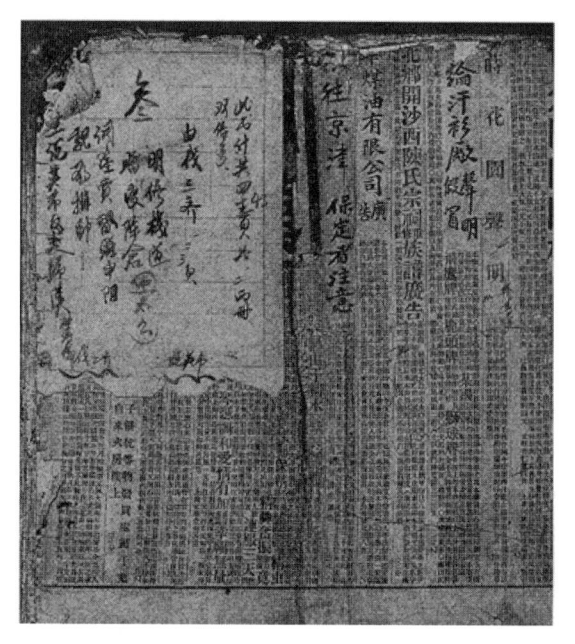

图3 《西汉》脚本第三本的封面(电脑扫描)[7]

不过,脚本每本笔记本的封面可见潦草的字迹介绍此本的内容(封面字迹与手稿字迹并非出自同一人之手)。脚本的作者/抄写者也许试图将主要内容按单元誊写在每本笔记本内。然而,这种再分方法与评话艺人的口头表演的习惯并不相同。因此,就全书再分的部分和单位而言,我们可以初步下此结论:《西汉》脚本并无口头评话表演习惯所留下的痕迹,也无小说"说书体"运用所留下的痕迹。

(二) 散文和韵文的交替

作为"说书体"的一个重要特征,散文与韵文的交替在这个脚本中相当典型。各种类型的诗、歌、表、信经常穿插在叙述的散文中,或者可以说,散文穿插在韵文之中。诗歌之前常伴随有导语性质的套语,下文将有详细论述。

大量的诗歌旨在描述军事礼仪或者战争的场面。诗歌和信札等在脚本中往往段首缩进,显然这些内容在整个脚本中扮演着重要的作用。

(三) 叙述者类型和散文的语言风格

脚本的散文部分既含有以第三人称叙述的人物行为和描述(隐藏的叙述者),也有人物的直接对话。散文的叙述部分以简短有力的文言文体呈现,往往

图 4　《西汉》脚本中散文和韵文交替（电脑扫描）

不见人称代词。对话部分占据了大量篇幅，人物语言也采用简洁的文言文体，说话者使用"我""吾""你""尔"等人称代词。

脚本的语言风格以简明的文言为主，包括一些诸如"之""何""无""未""毕""矣""奈"等语法标记词、人称代词等典型的文言用词。语言风格模仿早期历史著作，不仅体现在选择"曰"为直接对话的引导词和皇帝与臣子之间的称谓（如"卿""陛下""君""臣"），还体现在绝大部分短语和句子呈现出的简短和断音的节奏。四音节和六音节的用语占据主流。即使有些句子在现代汉语中找到，一些合成词（比如"准备""队伍"）在现代汉语中使用，但现代汉语的白话文体特征还是少见的。

脚本中也出现了一些为数不多的根据扬州方言语法所使用的特有的词语，比如，"家去"（现代汉语为"回家"）、"一望"（现代汉语为"一看"）、"不得"（现代汉语为"没有"或"不能"）。[⑧]某些方言词语究竟是否可以被视为方言，又是一个问题。如果和现代汉语比较，有些说法确实属于扬州方言，但是与文言文体比较的话，就不一定是方言了。比如，现代扬州方言说"今日"和"今个"，而现代汉语说的是"今天"，但是在文言文中，"今日"比比皆是。因此，"今日"在文言文体的脚本中则不能被视为扬州方言。

脚本的另一个特点是其中出现了较多的"俗字"或者"错字"，很多"俗字"或

"错字"属于同音异义借字。⑨有些情况下,同音异义借字的出现是受到了扬州方言发音的影响。手稿中到底有多少这样的借字,这方面需要更为深入的研究。不规范的用字体现了当时(晚清)手写简化惯例。这些不规范的以扬州方言的发音而借用的字也表明,脚本主要是根据口头扬州评话表演而非从书面作品中转写而来。⑩

(四) 叙述者的评论和与观众的模拟对话

脚本中目前仅仅发现了几个叙述者的评论和与观众的模拟对话的例子。
第一个例子是脚本手稿第 1—26 页右侧的一则批注:

> 交待陈宅居山穴,附近□野兽,为陈赶走。因陈祭母妻女子尚有三年坚持,家中务农,有余粮,其他树□草根,山桃,野杏充饥。

该批注作为补充写于手稿页边空白处,只是评话艺人及其徒弟在准备说书表演时作为提示之用,并非与观众之间的模拟对话(见图 5)。

图 5 《西汉》脚本第 1—26 页上手稿右侧的一则批注

第二个例子源自手稿第三本封面(第 3—002 页)的一则批注:

> 拉回头交待张良说说各国诸候叛楚

这则写在封面上的评论肯定也是评话艺人给自己做的批注,而非给观众叙说的内容(见图6)。

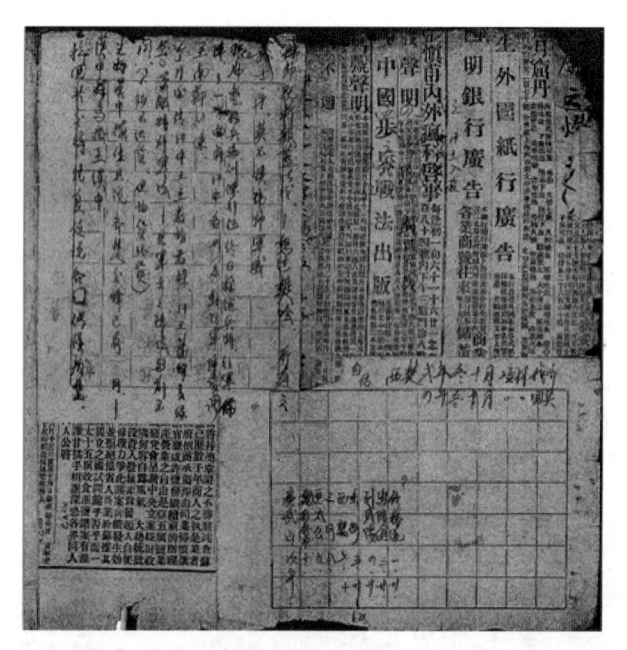

图6 《西汉》脚本手稿第三本封面(第3—002页)的一则批注

上述两例均是出自他人或多人之手的插入的评论,不属于原始手稿内容。显然,应将原始手稿内容与他人加进去的补充加以区分,未来的研究应在全面研究手稿的基础上对此问题展开深入讨论。

(五) 说书的套语

所谓"说书的套语"在元代的平话[11]中已经有初期的出现。在平话这些朴素的历史记录中已经出现了后来的词话、话本和章回小说所习用的说法,即所谓"说书的一套"[12]。这种套语中的一些在《西汉》脚本中也有使用:

1. 平话、章回小说和《西汉》脚本中都出现以下的韵文道语,即"正是""有诗为证""但见""诗曰";仅在平话和《西汉》脚本中出现的有"怎见得""一首"。[13]

2. 平话、章回小说和《西汉》脚本中都出现以下的结合词语,即"只见""不提/题""且说"。[14]在平话和章回小说中出现的套语"只说",在《西汉》脚本中并未出现,不过有类似的套语"只言"。这个说法似乎受了脚本全文的文言文的影响。

3. 设问套语与叙述者的旁白,比如"怎见得"和"交待"。"怎见得"套语有两大作用:既是韵文前的导语,也用于叙事者模拟设问。这个说法见于平话,但是未见于本文所专门考察的章回小说之中。"交待"的用语经常出现在现代扬州评话编辑出版的"新话本"中,而在扬州评话的口头表演较少见之(在元代平话和明清章回小说中未见)。在《西汉》脚本中,"怎见得"套语用于韵文前,但似乎不具备对观众模拟设问之作用。"交待"在《西汉》脚本中仅发现两处,它们均出现在补充注解中,用作艺人表演的提示语而非与观众之间的模拟设问。

概而论之,在脚本中,可以发现四个韵文导语的大量使用,这是元代平话和明清章回小说风格的再现。叙事的结合词语则很少使用,脚本中出现的仅仅是章回小说中的三四个常用套语。设问套语与叙述者的旁白则在脚本中从未出现。

结论

上述对《西汉》脚本的前期研究可以形成如下初步的结论:

一、脚本并未试图"再现"实际的评话表演。它并未模仿评话艺人在书场演出时以"一场书"或"一天书"为单位的内容划分,它仅仅以一种简明缩写的风格记录下故事发生的一切,并插入对话、诗、歌、表、信等固定格式的内容。

二、脚本明显反映了散文与韵文的交替使用。根据扬州评话的口头表演传统,我们猜测,实际表演散文叙事的部分,时间大概比脚本中的内容长几倍。[15]誊写脚本的人在散文部分里大概没有仔细模仿口头白话表演的文体,而诗、歌、表、信则是另外一回事。这些内容必须牢记于心,所以书写的跟口头说的应该大致一样。对话、诗歌等固定格式的内容并非不能成为脚本存在的必备条件。有些扬州评话艺人的脚本仅有诗歌和其他一些固定格式的内容。[16]本文研究的《西汉》脚本以及那些仅有诗歌等固定格式内容的脚本,我们目前只能推测并非是口头表演内容的实录,而是为口头表演提醒之用。

三、脚本使用的叙事形态是隐藏式的第三人称叙述者（covert third person narrator）。这种现象与脚本中使用的语言——一种简单的历史叙事文言——有关。脚本的作者/抄写者显然对再现评话的口语形式不是特别感兴趣。就现代表演所展现的语言来看,诸如加入对话、诗、歌、表、信等固定内容确实反映了口头表演的语言特点,但是没有理由就此认为评话艺人也会使用脚本中的文言方式表演故事的散文部分。脚本所展现的浓缩风格很可能是速记以及书面文体的影响所致。因此,脚本并非评话艺人实际语言习惯的反映,也与章回小说的"说书体"有一定差距。

四、不同于章回小说的"说书体",《西汉》脚本无意于模拟评话艺人与观众之间的直接交流。这种特点在脚本中完全没有体现。为数不多使用的"交待"的例子并非出现在原始手稿中,而是出现在他人所写的批注中,它们旨在提醒表演者(而非观众)在表演某一内容时应加入更多的细节。

五、脚本中"说书的一套"的使用是尤为复杂的问题。韵文导语和结合词语的套语是简体文言历史写作语言程序的组成部分吗?诗歌等固定格式的内容以行首缩进为标志,因此某种程度而言,韵文导语是多余的。这种套语是否是书面记录口头表演的一个书写的习惯,而并非《西汉》的评话艺人的实际口头表达的习惯?我们知道20世纪晚期扬州评话艺人在表演中几乎没有使用"说书的套语",这种固定语一般不属于扬州评话的口头语言范围。脚本的作者/抄写者是不是通过使用套语给予一种"说书体"的最后一层涂饰的感觉?迄今我们无法知道脚本里的这些套语与晚清时期(即脚本被记录的时期)评话表演传统之间的关系。

作者单位:丹麦哥本哈根大学
译者单位:西南交通大学

注释

① 中国的说唱传统从元代以来就有"西汉"的题目,见"北宋的'说韩信'",陈汝衡 1962:61。在扬州评话的历史中,这个题目从19世纪上半叶就有之,见《扬州曲艺志》1993:283,350。有的学者认为17世纪上半叶柳敬亭早就说"西汉",见韦人和韦明铧 1985:15。

② 樊紫章什么时候收到《西汉》脚本并不清楚。可能是任永章送给他,而不是许鸿章。图1是根据《扬州曲艺志》1993:283,288,292,321相关内容绘制的。又见Børdahl and Ross 2002:Life stories。

③ 2003年10月24日,戴步章给笔者在自己的家里表演过《西汉》一段书,表演的内容跟图2所摄的脚本照片是一样的书路,但是内容丰富得多。脚本的这个小部分和戴先生的口头表演已经有过分析,见 Børdahl 2005,2009,2013:Chapter 9。

④ 2000年,我的朋友和合作者、摄影家 Jette Ross(1938—2001)与我一起去扬州。当时她把《西汉》脚本一部分逐页摄影。2003年戴步章的家属允许笔者为了研究而买下了这个脚本。2004年对全部脚本进行了扫描,并将该扫描的脚本寄给戴家的遗族。2013年笔者有机会跟葛良彦教授和王亚龙博士一起准备脚本的出版和更仔细的研究,并将脚本的全部手写的字使用 Word 软件输入电脑。

⑤ 见 Idema 1974：23,70；又见 Børdahl 2013，Chapters 2 and 5。

⑥ 见陈午楼 1962,1994。

⑦ 脚本第三本,封面上贴了一条纸片,手写如下(不是原来的作者/抄写者的书法):"此书共四十三 43 页此二两册,双倍多,由伐三齐,叁,明修栈道,暗渡(度)陈仓"。

⑧ 关于扬州方言的语法特点,见 Børdahl 1996：103 - 128,又见易德波 2006：119 - 158。

⑨ 关于这个问题,见 Børdahl 2013：239 - 240。

⑩ 见 GE (葛良彦) 2001：112。

⑪ 元代的"平话"文本指的是说书表演,还是指历史书籍,这一问题并未有明确的答案。现当代多用"评话"指称说书艺术,但福州依然保留"平话"这一称谓。不同地区对"平话"和"评话"两个术语的使用选择,这一问题有待更为深入的研究。这两个术语之间似乎有某种关联,但其关联性目前还不清楚。

⑫ 关于说书的套语和元代平话、明清章回小说和多种说唱类型,见 Børdahl 2010, 2013, Chapters 3, 4 and 5。我曾专门关注过《水浒传》的最早版本和《金瓶梅词话》(1617)。

⑬ 韵文导语在全部脚本都有,但是"怎见得"在第三本和第五本较多,在第一本、第二本和第四本中只出现一次。元代的平话偶尔用"却是"作为韵文导语,而《西汉》脚本好像也有类似的用法。"……一首"作为韵文导语,在元代平话里经常出现,而在脚本中有 4 次。又见 Børdahl 2013：36, 43, 124。

⑭ 见 Børdahl 2013：125。

⑮ 见 Børdahl 2005, 2009, 2013：240 - 243。

⑯ 戴步章家里也有这类脚本,2000 年 Jette Ross 拍摄过一部分,见 Børdahl 2005：256。

参考文献

1. Vibeke Børdahl, 1996. *The Oral Tradition of Yangzhou Storytelling*, (Chinese title: *Yangzhou Pinghua Tantao*), Nordic Institute of Asian Studies Monograph Series, No. 73, Richmond: Curzon Press.

2. Vibeke Børdahl, 2005. 'Storytellers' Scripts in the *Yangzhou Pinghua* Tradition', *Acta Orientalia*, No. 66：227 - 296.

3. Børdahl, 2006, 见易德波 2006。

4. Vibeke Børdahl, 2009. "Written Scripts in the Oral Tradition of Yangzhou Storytelling", in *Lifestyle and Entertainment in Yangzhou*, edited by Lucie Olivová and Vibeke Børdahl, Copenhagen: NIAS Press: 245 - 270.

5. Børdahl, 2010. "Storytelling, Stock Phrases, and Genre Conventions—The Case of 'Wu Song Fights the Tiger'", in *The Interplay of the Oral and the Written in Chinese Popular Literature*, edited by Vibeke Børdahl and Margaret B. Wan, Copenhagen: NIAS Press: 83 - 156.

6. Vibeke Børdahl, 2013. *Wu Song Fights the Tiger. The Interaction of Oral and Written Traditions in the Chinese Novel, Drama and Storytelling*, Copenhagen: NIAS Press.
7. Vibeke Børdahl and Jette Ross, 2002. *Chinese Storytellers—Life and Art in the Yangzhou Tradition* (Chinese title: *Yangzhou Gucheng yu Yangzhou Pinghua*), Boston: Cheng & Tsui Company.
8. 陈汝衡,《北宋的"说韩信"》,《曲艺》,第 4 期,1962。
9. 陈午楼,《说书有无脚本》,《曲艺》,第 4 期,1962,第 44-45 页。
10. 陈午楼,《旧事重提:说"话本"》,《读书》,第 10 期,1994,第 148-150 页。
11. Liangyan Ge, 2001: *Out of the Margins: The Rise of Chinese Vernacular Fiction*, Honolulu: University of Hawai'i Press.
12. Wilt Idema, 1974. *Chinese Vernacular Fiction: The Formative Period*, Leiden: Brill.
13. 韦人和韦明铧,《扬州曲艺史话》,北京:中国曲艺出版社,1985。
14. 《扬州曲艺志》,南京:江苏文艺出版社,1993。
15. 易德波,《扬州评话探讨》,北京:人民文学出版社,2006。

扬州评话《西汉》传统留存下来的说书艺人的脚本

图 7　戴步章 1996 年在丹麦哥本哈根的演出照，由杰特罗斯（Jette Ross）摄

孔子 2.0 版,还是儒学某某主义?
——文化调解者建构初探[①]

本特·尼尔森(Bent Nielsen)/著　于春华/译

> 各时代有各时代的孔子,即在一个时代中也有种种不同的孔子呢。
>
> ——顾颉刚

美国汉学家詹启华(Lionel Jensen)曾言,16—17 世纪的耶稣会士塑造了孔子形象。事实真假暂且不论,这些耶稣会士的确构想了他们心目中的孔子形象。中国文化、政治、经济日益繁荣,孔子成为他们认识和了解中国的切入点。[②]耶稣会士所谈论的"孔子"象征着一种特殊的世俗传统,在中国通常指用"儒"一词称呼的士大夫阶层。或者说,"孔子"是中国和中国特色的代名词。历史上,中国曾修建长城抵御外敌入侵,至明朝,又有航海家郑和下西洋传为外交佳话。在文化领域,孔子常用以代表中国的文明成就,即中国人常说的"文武双全"中"文"的一面。[③]20 世纪末至 21 世纪初,孔子研究在西方世界异军突起,反响空前,人们对孔子研究热情高涨(例如,出现了所谓的"波士顿儒学家"),继而在西方世界遭到质疑(如 Samuel P. Huntington)。下文我将探讨孔子作为文化调解者在中国和(西方)世界对话中的作用。

在进一步讨论之前,我们需要简单的"正名"。英文中"Confucius"这一名称以及由此衍生的"Confucianism"一词在汉语中都没有确切的对应词。通常情况下,人们认为"Confucius"一词是汉语中"孔夫子"的拉丁文形式,但是据詹启华考证,"孔夫子"这一称谓并不常见,坊间少有人如此称呼。可是,耶稣会士想当然地用"Confucius"一词指代了汉语中的"孔夫子"。[④]中国人一般称其为"孔子",译作"Master Kong"更为恰当。下文要讨论的内容很大程度上揭示了"Confucius"和"孔子"的区别。相比之下,"Confucianism"一词表述更不恰当,在汉语中没有一词与其表意相同。"Confucianism"指的是一种独树一帜的传统，由孔子(公元前551年——公元前479年)开创。⑤柏应理(Philippe Couplet)曾率领一众耶稣会士撰写了《孔子：中国哲学家，中国学者》一书，1687年，形容词性的"Confucian"一词由他们首次引入欧洲。⑥ 17世纪耶稣会中流传的"Confucian"和"Confucianism"实则指的是中国历史上的士大夫阶层，耶稣会士在明清时期的传教中得以了解。这个阶层的人简称"儒"，汉朝时期编撰的《周礼》解释道："儒"指的是掌握六艺(礼、乐、射、御、书、数)并教育百姓的人。⑦公元前3世纪编写的《孟子》《韩非子》等书中解释"儒"为拥护孔子学说的学派。《韩非子》中记载，在其成书时期(公元前3世纪末)，孔子的拥护者分为八大派。⑧从词源上看，"儒"一词可能与"柔"(意为软、弱)同源⑨，因此詹启华翻译"儒家"(英文常作：Confucianism)为"弱者联盟"(the Weakling fellowship)⑩。在上述文献出现之前，"儒"一词很可能包括了巫、史、祝、卜等多种职业⑪。所以说，"儒"一词的由来漫长且复杂，等到耶稣会士到中国了解"儒"时(1595年后)，这一词已具备与帝王崇拜、学子科考、祖先敬仰、正统思想、社会地位等相关的广泛含义⑫。

16世纪后期，耶稣会士认为"儒"的内涵与耶稣会制度相似，并将这种表面的相似性解读为本质的相似性，从而认为"儒"的学说与欧洲的基督教一样，都塑造了一个国家的语言、法律、传统和文学。⑬经由耶稣会的解释和翻译，西方世界公认"儒"是师从"最智慧的道德哲学家，政治家和演说家"⑭孔子的知识分子，"Confucianism"是中国人一以贯之的世俗伦理哲学。⑮然而，"儒"与含义丰富的"Confucianism"两词之间有何关系？这一问题仍悬而未决。但是可以肯定的是，两个概念并不能完全画上等号。"Confucianism"一词是人们所创造的能指，具有崇尚孔子的含义，其指代的事物没有明确的范围⑯。近些年来，许多学者都致力于揭示儒学传统的多样性，建构了不同形象的"Confucius"。在Louie笔下，"Confucius"是"完美的变色龙"⑰，詹启华则称其为"自由灵活的能指"⑱。欧洲耶稣会士们对"Confucius"和"Confucianism"的解读(实则是一种误解)，深刻影响了17—18世纪欧洲对中国的认识和接受，这一时期是孔子在西方世界担当文化调解者的第一阶段。借用当代计算机软件开发中的一个术语，我们可以称这一时期的孔子形象为"孔子1.0版"⑲。(下文将"Confucius"一词译作"孔子"，"Confucianism"译作"儒家思想"或"儒学"。)

1919年"五四运动"中，鲁迅、胡适曾公开批判孔子，学生们高呼"打倒孔家店"的口号，意在抨击中国传统文化中的旧道德。⑳事实上，早在1898年夏，孔子学说在康有为领导的"百日维新"(亦称"戊戌变法")中就发挥了重要作用。维新派"推崇孔子,并效仿基督教派,主张立'孔教'为国教,结合中国文化特点,设立孔教会,总结出一套统一的思想体系"[21]。康有为假借圣人之训,托古改制,歪曲了孔子形象。这一行为很大程度上误导了大众,致使人们在"五四运动"中与孔子势不两立。

清朝末年,孔子在当时政治和社会生活中的地位极不稳定。他能救清政权于水火?还是随清王朝一同覆灭?以慈禧太后为首的清王朝守旧派强烈抵制康有为一派,发动清军镇压维新运动,康有为逃命海外,而他的胞弟康广仁与谭嗣同等六人被处死,他们因此又被称为"戊戌六君子"。几年后,1905年,清政府废除了以考查"四书"为主的科举考试制度。《论语》为"四书"其一,这部作品集中体现了孔子的思想,是孔子弟子及再传弟子记录孔子及其弟子言行而编成的语录文集。同年,清王朝"宣布康有为的孔教思想为中国文化复兴提供了思想基础"[22]。1904年,孔子诞辰纪念日(公历9月28日)被确立为节假日;1906年,孔子故里曲阜建立"文物保护区"[23]。对此,戴梅可(Michael Nylan)认为,这些举措只是"浮于表面",实际上反映了清王朝在处理现代性和传统性的矛盾心理。1911年,清朝统治瓦解,孔子随之跌下神坛。历史似乎就是如此。

"五四运动"主张反传统,以胡适、顾颉刚、郭沫若为代表的疑古派应运而生,他们对孔子持批判态度,从史学研究的角度,否定了孔子许多文化贡献。尽管如此,孔子依然是中国传统文化的象征。20世纪60年代,孔子及其学说几经起伏,"这位圣人时而被人们毫不留情地抛弃在历史的洪流中,时而又成为炙手可热的'复出新人'"[24],"儒家思想似乎大势已去"[25]。至20世纪30年代,中国政治环境动荡,孔子思想再次焕发生机,像20世纪20年代初那番批判孔子、拒绝孔子的社会景象已然不再,孔子凝聚了动乱的中国社会,成为抵御外敌侵略(尤其是日本)和对抗帝国主义的国家象征。

1934年2月,在儒家思想的启发下,国民党领导人蒋介石发起了"新生活运动"。[26]同年8月,国民党在孔子故里曲阜为孔子举办了盛大的诞辰庆典。这场活动在新生活运动开始后的6个月内举办,当时国家资金短缺,但这场庆典盛况空前,旨在传达这样一种理念:蒋介石和封建王朝的帝王一样,坚持中国传统价值观。[27]国民党人推崇孔子及其学说,帮助民众建立民族文化自豪感,意欲以此来对抗共产主义思潮,反对个人主义、物质主义和某些不道德的现代社会风气。

中国共产党人是"五四"精神的继承者和现代中国的奠基者,他们同样面临着要如何正确对待历史和传统的挑战。

20世纪60年代初,人们对孔子重新产生兴趣,并组织了学术会议。1962年11月,著名儒学大家冯友兰(1895—1990)等150多名学者在山东济南参加了纪念孔子2440岁诞辰的集会。当时,"孔子故里曲阜热度骤升,游客纷至沓来(日均游客高达3万人次)。"[28]刘少奇在他的著作《论共产党员的修养》一书中,多处引用《论语》和《孟子》,展示了中国传统思想家的智慧,具有现实意义。《孟子》一书成书于公元前3世纪,孟子及其弟子深受孔子影响,写就此书,极具影响力。刘少奇曾引用了《论语》中耳熟能详的一段:"吾十有五而志于学,三十而立……"[29]

儒家思想对中国共产党影响深远,从刘少奇对儒家学说的引用可见一斑。20世纪30年代,马克思主义在中国的"儒学化"成为一个有趣的话题,对当今了解共产党的儒学观也有重要意义。金观涛和陈来等当代中国学者已对这一领域已有研究,但这一话题在西方探讨较少。[30]

20世纪70年代末,中国开始改革开放,在这一过程中,孔子及其思想在中国发挥着越来越重要的作用:既推动了中国经济快速增长,又指导了中国的经济发展路线,还助力解决了其他社会发展问题。可以说,中国、日本、韩国和新加坡等国家经济发展迅速,都得益于独特的儒家伦理,它与德国社会学家马克斯·韦伯阐释的新教伦理在许多方面有共通之处。李光耀、吴庆瑞和吴作栋领导的新加坡政府以儒学为思想基础,指导这个多民族国家的工业化发展。著名美国华裔学者杜维明回到故土中国,助力在教育界和社会生活中传播儒家思想。值得注意的是,根据吴庆瑞的说法,"学者们应深刻挖掘儒学经典,总结其中的工作伦理,在新加坡广为教授"。换句话说,"吴作栋意在援引儒学经典,结合新加坡国情,指导新加坡的发展"。[31]

邓小平领导了中国经济的快速发展和现代化建设,相对于西方自由主义和西方式民主,孔子是"亚洲价值观"的守护者。

毋庸置疑,孔子又回到了我们当中。但人们经常疑惑:他曾经离开过吗?如果是的话,又是谁把他带回来的?或者说,如果他一直与我们同在,那么他隐匿在何处,如何隐匿?这些问题的答案我们不得而知。据我所知,我们目前主要探讨的孔子至少有3种不同的形象:

第一种孔子的形象是学者(语言学家、历史学家、哲学家等)所理解的孔子。今天孔子之所以在中国学者当中受欢迎,很大程度上源于中国考古发现。在过去几十年里,考古工作成绩斐然。这些考古发现让2000多年前用竹条和丝布书写的新文本复活,其中最著名的是马王堆(1972—1974)和郭店(1993)出土的文本,极大地改变了人们对于中国早期思想史的认识,让人们重新审视孔子的历史意义。在中国、美国和欧洲国家举行了数十次以发掘文本为重点的会议,语文学研究再次崭露头角。然而,在阅读和理解这些文本的方式上,中国和西方世界对孔子及其地位的看法截然不同。一般说来,中国学者倾向于支持"五四前"形成的孔子形象,而不是如西方试图重构的那样,也不是本文开头耶稣会士所构想的孔子1.0版,而是去世俗化的,甚至是半神话式的、前秦时期的孔子。

第二种孔子的形象与学者们所理解的孔子形象有些出入,但又一脉相承。这种形象在百姓中广为流传——类似于韦伯提出的新教伦理对新教教徒的影响。这个孔子在很大程度上是一套行为准则和人生格言的代言人,这些准则和格言自2000多年前就已开始流传,并编纂成书。如《三字经》和《千字文》等文本都包含了孔子的思想,在小学里教了几个世纪㉜,还有许多其他文本(多为插图本)已商业出版,在民间广泛传读㉝。从小品读儒家经典的传统帮助几代人塑造了思想,由此看出,儒家思想在儒、释、道思想并存流行文化中占据首要地位。

第三种形象是政治精英所刻画的孔子形象,他与学者们心目中的孔子有所不同,但非常接近。事实上,他是传统美德的典范,代表着中国文化和中国人的美德,具备世俗的底蕴和人文主义精神,强调教育为本、以和为贵和任人唯贤的准则。这一形象与伏尔泰等启蒙主义哲学家们刻画的理想人格不谋而合,现实中难以有人完全符合——这位圣人用美德滋养后辈心灵。中国历届政府应该从多方位考察孔子形象,无论是物质的还是非物质的,学术的还是大众的,国内的还是国外的,都值得审视研究。政府还应将中国的现实国情与儒家思想相结合,塑造新时代的孔子。

梅约翰(Makeham)总结了1993—2004年中国政府在教育领域的一系列举措,强调儒家思想的重要性㉞。1986年,"新儒学""被确定为重点研究项目并获得资助"㉟,许多高等院校召开了相关学术会议,设立了研究中心和研究小组,邀请国外学者以及旅居国外的中国学者(如杜维明和成中英)参与到研究中,并出版学术期刊。在此之前,曲阜的孔庙已于1984年重新修缮,并于1985年建立了中国孔子研究院(即中华孔子学院),旨在促进与汉语有关的国际文化交流,表明中国即将重新定位在这一问题上的政策。㊱在政府的资助和政府官员的积极推动下,曲阜及其他地方的孔庙庆祝孔子诞辰的活动得以恢复,中华孔子基金会于1984年成立于北京,由国务院副总理谷牧担任名誉主席。江泽民也曾不止一次接见了这些参与庆祝活动研讨会的代表们。㊲

20世纪80年代中期起,中国人们相对普遍地对传统文化——通常认为儒家思想为主——兴趣浓厚。相继出现了20世纪80年代"文化热"和90年代"国学热",当时关于传统历史、文化和哲学的书籍大量出版,可见这些思潮爆发的规模之大。《易经》是中国最古老的典籍之一,不仅被奉为儒学经典之首,也是中国群书之首。在国学盛行时期,《易经》大受欢迎,每年因各种目的出版的不同版本数量可观。仅1992年就出版了《易经》四部(共4211页),1993年又出版了第五部(1546页)。如今,中国的许多书店都有单独的《易经》研究区,周边设有有关传统文化的扩展区,如帝王及哲学家的传记,以及上述典籍的插图本。㊳

中国社会对"孔子"接受度显著提升,"孔子"(思想研究)走出了大学校园,进入了大众视野。2006年,北京师范大学副教授于丹参加了中央电视台的系列讲座节目,阐述了孔子的思想,这些论述随后以图书的形式出版,并迅速成为畅销书。㊴之后,于丹参加了更多的电视节目,相关书籍层出不穷,更翻译成英语,在普通民众中享有很高的人气,但学者和知识分子对她诠释的孔子却并不那么热情,称她的阐释为"折扣版"和"中国式的心灵鸡汤"㊵。贝淡宁(Daniel Bell)直接指出,于丹对儒家思想进行了自主改编,融入了出自佛教和道教的精选格言,从某种程度上说给中国人民带来了些许安慰,弥补了人们的精神需求。㊶据报纸报道,于丹前往监狱所做的演讲也非常令人信服,私营企业经营者和地方政府也都购买了数千本于丹的著作,分发给工作者。㊷于丹首部翻译为英语的著作《于丹〈论语〉心得》(Confucius from the Heart)能否在西方畅销,还有待观察。不过,可以肯定地说,在21世纪,于丹对孔子的传播贡献无人可及——也许可以理解为广为接受的孔子2.0版——"一剂医治国内外万恶的良药"。

2009年,时值孔子2560周年诞辰,一部有关孔子及其思想的动画片播出,这部动画片的播出很大程度上得益于于丹的讲座和书籍的流行。这部动画片,共有104集,每集13分钟,从孔子少年时期讲起直至老年阶段。据新华社报道,10岁的孔子"是一个可爱的男孩,眼睛炯炯有神,手里拿着一本书"㊸。2006年9月25日,《中国日报》头版刊登了一张形象更为严肃的古代圣人的图片;一张巨幅彩色照片,描绘了两名小学生装扮成汉朝(公元前2022年至公元220年)书生向一尊高达2.55米孔子铜像致敬的图景。自此,这张图片成为人们广泛认可的孔子形象㊹。照片下方的文字表述了学者们不满多样化的孔子形象,孔子的官方形象应受版权保护:"之所以形成一个有版权保护的雕像这个想法,是因为在不同的历史典籍中孔子形象各不相同。……因而,需要形成一个标准的孔子形象,这样不同国家的人才能认识孔子的形象。"㊺如Julia K. Murray所言:"建立孔子的官方形象是对中华文明遗产权威性的总结。"㊻

2010年之后,在国家的资助下,孔子形象得以升华成2.0版。时长115分钟的传记影片《孔子》最初定档在新中国成立60周年期间,后推迟到2010年1月上映。该影片由胡玫导演,中国香港演员周润发在片中饰演孔子。

孔子重新出现在中国社会,进入几乎所有社会阶层,影响深远。康有为将孔子作为一个宗教偶像来介绍的尝试是完全失败的。许多学者已经意识到马克思主义和儒家思想之间的许多相似之处。㊼这两种意识形态都是理性的自我认知,反对宗教迷信,而且这两种意识形态都是包罗万象的,都建立在一小众精英负责教育大众的基础上。马克思主义和儒家思想都非常重视道德教育、重视榜样力量和自我修养。

耶稣会解释的儒学为引入马克思主义铺平了道路,马克思主义的发展反过来又促进了儒学的兴起,使其得以备受关注。

还有一种更为激进的观点值得深入探讨,即:耶稣会阐释的儒家思想是否以某种方式影响了卡尔·马克思和弗里德里希·恩格斯的思想?当然,早期的耶稣会士和卡尔·马克思是否交流过儒家思想,我们不得而知。但从18世纪初开始,儒家思想的某些观念很有可能在欧洲学术界广泛传播。18世纪启蒙运动时期,孔子的耶稣会思想在欧洲思想家中引起了一定的关注。莱布尼茨是最早对儒家思想和中国文化遗产感兴趣的人之一,随即受到了伏尔泰、克里斯蒂安·沃尔夫以及被称为"欧洲孔子"的魁奈等著名思想家的推崇。虽然孟德斯鸠、狄德罗、康德和黑格尔等其他思想家对中国的印象并不如此,但儒家思想显然已经成为欧洲的重要议题。黑格尔还曾与康德一起讲授儒学,对马克思影响深远。

总之,世界各地各个领域都在对孔子和儒家思想进行不断阐释,在此过程中,不断衍生新的意义,以适应社会语境的需求。当今的中国越来越明确地支持孔子和儒家思想,这在世界范围内绝无仅有,意义非凡。从表面上看,孔子再次成为中国的社会形象的象征并被奉为圣人好像是完全"合乎情理的"。但细想,这种移用可能是基于一些假设,并由这些假设促成,这就使孔子的中国性变得不那么顺理成章了。对于孔子形象和儒家思想的进一步阐释,有赖于世界范围内的学者们结合社会历史语境,认真研究孔子及其思想的发展历程。

作者单位:丹麦哥本哈根大学
译者单位:北京第二外国语学院

注释

① 标题后半部分借用了译者 Laura 和 David Truncellito 翻译自李零的"What Can We Learn from the *Analects*" Li 2009-10,95。
② Jensen 1997,113。
③ 参见 Louie 2002,4。感谢 Densie Gimpel 让我关注到 Louie 在社会和性别研究中应用的"文武"范式,这在政治哲学研究同样适用。
④ Jensen 1997,86。对于 Jensen 的批判性回应,参见 Standaert 1999 和 Gu 2010。

⑤ 孔子历史年表,参见 Jensen 2002。

⑥ See e. g. Jensen 1997,121ff.

⑦ Lin 1974,99. 六艺即：礼、乐、射、御、书、数。

⑧ 周钟灵、施孝适、许惟贤 1982,860。

⑨ 许慎、段玉裁 1983,366。

⑩ Jensen 2002,176.

⑪ 见《词源》中"儒"一词解释。亦可见 Yao 2003,507—509。

⑫ Jensen 1997,53.

⑬ Jensen 1997,50.

⑭ Jensen 1997,129.

⑮ 例如,见《韦氏世界宗教百科全书》(*Merriam-Webster's Encyclopedia of World Religions*),其中有一篇长达 9 页的关于儒学的文章,将儒学描述为"一种世界观、一种社会伦理、一种政治意识形态和一种学术传统",Doniger 1999,251。

⑯ Wilson 2002,24.

⑰ Louie 2002,57.

⑱ Jensen 2002,214.

⑲ 这里仅讨论孔子在东西方对话中的作用。在耶稣会出现之前,许多早期版本的孔子在中国及其邻国流传。

⑳ 详见 Jensen 1997,347,注释 70。李零指出:"当时实际上要打倒的是以朱熹为代表的儒家理学之考亭学派,而不是儒家学派。"李零 2009(10)20。朱熹(1130—1200)汲取前人思想,并重新解读,使之成为正统思想;他重新编校"四书",并加以评论,成为 1313—1905 年国家科举考试的出题内容。

㉑ Nylan & Wilson 2010,193.

㉒ Nylan 2001,311.

㉓ Nylan 2001,311.

㉔ Nylan & Wilson 2010,195.

㉕ 正如我的老师易家乐教授在一本由丹麦出版的关于世界宗教的参考著作中所写的:25 条活生生的信条(1964 年首次出版),其中显然不包括儒家思想,见 Aagaard 1974 年,第 334 页。

㉖ 一些国民党理论家也受到了德国、西班牙和意大利新政权的启发。墨索里尼尤其引起了蒋介石阵营的共鸣,见 Spence 1999,358。

㉗ Nylan 2001 年,第 325 页。随着"孔子思想和儒家学派的官方复辟",孔庙的传统仪式在 1928 年已经恢复,孔子诞辰庆祝活动在 1931 年被定为国定假日,士兵和学生们重新开始学习四书。Spence 1999,327。

㉘ Nylan 2001,329. 遗憾的是,Nylan 并没有明确提到这些数据从何而来。

㉙ 出自《论语·为政》第四章,黄怀信 2008,109ff. 作者参考了 Slingerland 的翻译。

㉚ 见 Makeham 2008,116、234—257。

㉛ 转引自 Nylan and Wilson 2010,217—218。

㉜《三字经》的现代版本是在 1994 年出版——Yao 2003,527—528。儒学经典"四书"是科举考试的基本课程。小学课本用通俗易懂的版本叙述这四本书中的情节。

㉝ 包括"儒家"传统的主要文本在内的大量中国文言文已经统一标题发行,标题为"图解……",可访问 www.zito.cn/。

㉞ Makeham 2008,311—313.

㉟ Makeham 2003,5—6,34.

㊱ 例如 Murray 2009,264。1994 年,曲阜的 3 处孔子遗址(孔庙、孔府、孔林)经政府资助修复后,被联合国教科文组织列为世界文化遗产。

㊲ Makeham 2003,87. 1989 年 10 月,也就是江泽民在同年 6 月 24 日就任中共中央总书记仅 3 个月后,就参与了此次会面。另见 Murray 2009,265。

㊳ Nielsen 1999.

㊴ 见于丹 2006 年、于丹 2008 年和 Yu 2009 年。我手里的一本书是《于丹〈论语〉心得》,第 28 次再版,共计 455 万印册!

㊵ Merkel-Hess、Pomeranz and Wasserstrom 2009,263。

㊶ Bell 2008,174. 同时,Bell 发现,于丹书中最深层的问题是道家思想启发的儒家思想去政治化的努力。Bell,170.

㊷ Ho 2009.

㊸ Zhao 2009. 另见 Murray 2009,269—270。

㊹《中国日报》,2006 年第 1 版,以及 Murray 2009,268—269。

㊺《中国日报》,2006 年第 1 版。

㊻ Murray 2009,269.

㊼ Tian 2005,7;Idema and Haft 1997,264。

参考文献

1. Aagaard, Johannes, ed. 1974. *Verdens religioner：25 levende trosretninger* [The World Religions：25 Living Creeds]. Kobenhavn：Politikens Forlag.

2. Ames, Roger and Henry Rosemont Jr., trans. 1998. *The Analects of Confucius：A Philosophical Translation*. New York：Ballantine Books.

3. Bell, Daniel A. 2008. *Chinas New Confucianism：Politics and Everyday Life in a Changing Society*. Princeton：Princeton University Press.

4. Bell, Daniel and Hahm Chaibong, eds. 2003. *Confucianism for the Modern World*. Cambridge：Cambridge University Press.

5. Brooks, E. Bruce and A. Taeko Brooks, trans. 1998. *The Original Analects：Sayings*

of Confucius and His Successors. New York: Columbia University Press.

6. Chin Ann-ping. 2007. *The Authentic Confucius: A Life of Thought and Politics*. New York: Scribner.

7. *China Daily*. 2006. "Confucius Given 'Official' Image". *China Daily* 25 September, front page.

8. Doniger, Wendy, ed. 1999. *Merriam-Webster's Encyclopedia of World Religions*. Springfield, MA: Merriam-Webster.

9. Eno, Robert. 2003. "We Background of the Kong Family of Lu and the Origins of Ruism". *Early China*, 28: 1-41.

10. Ess, Hans van. 2003. *Der Konfuzianismus*. Munchen: Verlag C. H. Beck.

11. Gardner, Daniel. 1998. "Confucian Commentary and Chinese Intellectual History" *Journal of Asian Studies*, 57(2): 397-422.

12. Goldman, Merle and Leo Ou-Fan Lee, eds. 2002. An *Intellectual History of Modern China*. Cambridge: Cambridge University Press.

13. Harbsmeier, Christoph. 1990. "Confucius Ridens: Humour in the Analects". *Harvard Journal of Asiatic Studies*, 50: 131-161.

14. Ho, Norman. 2009. "Unlikely bedfellows? Confucius, the CCE and the resurgence of guoxue". *Harvard International Review* www.entrepreneur.com/tradejournals/article/205506315.html (Accessed 8 February 2012).

15. Idema, Wilt and Lloyd Haft. 1997. *A Guide to Chinese Literature*. Ann Arbor: Center for Chinese Studies, We University of Michigan.

16. Jensen, Lionel M. 1997. *Manufacturing Confucianism: Chinese Traditions and Universal Civilization*. Durham: Duke University Press.

17. ——2002. "We Genesis of Kongzi in Ancient Narrative: We Figurative as Historical". In *On Sacred Grounds: Culture, Society, Politics, and the Formation of the Cult of Confucius* ed. by Lornas A. Wilson. Cambridge, MA: Harvard University Press, pp. 175-221.

18. Jun Jing. 2002. "Knowledge, Organization, and Symbolic Capital: Two Temples to Confucius in Gansu". In *On Sacred Grounds: Culture, Society, Politics, and the Formation of the Cult of Confucius* ed. by Thomas A. Wilson. Cambridge: Harvard University Asia Center, pp. 336-375.

19. Kong Deping, ed. 2007. *Temple and Cemetery of Confucius and the Kong Family Mansion in Qufu*. Beijing: New World Press.

20. Li Ling. 2009-10. A Homeless Dog: Li Ling: s Understanding of Confucius. *Contemporary Chinese Thought*, 41(2): 12-103.

21. Lin Yin, ed. 1975. *Zhou li jinzhu jinyi* 〔A Modern Annotated Translation of the Rituals

of Zhou]. Taibei: Taiwan shangwu yinshuguan.
22. Liu Hong. 2008. *Qingdai 'Lunyu' quanshi shilun* [On the History of the Annotations of the Analects during the Qing Dynasty]. Beijing: Shehui kexue wenxian chubanshe.
23. Louie, Kam. 2002. *Theorising Chinese Masculinity: Society and Gender in China*. Cambridge: Cambridge University Press.
24. Lu Wensheng and Julia K. Murray. 2010. *Confucius: His Life and Legacy in Art*. New York: China Institute.
25. Makeham, John. 2003. *Transmitters and Creators: Chinese Commentators and Commentaries on the Analects*. Cambridge, MA: Harvard University Press.
26. ——2008. *Lost Soul: 'Confucianism' in Contemporary Chinese Academic Discourse*. Cambridge, MA: Harvard University Press.
27. ——ed. 2003. *New Confucianism: A Critical Examination*. New York: Palgrave Macmillan.
28. Merkel-Hess, Kate, Kenneth L. Pomeranz and Jeffrey N. Wasserstrom. 2009. *China in 2008: A Year of Great Significance*. Lanham, MD: Rowman & Littlefield.
29. Moore, Malcolm. 2011. "Confucius as Confucius Prize scrapped". *The Telegraph*, 7 February. www. telegraph. co. uk/news/worldnews/asia/china/8796220/Confusion-as-Confucius-Prize-scrapped. html (Accessed 7 Feburary 2012).
30. Murray, Julia K. 1992. "We Hangzhou Portraits of Confucius and Seventy-two Disciples: Art in the Service of Politics". *Art Bulletin*, 74(1): 7-18.
31. ——1996. "We Temple of Confucius and Pictorial Biographies of the Sage". *Journal of Asian Studies* 55(2): 269-300.
32. ——2001. "Portraits of Confucius: Icons and Iconoclasm". *Oriental Art*. 47(3): 17-28.
33. ——2002. "Varied View of the Sage: Illustrated Narratives of the Life of Confucius". In *On Sacred Grounds: Culture, Society, Politics, and the Formation of the Cult of Confucius* ed. by Lornas A. Wilson. Cambridge, MA: Harvard University Press, pp. 222-264
34. ——2007. *Mirror of Morality: Chinese Narrative Illustration and Confucian Ideology*. Honolulu: University of Hawai'i Press.
35. ——2009a. " 'Idols' in the Temple: Icons and the Cult of Confucius". *Journal of Asian Studies*, 68(2): 371-411.
36. ——2009b. "We Global Branding of Confucius" In *China in 2008: A Year of Great Significance* ed. by Kate Merkel-Hess, Kenneth L. Pomeranz and Jeffrey N. Wasserstrom. Lanham, MD: Rowman & Littlefield, pp. 263-270.
37. Nielsen, Bent. 1999. "*Yi jing* studies in China in the 1990s" Paper presented at the

NACS Nordic Workshop On Board M/S Baltic Kristina, 4-6 July 1999.

38. Nylan, Michael. 2001. *Five "Confucian" Classics*. New Haven: Yale University Press.
39. Nylan, Michael and Thomas A. Wilson. 2010. *Lives of Confucius: Civilizations Greatest Sage through the Ages*. New York: Doubleday.
40. Rainey, Lee Dian. 2010. *Confucius & Confucianism: The Essentials*. Malden, MA: Wiley-Blackwell.
41. Shoudu Bowuguan. 1989. *Kongzi: Kongzi shengdan 2540 zhounian jinian 2540* [Confucius: On the 2540th Anniversary of Confucius' Birth]. Kyoto: Kenbunsha.
42. Slingerland, Edward, trans. 2003. *Confucius Analects: With Selections from Traditional Commentaries*. Indianapolis, ID: Hackett Publishing.
43. Song Xianlian. 2003. "Reconstructing the Confucian Ideal in 1980s China: We "Cultural Craze" and New Confucianism". In *New Confucianism: A Critical Examination* ed. by John Makeham. New York: Palgrave Macmillan, pp. 81-104.
44. Spence, Jonathan. 1999. *The Search for Modern China: Second Edition*. New York: W. W. Norton.
45. Standaert, Nicolas. 1999. "We Jesuits Did Not Manufacture 'Confucianism'". *East Asian Science, Technology, and Medicine* 16: 115-132.
46. Tang Fuyu. 2007. *Kongzi shiji tu* [Illustration of Confucius' Achievements]. Xianggang: Zhongguo guoji wenhua chubanshe.
47. Tan, Kenneth. 2011. "Two Russian Babes Accept Confucius Peace Prize on behalf of Vladimir Putin". *Shanghaiist*. shanghaiist.com/2011/12/10/two_russian_babes_accept_confucius.php (Accessed 7 February 2012).
48. Tian Chenshan. 2005. *Chinese Dialectics: From Yijing to Marxism*. Lanham: Lexington Books.
49. Waley, Arthur, trans. 1938. *The Analects of Confucius*. London: G. Allen Unwin.
50. Wilson, Thomas A. 1994. *Genealogy of the Way: The Construction and Uses of the Confucian Tradition in Late Imperial China*. Palo Alto, CA: Stanford University Press.
51. ——ed. 2002. *On Sacred Grounds: Culture, Society, Politics, and the Formation of the Cult of Confucius*. Cambridge: Harvard University Asia Center.
52. Yao Xinzhong, ed. 2003. *RoutledgeCurzon Encyclopedia of Confucianism*. 2 vols. London: Routledge Curzon.
53. Yu Dan. 2009. *Confucius from the Heart: Ancient Wisdom for Todays World*. Trans. by Esther Tyldesley. London: Macmillan.
54. Zhang Nan 2011. "Kongzi hepingjiang erci banfa huojiangzhe zaidu quexi"[At the Second Confucius Peace Prize Award the Winner is Absent Again], www.voanews.com/

chinese/news/20111209-Peace-Prize-Putin-135310893. html （Accessed 21 February 2012）.

55. Zhao Yanchen. 2009. Chinas Ancient Philosopher Confucius Gets Cartoon Image * www. cctv. com/program/cultureeexpress/20090401/106402. shtml (Accessed 7 February 2012).

56. Zotz, Volker. 2000. *Konfuzius*. Hamburg：Rowohlt Taschenbuch Verlag.

57. Zufferey, Nicolas. 2003. *To the Origins of Confucianism：The Ru in Pre-Qin Times and during the Early Han Dynasty*. Bern：Peter Lang.

58. 冯国超,《图说论语》,北京：新华出版社,2007。
59. 顾颉刚,《古史辨(第二卷)》,上海：上海古籍出版社,1982。
60. 郭庆藩,《庄子集释(全四卷)》,北京：中华书局,1982。
61. 胡玫,《孔子》,北京：中华书局,2009。
62. 胡玫,《孔子》(DVD),北京：北京北影录音录像公司,2010。
63. 黄怀信,《论语汇校集释》(全两卷),上海：上海古籍出版社,2008。
64. 李剑,《庄子很生气：从"于丹红"现象说起》,上海：科技文化出版社,2007。
65. 徐刚,《孔子之道与〈论语〉其书》,北京：北京大学出版社,2009。
66. 徐晋如、杨昊鸥,《解毒于丹——告诉你未被糟蹋的孔子和庄子》,北京：中国物资出版社,2007。
67. 许慎、段玉裁,《说文解字注》,上海：上海古籍出版社,1983。
68. 鄢圣华,《孔子很着急》,上海：科技文献出版社,2007。
69. 于丹,《于丹〈论语〉心得》,北京：中华书局,2006。
70. 于丹,《于丹〈论语〉感悟》,北京：中华书局,2008。
71. 翟盛礼,《孔子之光》,北京：中国档案出版社,2005。
72. 中华人民共和国文化部,2011,"关于停止中国乡土艺术协会传统文化保护部主办'第二届孔子和平奖'颁奖活动和撤销中国乡土艺术协会传统文化保护部的决定",www. wxcnt. gov. cn/xxfe/zwxx/ggtz/201109/t20110927_. html(2012年2月7日访问)。
73. 周钟灵、施孝适、许惟贤,《韩非子索引》,北京：中华书局,1982。

［原文刊载于 Gimpel, Denise, Bent Nielsen, Paul Bailey (eds.). *Creative Spaces. Seeking the Dynamics of Change in China*. Copenhagen：NIAS Press, pp. 24 - 47］

"音乐的势力"

——20世纪20年代后半叶的中国崛起

史通文(Andreas Steen)/著 王莎/译

> 子曰:"兴于诗,立于礼,成于乐。"
>
> ——《论语》

中国儒家代表人物孔子和他的弟子们一致肯定了音乐与国家权力之间的互动关系。儒家传统不仅强调音乐自身的教育价值,同时还将音乐发展分为雅与俗两者并存的交流融通状态。儒家极力创造与推行高雅音乐,对"郑卫之音"等低俗民间音乐却加以控制,甚至禁止其流通。因为儒家思想认为,民间音乐本身总是包含着邪恶的、反叛的内容,这些内容甚至可能会引起或导致一个国家衰落。[①]基于儒家传统发展而来的科举考试传统,在1905年被全面废止。此前,中国具有一段十分漫长的音乐发展的历史传统,这一传统不仅肯定了音乐本身的重要性,同时也将音乐整体发展风格官方化、固定化。如今,中国传统音乐风格略显陈旧,因为传统音乐是不具备音调的。但是音乐却在整体社会发展中,扮演着十分重要的角色。因而,探索新的音乐风格的活动已经开展。

在第一次世界大战中,中国遭遇的危机被普遍认为始于1个世纪前第一次鸦片战争所带来的屈辱。随之而来的是第二次鸦片战争,中国政府继续签订一系列不平等条约。与此同时,中国开始努力发展,以求增强自我实力,执行外交策略与展开军事现代化升级,但仍是在第二次鸦片战争中战败于英法联军。最终,在全面借鉴如西方现代政治体系模式等有益知识后,中国终于进入了温和改革与激进革命交替进行的历史新阶段。然而,领土被瓜分为少数国外贸易通商口岸,甚至是殖民领地的侵占,也是在同时间段内发生的悲剧。1901年《辛丑条约》的签订,迫使清政府给予了超乎寻常的赔偿支付。1908年,慈禧太后与光绪皇帝相继逝去。3年后,封建统治王权代表的清王朝也随之覆灭。然而,新的民主政府并没有成功应对、解决道德素养退化,以及各方政治势力斗争、军阀混战、半殖民地半封建化以及帝国主义兴盛等多重危机。

在第一次世界大战的5年中发生的一系列事件,进一步促使中国知识分子对于国家安危的担忧关心。这段时间内,先是日本侵占德国在中国山东省的殖民地,继而袁世凯又在1915年5月与日本签订了臭名昭著的"二十一条"。但却受到广泛的抗议与反日抵制,袁世凯继而宣布自己成为中国的皇帝。但在1916年6月,随着他的突然逝世,这一计划烟消云散。紧接着,北洋政府宣布与德国断绝一切外交关系,在经历了6个月的紧张谈判,之后在人民高度热切期望,中国于1918年8月14日正式宣战。这是中国第一次积极地参与世界政治,并与协约国并肩作战。这一行为的目的和希望是很清晰的:一是为了重新收回日本所占领的胶州半岛;二是获得国家主权;三是废除长期以来所签订的不平等条约。中国对第一次世界大战的主要贡献在于解放了在法国与英国边境内的14万苦力。但是,参加这次战争却对国家统一造成了威胁。在北洋政府的权力斗争之中,孙中山在1917年9月于广州建立了护法军政府。

第一次世界大战结束,协约国战胜的消息在中国引起了十分热烈的反响。1918年11月7日,北京举行了6万人参与的盛大游行活动来庆祝这场胜利。美国对伍德罗·威尔逊总统的"14条计划"和最终和平协议的大肆宣传,激起了人们心中的希望,其中第5条和第14条条款极具前瞻性。②6个月之后,中国的美好愿景却已成明日黄花,在巴黎和会上所有的美好希冀都落空了。1919年5月4日,大约3000名学生在天安门广场集体游行示威,反对在凡尔赛举办的巴黎和会上所做出的不平等决定。"五四运动"以及全世界中国人集体努力,促使了在中国大城市地区,开展了大规模抗议活动。因此,成功阻止了中国外交团被迫签订不平等条约。这是对全球"威尔逊主义"反对殖民主义的一次回应,伴随而来的是连续不断的抗议与反日抵制。③陈曾焘(Joseph T. Chen)将之称为"第一次真实完整的运动,也是中国人民革命的真正发端"。④

然而,史华兹(Benjamin Schwartz)提醒我们注意,"五四运动"发生在中国近代社会中权力、思想与社会全面交融发展的时间段里,它既不是开始也不是巅峰,即使这一固有名称现在被用来统称一个时代。⑤"五四时期"是自由主义与人文主义并行的"新文化运动"的发端,这是一次对北洋政府外交失败的回应。具有启蒙意识的知识分子将视角聚焦于社会与文化,他们的主要目的,则是为了仔细分析并筛选出旧儒家学说的价值观与学校机构,拒绝任何阻止中国后退的事物,并且在中国过去文化中找寻到新文化因素。⑥批判的第一要务就是针对中国传统写作语言系统——文言文。文言文并不是每一个民众都能够理解的。胡适倡导并推行在学术写作与所有其他书面交流中使用白话文。他在第一次世界大战期间曾求学于康奈尔大学与哥伦比亚大学。白话文迅速风靡社会,为"新文学""新诗歌"与"新音乐"铺平了道路。更普遍的是,这场运动的主要力量集中反对儒家文化,强调教育并提倡建立一种新的中国文化,其主要是以"民主"与"科学"等西方标准为变革标准。但在经历了意料之外的"凡尔赛背叛"(巴黎和会的不平等条款)之后,他们原先在西方价值观影响下相当积极的信念,立刻发生了改变。因此,"五四运动"促使了中国知识分子的革命,并且现在回想起来可以称之为"中国发展的最为关键的时刻"。[7]中国年轻的知识分子因为西方文明所具有的破坏力而理想幻灭,在国际上屡遭拒绝后,他们开始推行反帝国主义的民族主义。并且受到激进意识形态的吸引,企图重新建立国家与社会整体。[8]基于整体社会环境发展变化,1921年7月,中国共产党成功诞生。

中国新音乐是沿着以上所述的历史脉络发展起来的,以1919年为分界点,主要被分为两个时期,分别是"胚胎时期"(1895—1919)与"初创时期"(1919—1937)。[9]尽管音乐是处于连续性发展脉络之中,但是很明显的是战争的结束给它提供了一次修正和重新思考的机会,以及提出了许多新的建议与要求。因此,本文的重点不在于关注音乐作曲,而将视角放置在音乐的内容、起源、观念以及动机等发展情况上。撇去文化帝国主义所带有的一般性思维,研究者将研究重点放置在强调中国本土文化机构上,因为这些过程主要受到主动文化输入倾向所引导,而非以文化输出为重点。[10]中国与西方并不是被看作是两个互相对立的个体存在,但是在人民群众、文化机构、媒体以及学术论文等方面,却存在着冲突与和解。[11]本文认为这些由个人和专业机构所提出的概念与想法,往往是有了充足的经验、概念以及目的动机。然而,实际举措必然需要考虑,这一依赖于社交交往与经济发展实力的政治与社会文化综合环境。本文将关注于音乐改革的3位主要推动人物,他们始终相信音乐能够使中国发生改变并走上现代化道路,乃至全面提高综合实力。第一位是担任教育部部长以及北京大学校长的蔡元培,他提倡"美育",并将重点之一放在了音乐上。1919年,他提倡在北京大学成立音乐研究协会。这一协会成员中有两位著名人士,他们各自有不同的方向,一位是作曲家、音乐家,还有一位是教育家。前者是如今被誉为"中国现代音乐之父"[12]的萧友梅,后者是如今被称为中国现代舞蹈剧的创始人黎锦晖。他们坚信音乐、教育以及国家强盛三者是紧密关联的。正如儒家所推崇的"美善合一"观念,因此,在他们的传记中明显能看到关于音乐的创新概念源起,同时在危机时刻下对一系列活动的展开,付出了极大的努力。

西方音乐—新音乐—新文化

　　伴随着 16 世纪传教士进入中国，西方音乐第一次在中国本土生根，盛行于第二次鸦片战争之后，在北京和 3 个贸易通商口岸（上海、广州以及厦门）格外流行。1985 年后，教会学校主要传授和推行西洋音乐，许多中学和西式大学里西方音乐成为一门重要学科。唱诗班成为风靡学校的一项有趣活动，中国学生开始对如何演奏钢琴与小提琴产生了浓烈的兴趣。但是，在 19 世纪，只有两个公开活动的交响乐团，一个是成立于 1879 年，由外国人所构成的"上海公共乐队"，随后更名为"上海工部局乐队"。还有一个是赫德所组建的私人乐队，所有成员都是中国人。他本人是一位业余小提琴家，于 1863—1908 年担任清朝海关总税务司。中国对西方音乐的强烈兴趣是伴有实际性功利目的的。基于儒家思想传统，他们坚信强健雄浑的音乐文化会对一个国家的强盛发展产生强大影响。例如，文化先锋改革者梁启超发现了音乐与军事力量之间的直接关系，即中国军队音乐中的"暮气沉沉"的调性与中国军队自身的软弱表现，密切相关。[13]体现这一密切关系的主要案例在于德国与日本两个国家，因为这两个国家都成功地快速提升实力，将国家从弱小迅速变为强大。1870 年，普鲁士和德意志邦国战胜了法国，中国的领导者开始将学习视野放置在德国的军事管理上。中国政府开始正式订购克虏伯大炮以及聘请大量军事专家。在 1885 年中国战胜法国，从而对德国军队精神产生了更加强烈的兴趣。[14]1897 年，张之洞为他自己的军队组建了一个乐团，并且雇用了一个德国人专注于音乐与军事训练，来训练其中 15 名成员。[15]一年以后，袁世凯也仿照张之洞，并于 1903 年任河北省总督一职时，在天津组建了 3 个军队音乐训练营，每个军营有 80 个人毕业。19 世纪末，西方乐队已经成为中国快速发展的军事政治文化中的必要组成部分，并且他们有时也会为慈禧太后演奏。[16]

　　同时，1894 年到 1895 年，中国战败于日本。受到了日本军队力量与现代化特征等多方面发展的启发。数以千计的中国学生纷纷留学日本高校，因此，他们同样也熟悉了现代音乐教育的新型模式。沈心工（1869—1947）在日本东京组织了第一场关于中国音乐的会议，并且在此次会议上李叔同出版了中国第一本《音乐小杂志》（1906）[17]。等到回国后，他们引进了一种名为"学堂乐歌"的音乐活动。起初，由于中国传统音乐缺乏曲调，这些歌曲是以日本与西式音调为主。这些歌曲运用不同的主题印证中国的强盛化与现代化。他们主要称赞新的政治改革措施与军事教育、号召妇女解放、提倡学习新文化、热爱自然以及儒家"忠义"

的传统美德。在 1906 年出版的一本音乐教材的前言中,编者提出"校歌"的意义是引发在民众与学生内心的国家情怀,或者更广义地说,引起普罗大众内心爱国主义精神,并且引发他们进行深入思考。[18]这些歌曲迅速兴盛并风靡于 1912 年,基于数据,超过 1 400 首校歌出现在各大教科书中[19]。这些歌曲引进了新式音乐、新的表演模式以及全新术语。最近研究成果表明,校歌同样丰富了美育内容以及"五四"时期的文学作品。[20]

为了增强军队实力与提倡爱国主义精神,中国不断引进西方军事乐团和校歌。1916 年,均衡结合了中式与西式音乐风格的北京音乐团于北京大学成立。尽管是一个没有协会支持的业余组织,它以学院化和科学化基调为创建目标,迈出了第一步。这个乐团的成立符合新文化运动的精神。白话文与新诗歌的推广会对新音乐的创作造成影响,尤其是 1920—1930 年的艺术歌曲创作。

战争结束后,校歌的热度开始减弱,尽管他们仍然在校园内广泛传唱。[21]这一现象的典型代表是出自 1919 年的一份用白话文写成的报告。这篇报告中认为中国音乐在每一个方面都缺乏属于中国自身的标准。它没有标准的音阶,没有标准的音高,没有标准的乐器,也没有标准的作品。解决问题不能完全借助于照搬国外资源。[22]换句话来说,中国音乐想现代化,但却是直接照搬西洋音乐来取代中国传统宫廷雅乐。

1920 年,徐中约认为"中国很大程度上是现代世界的一部分"[23]。关于音乐与西方价值观念的输入,需要提及 1920 年流行的两种促使音乐演奏与消费的现代音乐商品——家庭钢琴演奏与留声机。两者都将外国音乐带进了中国中上层阶级的家庭之中。正如诺曼·彼得金(Norman Peterkin)于 1920 年在上海所观察到的那样:"留声机在让人接受西方轻音乐方面起到了不小的作用。曾经主要是售卖本地音乐的唱片。随后,大量的爵士乐、轻歌剧与音乐厅音乐等唱片由本地人安排上架。"[24]西方轻音乐的传播在很大程度上局限于通商口岸的租界,尤其是上海。它的流行始终是与推行"白话文运动"的"新文化运动"紧密相关。当中国音乐进入了"初创时期",音乐的选择范围扩大。在 1920 年末,它的主要机构被迫从北京迁往上海。

蔡元培:美育、音乐和道德修养

蔡元培既不是音乐家亦不是作曲家,他是一个改革家、教育家以及哲学家。1912 年,他提出将音乐作为美育与道德教育思想中一个重要的组成部分。他秉持着一个信念:中国社会与文化只有通过改革才能生存与发展。他认为应该将中国传统儒家道德理念与现代西方思想加以结合[26]。当 1917 年蔡元培任职北京大学校长时,他不仅回顾了形成其独有的教育理念的精彩职业生涯,还开始将威廉·洪堡的理念引入中国。[26]

蔡元培于 1868 年出身在浙江一个商人家庭。他接受了传统的儒家教育,并在 22 岁通过了科举考试高中举人。随后于 1894 年得授职翰林院编修。在他的学习生涯中,蔡元培倾向于宋代新儒学,着重强调"修身"与"治国平天下",这是他为之奋斗一生的理想。[27] 1895 年甲午战争失败后,蔡元培将视角转向当下社会,并开始学习西方文化知识。3 年后,光绪皇帝联合康有为(1858—1927)和其他改革者实施的改革方案遭到保守派的压制,蔡元培为抗议而离开北京,放弃了他的学术生涯,回到家乡开始教育事业。随后,他移居上海,参加了反对清政府的革命地下组织,成为孙中山所领导的同盟会上海分会负责人。

蔡元培为日本整体强盛国力所触动,认为其教育制度改革是背后的主要原因。因为这一制度来源于德国体系,因此他决定游览德国。1907 年,由政府支持以及部分个人出资,他开始在德国柏林大学学习德语,然后于 1908 年 11 月转入莱比锡大学。蔡元培是一名十分活跃的学生,积极学习了 40 门课程。他热衷于学习哲学、心理学、文化历史以及美学。[28] 随着他对美学的理解变得更为深刻时,他意识到它对于中国社会改革的重要作用。他致力于将几本德国名著翻译成中文,并且于 1910 年 4 月出版了《中国伦理学史》。一年之后,他被要求返回中国,担任南京临时政府的第一任教育总长。回国后不久,他受到其在德国所推崇的自由科学气氛的启示,抓住机会努力推行自己关于教育的新理念。在发表于 1912 年 2 月 11 日的《对新教育的意见》一文中,他着重强调军国民教育、实利主义教育以及包含有艺术、音乐、戏剧等的道德教育。"美育在于培养人道主义,因为通过人类对美的普遍热爱,他可以超越阻碍人类社会和谐的贪婪和偏见。"[29] 然而,蔡元培打算削弱儒家之于整体社会发展的重要性,致力于消除国家对于教育的控制,这却遭遇了来自袁世凯和孙中山同盟会的联合反对。因不满意最后的结果,蔡元培最终辞职并返回欧洲。1912—1913 年,他继续在莱比锡学习。"一战"期间,他留在法国,写了一本关于哲学原理的书和一本有关欧洲美学史的书。1916 年 12 月,他受命担任北大校长。

不再细谈蔡元培在北京大学所展开的各项活动,但必须提到的是,他在 1918—1919 年在北大提倡"思想自由"这一思想准则。他招募了大量的文人名士,被誉为中国自由教育家的主导人物。[30] 在他的主要思想中,他认为美育是作为"新教育"中的重要环节。蔡元培还批评了传统教育很少关注美的教育,如对绘画、音乐以及舞蹈的不够重视。他认为,需要重视艺术欣赏,应该以一种积极愉悦的方式,来丰富学生的日常生活;同时,他十分希冀,在课程的完整体系中,艺术科目能够拥有一个突出的地位。[31]他坚信音乐能够起到重要作用,这源于他对欧洲的音乐实践和教育的观察,以及对贝多芬音乐的热爱,他钦佩于贝多芬的理想主义与其音乐所具备的深度。对于他而言,贝多芬音乐的伟大与丰富内容是西方音乐发展史中的典型代表,音乐是随着西方社会与自然科学的进步发展而一起前行的,并且最为重要的是音乐理论成果也十分显著。蔡元培希望对中西的思想、音乐教育、音乐作品以及理论进行一次完整的比较分析,目的是能够把音乐变成文化进步的有力媒介。只有通过共同比较研究,借助于高水平音乐理论以及针对新音乐人才的教育,才能够发现西方音乐的特色,并且修正中国传统音乐中的错误,促使其不断发展。[32]蔡元培重点强调音乐是作为文化改革与自我修养完善的有利武器之一,这一点反而与儒家音乐观念十分接近。

蔡先生于1917年就任北京大学校长后,"北京音乐团"的成员们找到他,并向他寻求经济资助。1919年1月,该音乐团更名为"音乐研究会",并由蔡元培担任理事长。该协会包括学者和音乐家,例如王露、萧友梅、黎锦晖等。[33]它雇用了10名老师,拥有200多名成员。1920年,研究会组织了一场音乐会,听众多达1000人;该会还出版中国第一本音乐杂志《音乐杂志》。该杂志主要引介西方理论论述的中文译本,集中讨论了诸如音乐教育、科学以及中国音乐发展等话题。蔡元培对研究会的支持是至关重要的,但萧友梅因其音乐教育和才华,成为该会的领导者。

萧友梅:日本、德国与国歌

萧友梅出身于广东省南部的一个知识分子家庭[34]。5岁时,他和家人移居澳门。在那里,萧友梅跟随他的儒家学者父亲一起学习古典汉语,同时也学习英语和日语。他深受葡萄牙教堂演奏的天主教歌曲和赞美诗的熏陶,由此萌生了对音乐的强烈兴趣。1899年,他就读于广州的一所新式学堂,同时还参加了歌唱课。国外势力对义和团运动的猛烈打压以及随后的八国联军侵华,激起了他的爱国主义精神。因为在学校获得优异成绩,并深受日本的现代化和实力吸引,他于1901年自费赴东京学习。

在日本的9年间,他学习了钢琴、唱歌和相关教育理论。此外,他还为革命领袖孙中山提供了庇护所。那时,孙中山为了躲逃清朝秘密警察的搜查逼迫,与他同住了一个月。1906年,他参加了同盟会,从而牢固地确立了他的政治立场。毕业后,他于1909年回到中国。1912年,他在孙中山任职期间曾短暂任职南京新政府。4月,他成为广东省教育厅教育处处长。仅仅半年后,在蔡元培的支持下,北京教育部决定授予其奖学金,赴德国学习。从1913年起,萧友梅在莱比锡大学哲学系从事教育研究,同时还在莱比锡音乐学院学习音乐理论和作曲。在德国的7年间,他接受了大量的音乐教育,并参加了许多音乐会和表演。"礼貌的、坦诚的以及缜密的研究风格以及坚持不懈的、严谨的工作态度对萧友梅的后来工作和生活产生了深远的影响。"[35] 1916年,萧友梅在莱比锡大学完成了他的博士学位论文,题为《十七世纪前中国管弦乐队的历史的研究》。[36] 他是"一战"期间留在德国的少数中国人之一。1917年8月以后的"一战"时期,他躲在波兰的一个小村庄里,依靠教法语和钢琴课生存。他于1919年10月离开德国,随后分别前往瑞士、法国、英国和美国,并于1920年3月返回中国。

考虑到萧友梅早期在政界精英中的人脉关系以及他的教育背景(包括外国大学的博士学位),任命他担任高级职位似乎只是时间问题。早在10月,萧友梅就被要求创作新的国歌,并因此承担了上一年以来在上海和北京的各大报纸上一直讨论的"国歌问题"这一任务。[37] 教育部于11月成立的"国歌研究委员会",目的是为了解决如何用一首歌代表一个现代国家这一紧迫问题。这项任务变得复杂并不断地展开讨论:这首歌应该表达什么?力量与好战还是正义与和平?歌词应该以古典还是现代风格书写?曲调应该采用中式还是西式?[38]

这些问题并不是什么新问题,几十年来一直困扰着中国的领导者。自1877年中国开始在西方各国建立使馆以来,中国的驻外使节一直考虑是否存在一首合适的曲调来代表该国。令他们尴尬的是,与英国国歌《天佑国王》(1745年首次公开演出)形成鲜明对比的是,中国无法提供合适的作品。外交官们只能依靠带有音乐伴奏的中国诗歌。1895年签署了《马关条约》之后,1896年,甚至连作为当时中国最有权力的直隶总督兼任华北贸易专员的李鸿章,也选择了这一类型的歌曲。直到1911年,清政府才宣布了"国歌",但不久之后就爆发了辛亥革命。

民国初期,在蔡元培领导之下的教育部推行了一次新的国歌创作运动。在1912年2月,当时公众可以读到一个广告,鼓励人们创作和编写国歌。从那时起,该歌曲拥有了官方名称"国歌"。在这种情况下,不再使用以前所谓的"国调"和"国乐"之类的表达方式[39]。在一年之内,教育部门收到了300多个可能成为国歌的投稿,但都不能尽善尽美。为了解决这个问题,教育部门组织了一个由10多人组成的委员会,其中还有蔡元培和梁启超。每个人都配备了一套收录了世界各国国歌的译文集。最后,下议院部长汪荣宝推出民国国歌《卿云歌》。这首歌选择中国儒家五部经典之一的《尚书》作为主要表达内容,因为它主要收集了公元前1100年至公元前770年的典范制度以及政治家们的主要思想言论。

这首歌后一句是由汪荣宝本人亲自添加,并由长期居住在北京的比利时作曲家欧士东(Jean Hautstont)创作,随后大获成功。

内容如下:

> 卿云烂兮,糺缦缦兮。
> 日月光华,旦复旦兮。
> 时哉夫,天下非一人之天下。

此后不久,袁世凯及其政治操控手段遭到越来越多的反对,他于1915年5月宣布了一部新的国歌,《中华雄踞天地间》。同年年底,袁世凯宣布自己为中国皇帝。1916年6月上旬,袁去世后,这首歌因为与他恢复君主制的野心相关联,因此很快变得不受欢迎。事实上,受到新文化运动、爱国主义以及对中国积极参战的高度期望的启发,知识分子和学生强烈批判当时的两种国歌老旧,并且对公众来说难以理解,因为它们都是用古典文言文作为歌词。另外,旋律听起来没有吸引力,很难歌唱。1920年年初,展开批评的学生们认为,歌曲中应该含有类似《马赛曲》和《拯救国王》中所洋溢的爱国情怀,并要求以白话语言作为歌词。同时,伴有德国旋律"Die Wacht am Rhein"。该曲在普法战争和"一战"期间,在德国非常受欢迎,是一首类似国歌的歌曲。[40]当时正在德国学习的王光祈(1892—1936)等人,他们远在海外积极参与思考讨论,并且认为这些国歌普遍存在着缺乏明确目的以及难以理解等多方面问题。与此同时,王光祈推出了自己的作品,即《少年中国歌》。[41]

尽管提出了所有建议,委员会成立约一年后才得出结论。1920年,它再次选择了歌曲《卿云歌》。这次的歌词只取自《尚书》,以前添加的具有"现代性"的歌词被删除了。这首歌被交到了萧友梅手中。萧友梅认为它过于老式、不为大众所知且难以理解、不精确也不适合现代国家。他于1920年5月在新出版的《音乐杂志》上发表了自己的看法。[42]1921年6月,他发表了自己作曲成果,立即成为中国的新国歌。在这首歌的入曲前调的钢琴旋律和音乐整体框架结构方面,刘靖之明确引用了肖邦的音乐教育理念:"虽然这不是德国 Lieder(钢琴伴奏的德国独唱曲)的传统形式,但仍然可以算作是二重曲。"[43]

它的歌词取自古代儒家经典,因此在青年知识分子和学生中几乎不怎么流行。实际上,在随后的10年中,也出现了很多想法,例如赵元任,沈心工和梁启超。梁启超在1912年创作了一首歌,尤其是在中国学生中成为"非官方"国歌,即《泱泱哉,我中华!》,又名《爱国歌》,1920年间得以广泛传唱。

泱泱哉我中华!
最大洲中最大国,
廿二行省为一家。
物产腴沃甲大地,
天府雄国言非夸。
君不见英、日区区三岛尚崛起,
况乃堂裔吾中华!
结我团体,
振我精神,
二十世纪新世界,
雄飞宇内畴与伦!
可爱哉我中华!
可爱哉我国民!

由于人们对官方的"国歌"不满意,在整个1920年代,辩论一直在持续不断地进行中。北伐战争期间,不要忘记民族主义者和共产主义者之间日益加剧的冲突。其他歌曲也获得了欢迎,并有选择地选取能够代表和证明各自立场的主要作品。梁启超本人很好地表达了音乐和歌曲的重要性,并且这种重要性仍与儒家传统息息相关。1922年,他在北京和南京进行了一系列以中国政治思想为主题的重要讲座,其中一场名为"荀子的音乐思想"。荀子有很多关于音乐的有价值的想法。他的主要思想集中以人性为基础,并且强调现世生活对于人性发展、规范、改正的重要性。例如,荀子曾论:

夫乐者,乐也,人情之所必不免也,故人不能无乐,乐则必发于声音,形于动静……形而不为道,则不能无乱。先王恶其乱也,故制《雅》《颂》之声以道之使其声足以乐而不流,使其文足以辨而不諰,使其曲直、繁省、廉肉、节奏足以感动人之善心,使夫邪污之气无由得接焉。[44]

从北京到上海:将民族音乐教育制度化

同时,在蔡元培和萧友梅的配合下,音乐研究协会继续开展活动。在1922年8月,萧友梅成为协会负责人,并提供钢琴、小提琴和和声方面的指导。3个月后,他成功地将其提升至与北京大学音乐学院比肩的地位。该组织仅生存了5年,但事实证明它是一个活跃积极的机构。

总体而言,蔡元培一直致力于推广音乐表演,他认为这是通过课外活动切实培养提高学生审美和道德的一种方式。另一方面,萧友梅遵循自己的理想,专注于音乐史、作曲与音乐理论。刘靖之从萧友梅的音乐思想背后所挖掘出,他的积极活跃参与中传递出了三个主要音乐思想。

> 首先,中国音乐已经停滞了1200年,因此远远落后了欧洲音乐1200年悠久的发展历史。其次,欧洲音乐具有中国音乐所缺乏的要素,尤其是音乐简谱、和谐旋律、乐调、风琴和其他键盘乐器,因此中国音乐应该以欧洲为主要学习对象,并且始终以民族精神为主要核心要点。最后,中国需要建立一所长久的音乐教育机构,以推行和发展音乐教育,提升音乐水平。[45]

依照这些信念,萧友梅不断组织开展协会的所有活动。他还聘请了传统的音乐家和作曲家刘天华,一位二胡和琵琶专家。他联合柯政和等人组织创建了"国乐改进社"。同时,还组建创办了活跃于北京的另一个社团,即"北京爱美乐社"。此外,萧友梅还在其他机构建立了音乐系,组织了音乐会和音乐团体,并帮助成立了弦乐器和竹制乐器改革协会。

萧友梅是一位热情而积极的带头人,他除了担任教学职务外,还致力于发表有关西方音乐和音乐教育的专题文章。他的作品反映了他的音乐爱好和教育背景。萧友梅十分钟爱短歌,并在1922—1925年出版了76首。代表作是发行于1924年5月4日的《纪念五四的爱国歌》,这首歌是"五四运动"5周年的纪念曲,宣扬了鲜明的改革创新精神。[46]在他的总计102首歌曲中,有81首歌词是由著名的词人易韦斋所谱写,易韦斋后来成了上海国立音乐学院的一名老师。在对这些歌曲的分析中,刘靖之认为,易韦斋所创作的典雅歌词并没有增加萧友梅歌曲的流行度。歌词很难演唱,难以被听众理解。[47]

虽然萧友梅的积极参与和学院组织展开了多种活动,但是仍然面临了很多严峻问题,尤其是1923年在北洋政府不断干涉下,蔡元培辞去北大校长一职之后。[48]萧友梅一直坚持运行北大附设音乐传习所,直到1927年刘哲成为中华民国教育总长兼京师大学堂校长之后,下令关闭所有音乐学院与系科。即使音乐是国家关注问题之一,被废除的原因仅是因为"有伤社会风化"和"浪费国家钱财"[49]。因此,萧友梅离开北京,南下迁往上海租界。

1927年10月1日,在蒋介石领导的北伐战争结束之际,蔡元培再次被任命为新成立的南京国民政府的大学院院长。蔡元培立即募集了必要的资金，在上海建立上海国立音乐学院。萧友梅被任命为首届音乐教育系教授兼教务主任。1928年9月10日，他终于成为上海国立音乐专科学校的校长。萧友梅以莱比锡音乐学院为学校发展的学习对象，并一直担任校长职务，直到1940年12月31日，因结核病去世。萧友梅坚信中国新的"民族音乐"应该以西方音乐为基础，寻求"将西方和声、音乐形式与中国旋律结合，以表现现代中国精神、思想和情感"[50]。除此之外，他还多次强调了音乐的教育价值。例如：

> 如今，我们许多人都养成了不良习惯。如果每周至少举行一次公开音乐会，这有助于我们改掉其中一些不良习惯。如果一个家庭中有几个人喜欢音乐，则不必担心在该家庭中出现赌徒。那么如果一个社会中有更多的人喜欢音乐，那么这些不良习惯自然就会随之减少。[51]

当然，音乐形式和风格并不是能够完全地展现出音乐的教育价值。萧友梅习惯性地、有选择性地进行音乐教育、推广以及批判。其中，他批评的重点对象之一，是自学成才的音乐家黎锦晖及其作品。

黎锦晖：从民俗音乐到流行音乐

黎锦晖于1891年出生湖南，生于一个传统但有进步政治思想的富裕和有影响力的家庭，他在11个孩子中排行老二。[52] 他从小就对民间音乐有着浓厚的兴趣，并学会了演奏各种乐器。白天去新式学堂学习，晚上与父母一起学习儒家经典。受新式学习的影响，他甚至在1912年毕业前，就开始以一名"音乐教育家"的身份活动。在北京短暂任职于众议院秘书厅（1912—1914）之后，他到他的家乡组建了学校合唱乐团，并以民歌的方式发表政治讽刺文章。与当地军阀发生争执后，他于1916年回到北京，并受到新文化运动的影响。黎锦晖在4所学校教授语言和音乐，并在业余时间学习民间音乐。受其身为教育家和语言学家的哥哥黎锦熙的启发，他开始研究汉语课程教材。他还与蔡元培联系沟通，蔡元培鼓励他努力推行白话文字和国语。他的主要兴趣是发现民俗音乐与语言教学之间的关系。1919年，蔡元培号召他加入新成立的音乐研究协会中的湖南民间音乐系。

受"五四"爱国精神和人文精神的启发，黎锦晖开始以双重生活展开其职业生涯。一方面，他致力于教育改革、推广民族语言，并为小学编写了教材。1920

年,他移居上海,出版了两卷本的《标准汉语教学新教材》。1921 年,教育部终于听取了胡适、黎锦熙等知识分子的建议,在公立学校中推行白话文教学。一年后,黎锦晖成为施行新版标准汉语学校的校长。另一方面,他继续收集民歌作为他创作儿歌和童谣的基础。这些成果被广泛刊登在 1922 年 4 月以来由他编辑的《小朋友》杂志上。黎锦晖的努力引起了社会的广泛关注,因为他们增设了一次大规模的语言教学活动,并将孩子视为新兴社会的隐喻和中心。显然,不受传统价值观影响的儿童需要接受适当准确的教育,即为了改革和实现中国社会现代化。㊾

在上海,黎锦晖抓住一切机会,将民族进步精神与不同的音乐形式创造性地结合在一起。由于缺乏专业音乐教育,他将所有的业余时间花在剧院观看各种歌剧和音乐表演上。作为语言学校的负责人,他进行了许多实验,组织音乐表演,成功地综合语言教育、戏剧、音乐和舞台技术。黎锦晖于 1920 年创作了他的第一部儿童舞蹈剧《麻雀和小孩》,这是中国音乐历史上的一大创新。该剧是由一个舞蹈团的年轻学生表演的,演员中有他的女儿黎明辉,他们在中西方乐器的共同伴奏中进行表演。他的第二部儿童歌剧《葡萄仙子》(1922)见证了他的作品是如何变得如此流行的。在 1926 年之前,这部剧被刻在 5 张黑胶唱片上,并以 23 个版本印刷流传。1926 年,黎锦晖的女儿出现在流行画报《良友》的封面上。

儿童团的表演很新颖、壮观,很受欢迎,但也遭受了批评。7—17 岁的年轻女孩站在舞台上,扮演仙女、动物和爱国者,只穿着很少的衣服或穿着运动服,伴有民歌的旋律以及中西乐器的演奏,歌唱和赞美普世之爱(对于美丽、自然、人类、朋友和动物,也对于合作交流和积极的工作精神),并且涉及孙中山的革命学说和国民党军队的北伐行为。黎锦晖的主张体现了真正的民族主义和爱国主义,反映了当时主要的思想。一个国家的力量基于孩子的健康营养和教育,以及健康的身体和对美的追求。黎锦晖知晓,在公共场合展示女性身体与中国传统道德背道而驰,但他必须考虑财务问题,并且他的目标最重要的是挑战批评家和抨击中国缺乏自尊心的人。强健的西方社会发展所具备的因素,在中国也有土壤可以生存。换句话说:"中国最美丽的人是中华民族的荣耀……但我们民族存在着一个很大的问题,即习惯于贬低'漂亮的男孩和女孩'。"㊿

1927 年 2 月,黎锦晖在中国创办了第一所专业的歌舞学校,即中华歌舞专门学校。夏天,他的剧团多次演出,大获成功。但是,那时处于国民党对共产党人进行迫害的"白色恐怖"时期,整体社会环境十分严峻,许多场馆被迫关闭。被剥夺了稳定收入来源的黎锦晖于 1928 年 5 月组织了一场音乐会巡回演出,以提高艺术水平,并在广大海外音乐团体中传播民族语言。大约 30 个男孩和女孩去了香港、马来西亚、新加坡等地,受到热烈欢迎,但这却给他们造成了一场金融危机。因此,在巡回演出中,为了与自己的剧团(中华歌舞团)共生存,黎锦晖开始创作具有商业因素的情歌。1929年,他连续发表了25种爱情歌曲。其中包括新奥尔良爵士风格的狐步舞——《毛毛雨》,由他19岁的女儿黎明辉演唱录制,这是中华民国最臭名昭著和最具争议的歌曲之一。

受这些现代流行的爱情歌曲在商业上取得成功的鼓舞,黎锦晖继续从事自己的活动,并为在1930—1940年,日益流行的混合风格的中文歌曲,定下了基调。这些歌曲经常由他的演唱团的女成员演唱和录制,其中许多人后来成了著名电影明星。例如,黎明辉、黎莉莉以及最为著名的周璇。几乎同时,由于受华北地区的日本帝国主义猛烈压迫,民族主义精神兴起,黎锦晖和他的流行爱情歌曲遭受到了爱国人士的强烈抵制,萧友梅亦在其中。

总结:"音乐的力量"

清政府统治的终结,并不意味着儒家文化和价值观的终结,而是意味着"文化真空"状态的出现,即传统典雅音乐表现形式的终结。对中国音乐遗产的批判早在19世纪末就加以明晰阐述,并且,积极从德国和日本引进新的音乐实践理念,以加强中国整体音乐发展实力。在"五四"时期,儒家受到猛烈批判,但是它推行的强调音乐重要性的教义,不仅有效,而且获得了新生动力。1919年,在中国文化大环境中充满爱国主义和民族主义之时,人们开始思考讨论"国歌问题",同时在蔡元培的支持下北京大学音乐研究会等团体相继成立。1922年,即使是具有激进改革思想的知识分子梁启超也以儒家代表之一,荀子,作为研究论述对象,强调音乐的重要性。儒家的智慧是,看到一个国家的整体发展状态,往往会反映在音乐之上。并且对许多知识分子来说,无法接受中国变成一个没有音乐的国家。这种情况导致的最终结果,则是国家整体丧失主权。反之亦然。

但是,中国致力于将现代音乐教育制度化,并综合了创作、教育和推广"新式音乐"等多种举措,因此发展音乐并不是孤立单一的项目。这些举措与一场推翻中国旧文化的时代运动紧密相联,并且试图定义和创造中国的新文化,包括新语言、新文学和新诗。以上讨论的三个人物,主要表明新式理念的成功流行是依赖于多重因素的共同推进。

按照蔡元培的人文主义思想,他将音乐看作是美学与道德修养的重要途径。由于他的教育背景、他对"美育"的热衷以及他在1920年担任重要的社会职务等3个重要因素,蔡元培是中国现代音乐发展史中的一位关键性人物。我们可以假设,如果没有他,即使像在日本和德国接受了多年的培训、才华横溢的音乐家萧友梅,也很难在中国建立西方音乐教育。萧友梅同意蔡元培的观点,强调和推行专业化的音乐教育。作为音乐家,萧友梅寻求发展和创作中国的新民族音乐。至少在北伐战争威胁北洋军阀的力量之前,他们与孙中山和国民党的政治交往,无疑是有利的,直到政府决定关闭音乐部门。此后不久,在南京国民政府的支持下,蔡元培和萧友梅在上海建立了"上海国立音乐院",直到今天,它还是中国最负盛名的音乐学院之一。爱国者和自学成才的音乐爱好者黎锦晖打破了蔡元培与萧友梅等人对于爱国主义民族音乐发展创作的单一思路,他成功地引入了一种西方娱乐方式。音乐中存在的娱乐倾向,由于其会对民族精神产生一些负面影响,因而受到进步知识分子的猛烈抨击。同时,他从语言教育入手,创作大量的儿童歌曲,后以中国最早的流行音乐(在很大程度上基于美国的爵士和舞蹈音乐)而闻名。

"五四"之后大约 10 年,随着南京国民政府作为全国的统一领导政权,以西方风格和创作为基础的新式中国音乐开始出现。另一个恰当的例子是黄自,1929 年他从耶鲁大学学成归来,创作了中国第一部大型交响作品《怀旧》。[55] 他成为国家音乐学院的教授,这一学院在 1930 年代吸引了大批中外音乐家。

由国民党支持的院长萧友梅非常清楚自己的文化实力和政治依存关系,毫无犹豫地推广他为中国构想的音乐文化。萧友梅的音乐理念主要是以西方古典音乐为基础,但同时他的音乐又必须展现特有的"中国性",即使不是抵抗敌人,也要以弘扬民族精神、增强人民的道德修养为主要内容。1933 年 11 月,他受邀在上海某电台"伟大的中国"(Greater China)栏目中发表系列演讲"通俗学术"(Popular Scholar)。他的演讲稿《音乐的势力》,在 1934—1936 年刊发于 3 种不同杂志上,其中之一就有官方音乐杂志《音乐教育》。[56] 萧友梅仔细讨论了音乐的影响,详细探讨了八种情感范畴,以及明确说明音乐之于社会政治的工具性。他向听众引介了欧洲各国政府对待音乐教育的严肃态度及明显受中国影响,直到 1936 年中国与纳粹德国保持正常外交关系,萧还赞扬了纳粹德国当时成立的帝国音乐部(Reichsmusikkammer)作为一种工具控制音乐教育、生产和传播的方方面面。此后不久,南京国民政府遵照他的建议,在教育部内成立了音乐部门。

以上所讨论的例子,强调了儒家传统思想的重要性,因为它在一定程度上为引进和借鉴西方音乐实践,提供了合适的动机和框架。一旦新的中央政府发现了新的现代化的"民族风格"概念并将其官方制度化,对不符合确定规定下的"错误"声音的批评就开始频繁出现。但是,由于中华民族一直处于军阀混战以及抗日战争的极度混乱状态,国民党对于音乐整体发展的审查制度在很大程度上仍然无效。一直以来,人们对音乐自身"力量"深信不疑。直至1949年共产党取得全面胜利后,音乐生产和传播受到了相对严格的控制。直至20世纪80年代后期,黎锦晖及他的作品才被官方所接受。

作者单位:丹麦奥胡斯大学
译者单位:上海大学

注释

① 例如 Kraus, Curt, "*Pianos Politics in China Middle-Class Ambitions and the Struggle over Western Music*", Oxford, Oxford University Press, 1989, pp. 21 - 23.

② 第5条款表明,通过确定所有主权问题"有关人民的利益必须与政府的公平要求同等重要,政府的所有权有待确定"第14条款规定:国际联盟应该保护"对大国小国政治独立和领土完整的相互保证"。

③ 有关中国对巴黎和会作出决定后的反应和批评,见 Versailles, see Xu Guoqi "*China and the Great War. China's Pursuit of a New National Identity and Internationalization*", Cambridge University Press 2005, pp. 258 - 277; and Manela, Erez, "*The Wilsonian Moment. Self-Determination and International Origins of Anticolonial Nationalism*", Oxford, Oxford University Press, 2007, pp. 177 - 196.

④ Chen, Joseph T., "*The May Fourth Movement in Shanghai: The Making of a Social Movement in Modern China*", Leiden, Brill, 1971, pp. 194、199.

⑤ Schwartz, Benjamin, "*Themes in Intellectual History: May Fourth and After*" in Goldman, Merle and Leo Ou Fan Lee (eds.), "*An Intellectual History of Modern China*", Cambridge University Press 2002, p. 98.

⑥ Fairbank, John K., "*China. A New History, Cambridge/London*", Harvard University Press, 1992, p. 266.

⑦ Hsü, Immanuel C. Y., "*The Rise of Modern China*", New York, Oxford University Press, 1990, p. 505.

⑧ Ip, Hung-Yok, Tze-Ki Hon and Chiu-Chun Lee, "*The Plurality of Chinese Modernity: A Review of Recent Scholarship on the May Fourth Movement*" in Modern China, 29: 4, 2003, p. 491.

⑨ See Ching-chih, Liu, "*A Critical History of New Music in China*", Hong Kong, Chinese University Press, 2010, p. 97.

⑩ Middell, Mathias, "*Kulturtransfer und Historische Komparatistik-Thesen zu ihrem Verhältnis*" in Middell, Mathias (ed.), Kulturtransfer und Vergleich, 2000, pp. 7 - 41, here pp. 20 - 21.

⑪ Middell, Mathias, "*Kulturtransfer und Historische Komparatistik-Thesen zu ihrem Verhältnis*" in Middell, Mathias (ed.), Kulturtransfer und Vergleich, 2000, p. 40.

⑫ 张帆，《简析近代音乐之父——萧友梅先生》，《才智》，2011年，第2期，第218页。

⑬ See Melvin, Sheila and Jindong Cai, "*Rhapsody in Red. How Western Classical Music Became Chinese, New York*", Algora Publishing, 2004, pp. 84 - 88.

⑭ Felber, Roland "Chinesische Deutschlandbilder zu Beginn des 20. Jahrhunderts" in Leutner, Mechthild (ed), Politik, Wirtschaft, Kultur："*Studien zu den deutschchinesischen Beziehungen*", Münster, Lit-Verlag, 1996, pp. 139 - 162.

⑮ Melvin and Cai, "*Rhapsody in Red*", pp. 84 - 88.

⑯ Melvin and Cai, "*Rhapsody in Red*", p. 85.

⑰ Mittler, Barbara, "*Dangerous Tunes. The Politics of Chinese Music in Hong Kong Taiwan, and the People's Republic of China since 1949*", Wiesbaden, Harrassowitz, 1997.

⑱ 戴敏，《五四时期的平民音乐思想》，《星海音乐学院学报》，2010年，第1期。汪毓和，《中国近现代音乐史》，北京：人民音乐出版社，2002，第31—33页。

⑲ Gild, Gerlinde, "*Early 20 Century Reforms' in Chinese Music. Dreams of Renewal Inspired by Japan and the West*" in Chime Journal, 12 - 13, 1999, pp. 116 - 123.

⑳ 周琼，《近代美育思想与学堂乐歌的产生》，《吉林省教育学院学报》，2010，第26卷，第11期，第144—145页。曾铎，《清末学堂乐歌对"五四"新文学的影响》，《山西大同大学学报（社会科学版）》，2010，第3期，第57—60页。

㉑ Ching-chih, Liu, "*A Critical History of New Music*", p. 99.

㉒ Mittler, "*Dangerous Tunes*", pp. 26 - 27.

㉓ Hsü, "*The Rise of Modern China*", p. 510.

㉔ Peterkin, Norman, "*The Influence of Occidental Music on the Orient*", in The Musical Times, 61：931, 1920, pp. 605 - 608, here p. 607.

㉕ Duiker, william J., "*T's' ai Yuan-p'ei and the Confucian Heritage*", in Modern Asian Studies, 5：3, 1971, pp. 207 - 226.

㉖ See Peili, Wang, Wilhelm von Humboldt and Cai Yuanpei, Eine Vergleichende Analyse Zweier Klassischer Bildungskonzepte in der Deutschen Auklärung und in der Ersten Chinesischen Republik, Münster/New York, Waxmann, 1996; on Cai Yuanpei see also Duiker, William J., "*T'ai Yuan-p'ei：Educator of Modern China*," The Pennsylvania State University Press, 1977; Jianguo, Cai, Cai Yuanpei："*Gelehrter und Mittler zwischen Ost und West*", Münster, Lit, 1998.

㉗ Duiker, "*Ts'ai Yuan-p'ei and the Confucian Heritage*", p. 210.

㉘ For Cai Yuanpei's activities during his stay in Germany see Jianguo, Cai, "*Cai Yuanpei und die deutsche Kultur*", in Berliner China-Hefte, 14, 1998, pp. 76 - 100.

㉙ Duiker,"*Ts'ai Yuan-p'ei and the Confucian Heritage*",p. 220.

㉚ See "*Cai Yuanpei's Policy for Peking University*",in Teng,Ssu-Yu and John King Fairbank（eds.）,"*China's Response to the West. A Documentary Survey 1839 – 1923*",Harvard University Press,1953,pp. 238 – 239；and Duiker,"*Tsai Yuan-pei：Educator of Modern China*".

㉛ Lizhong, Zhang, "*Cai Yuanpei（1868 – 1940）*", in Prospects：*the quarterly review of comparative education*, Paris, UNESCO International Bureau of Education, Vol. XXIII, No. 1/2,2000, pp. 147 – 157.

㉜ 苏柏亚,《兼容并包　倡导美育——蔡元培对中国音乐教育的贡献》,《琴童》,2011,第 2 期,第 42—43 页。

㉝ 林晨,《北京大学音乐研究会》,《中国音乐学》,2010,第 2 期,第 87—94 页。

㉞ 向延生,《中国近代音乐教育的宗师——音乐教育家萧友梅》,向延生主编,《中国近现代音乐家传 1》,沈阳：春风文艺出版社,1994,第 87—112 页。

㉟ Xiang Yansheng,"*Zhongguo yinyue jiaoyu*",p. 91.

㊱ German title："*Eine geschichtliche Untersuchung uber das Chinesische Orchester bis zum 17. Jahrhundert*"；多次译成中文发表《十七世纪以前中国管弦乐队的历史的研究》。

㊲ 史通文（Andreas Steen）,《在娱乐与革命之间：留声机、唱片与近代上海音乐工业的开端 1878—1937》,上海辞书出版社,2015,第 198—204 页。

㊳ 最近的讨论见中文学术界：小野寺史郎,《平衡国民性与民族性：清季民初国歌制定及其争议》,《中山大学学报（社会科学版）》,2009,第 1 期,第 90—100 页。李静,《民国国歌：〈卿云歌〉的诞生与争论》,《文艺研究生》,2007,第 3 期,第 100—109 页。

㊴ 小野寺史郎,《平衡国民性与民族性：清季民初国歌制定及其争议》,《中山大学学报》（社会科学版）,2009,第 1 期。

㊵ 小野寺史郎,《平衡国民性与民族性：清季民初国歌制定及其争议》,《中山大学学报》（社会科学版）,第 1 期,第 98 页。

㊶ 刘作忠,《中国近代国歌小史》,《读书文摘》,2007,第 11 期。

㊷ 萧友梅,《对国歌用〈卿云歌〉词的意见》,原 1920 年 5 月 31 日（音乐札记 1：3）,《萧友梅音乐文集》,上海音乐出版社,1990,第 150—151 页。

㊸ On that composition, see Ching-chih, "*A Critical History of New Music*", pp. 109—112.

㊹ 荀子（公元前 312—公元前 230 年）是一位中国儒学家。Liang Qichao, "*Lecture on Hsuntze*", delivered in 1922 first at the College of Law and Politics in Beijing, and later at the South-eastern University and the College of Law and Politics in Nanjing, in：Liang Qichao, History of Chinese Political Thought during the Early Tsin Period, transl. by Chen, Li-t'ing, New York, Hartcourt, Brace & Co. 1930, p. 71.

㊺ Ching-chih, "*A Critical History of New Music*", p. 106.

㊻ 赵国均词见周畅,《中国现当代音乐家与作品》,北京：人民音乐出版社,2003,第 4 页。

㊼ Ching-chih, “*A Critical History of New Music*”, pp. 107 - 108.

㊽ As his resignation was not accepted, he asked for leave for an extended visit to Europe in July 1923. See Duiker, “*T‘s’ ai Yuan-p’ei*”, p. 76.

㊾ Ching-chih, “*A Critical History of New Music*”, p. 90.

㊿ Melvin and Cai, “*Rhapsody in Red*”, pp. 94 - 95.

(51) Melvin and Cai, “*Rhapsody in Red*”, p. 94.

(52) 有关黎锦晖的活动和作曲可见其个人回忆《我和明月社》(中国人民政治协商会议全国委员会文史资料研究委员会编,《文化史料》第三辑,北京：文史资料出版社,1982,第 90—127 页。《文化史料》第四辑,北京：文史资料出版社 1983,第 206—245 页。以及孙继南,《黎锦晖评传》,北京：人民音乐出版社,1993。

(53) See Frick, Heike, Mechthild Leutner and Nicola Spakowski (eds.),“*Die Befreiung der Kinder. Konzepte von Kindheit im China der Republikzeit*”, in Berliner China Studien, 34, Hamburg, Lit, 1999.

(54) Introduction to the children’s drama San Hudie, “*Three Buttertlies*” in Jones, Yellow Music, p. 89.

(55) Mittler, “*Dangerous Tunes*”, p. 28.

(56) 萧友梅,《音乐的势力》,收入《萧友梅文集》,上海音乐学院出版社,1990,第 343—346 页。

[原文刊载于 Schulz-Forberg, Hagen (ed.): Zero Hours: Conceptual Insecurities and New Beginnings in the Interwar Period, Brüssel, Berm etc: Peter Lang 2013, pp. 53 - 76]

当代中国文学身份空间中的多重时间性
——论余华小说《兄弟》及其接受研究

魏安娜(Anne Wedell-Wedellsborg)/著　于春华/译

20世纪80年代末,中国先锋派文学出现。中国后现代主义是否已经存在?是否可能存在?是否可能最终存在?中国批评家们对此争论不休。这些争论很大程度上与当时中国社会发展程度相关。与西方现代性相比,中国现代性的本质与西方不同,文学后现代主义往往被视为纯粹的文学技巧问题,这是有失公允的。最主要的思路大致延续了("五四运动"以来)西方模式:即在真正的后现代主义出现之前,先假定一个充分发展的现实主义和现代主义,按时间顺序推进文学发展的总体思路。[①]

随着市场化势头迅猛,文学作品普遍丰盛,20世纪80年代文学浪潮中著名作家与著名理论家或批评家之间相互影响、同生共荣,上述针对性的理论探讨似乎有所减少。在文化舞台全球化的背景下,日益个性化的社会氛围也反映在文学风格、主题和体裁的巨大变化中,文学各种主义清晰界定(尽管有所重叠)、连续不断的状态已然不再。事实上,正是鲁晓鹏(Sheldon Lu)所说的"后现代转向"导致了霸权话语解体和非中心化的状态。(Lu 1997:130)

正如鲁晓鹏所言,从整体上看,当代中国文化中多重时间性并存,这样的说法可能更为确切(Lu 2001:13):前现代、现代和后现代以各种形态和组合存在,这体现在几乎所有文化生产领域,文学便是其一。此外,这种混乱的时间模式,以及对现代性模棱两可的态度,反映在文学作品的多样性和文学作品本身上,也反映在人们对作品的接受中,如文学批评以及互联网上对具体作品的讨论。对某一作品的评价和评论可能来自不同的时代,体现了读者的期待,既有那些看似基于传统主义或社会主义现实主义标准的期待,也有那些基于相对复杂的西方衍生理论的期待。下面我将结合余华在21世纪出版的长篇小说《兄弟》来讨论这一现象。

探讨多重时间性相互叠加这一概念的一种方法是,不把它们看作单独的时间模式,而是将它们视为现代性身份空间中个人可用的不同取向方式。社会学家乔纳森·弗里德曼(Jonathan Friedman)提出了现代性的概念,认为现代性是一种"身份空间",借此可以从一个有效的角度来看待中国近年来的发展状况。在弗里德曼看来,现代性的定义非常宽泛,它并不局限于任何特定的时间或地点,而是"一种身份空间或替代身份的领域,由某些参数构成,例如个性化和发展主义。在以商业再生产为基础的体系中,霸权国家或地区的崛起产生了这些参数"[②](Friedman 1998:235)。现代性作为一种身份空间或主观意识,是"全球商业体系在整体结构和固定地位崩溃之后的局部产物"(Friedman 1994:212)。弗里德曼创立了潜在认同的四极,即现代主义(文化和自然需要克服)、传统主义(重视文化)、原始主义(重视自然)和后现代主义(文化和自然具有相对价值),定义了一个身份变异的空间,也就是个体根据特定情境的取向方式。因此,这四极都在现代性的同一空间内。虽然前瞻性现代主义的一极通常占据主导,但其他三个极也有可能会被激活,成为对抗或批判现代主义的方式。(Friedman 1994:91ff.)[③]中国在当今全球化世界中崛起,中国作家和知识分子的主观经验与Friedman 对现代身份的描述非常吻合。下文中我将论述:文学作品以及文学作品引起的反响,都可以理解为与现代性认同空间中的不同取向极有关。

自 21 世纪以来,中国文学作品多为大众消费创作。比如说,既有为大众娱乐而创作的犯罪小说、悬疑小说,还有韩寒、郭敬明、安妮宝贝等年轻作家,带着"个性化"和"另类"标签,书写自己和他们的时代,书写他们的爱情和激情。他们孤独,漫无目标;他们寻找意义,及时行乐。老牌"正统"作家也笔耕不辍,他们创作的小说、散文、回忆和短篇小说,通俗易懂,为中国文坛增添了不同的色彩。无论是销量,还是读者反响,余华的《兄弟》在新世纪出版的一批畅销书中着实引人关注。这部小说涉及"文化大革命"和改革时期,引起了激烈的争论,读者评价褒贬不一。鲁晓鹏(Sheldon Lu)指出,《兄弟》这部小说不仅吸引了大批当代中国读者,还在世界范围内获得了强烈反响。人们表达了不同文学品位,这与不同时间性的同时存在密切相关。评论家和读者们之所以对这本书褒贬不一,很有可能是受先入为主的解释性观念以及不同的文学时间观偏见的影响,在下文中,我将应用弗里德曼将现代性视为一个认同空间的思路,分析《兄弟》及其接受,将文本本身及中国批评家的解读视为回应现代性困境的个人取向。据此,我提出以下问题:这部小说表述了什么样的身份空间?中国评论家是如何解读这一点的?批评的接受能否揭示身份空间内的动态紧张的关系?

《兄弟》

　　余华的小说《兄弟》分为上下两部。上部背景为"文化大革命"时期,于 2005 年出版;下部背景设定在改革时期,于 2006 年出版。虽然上部存在争议,但总体反响良好,下部反响欠佳。不过,如我所言,评价基于多元标准:在道德上的反对或赞同,关于历史真实性问题的争论以及对风格和叙事的审美判断。

　　在中国,余华是著名的"前卫精英转通俗现实主义作家",在总体的批评回应中,人们对余华的期待很高。在《许三观卖血记》(1996)大获成功后,余华的新作《兄弟》时隔 10 年才出版,更拉高了读者期待。20 世纪 80 年代末,余华以先锋派作家的身份开始创作,在 90 年代出版了三部现实主义风格的小说,其中《活着》(1993)、《许三观卖血记》(1996)两部广受好评,跻身畅销书行列。这两部小说都具有余华独特的叙事风格,语言平实,讽刺幽默,完全颠覆了朦胧伤感的写法,极富表现力。这两部作品集中体现了普通人在社会动荡中的命运浮沉,肯定了人的尊严以及在逆境中表现出来的坚强的生存意志,同时强调了家庭对于个人发展具有不可或缺的作用。

　　家是余华作品中永恒的主题。在他初试先锋派写作时,余华主要以消极的笔触来书写家庭。例如,《现实一种》(1988)中就讲述了在一个祖孙三代的家庭里,子孙之间残酷地相互杀戮和复仇,令人骇然。余华的首部长篇小说《在细雨中呼喊》(1991)则呈现了一个孤独男孩的内心写照:他被家人抛弃,精神上也遭到排斥。这部小说是迄今为止余华写过的心理描写最复杂的一部小说,在 1991 年出版后遭到了前卫评论家的猛烈抨击。④

　　在《兄弟》中,余华延续了家的主题,不过在下部中,他简化成没有血缘关系的兄弟两人和一个女人的故事。宋钢和李光头在 7 岁时,李光头的母亲李兰和宋钢的父亲宋凡平结婚,宋钢和李光头两人因此成为异姓兄弟。《兄弟》上部讲述了"文化大革命"前和"文化大革命"期间这个重组家庭的命运。李兰和宋凡平的婚姻非常幸福,宋凡平是一个理想的丈夫,也是一位合格的父亲,他正直诚实,忠于家庭。他向妻子承诺要在她出院当天见面,为了履行承诺,他不顾软禁的规定,铤而走险逃出仓库,被发现后遭到毒打,最终付出了生命的代价。家庭生活的温暖和幸福,父母与子女之间的爱与尊重和政治热情的疯狂与荒谬形成强烈对比。⑤上部以李兰之死结束,弥留之际,她让宋钢答应照顾比他稍小的继兄弟李光头,能够与他风雨同舟,相互扶持。(余华 2005:251)

　　李光头可以说是整部小说的主角。上部以他中年的形象开篇,李光头坐在镀金的马桶上,他是一个孤独的亿万富翁,没有亲戚好友。小说以倒叙的方式展开。我们了解到,他在刘镇很早就因在公厕偷窥妇女而臭名远扬,在公厕里他曾偷看到镇上最漂亮女孩林红的屁股。性欲和商业才能是李光头身上最鲜明的两个特点。余华行文之初就有所暗示,李光头将林红的屁股描述给刘镇的人听,每次都能得到一碗三鲜面作为回报,他总共换到了56碗三鲜面。他的亲生父亲,也就是李兰的第一任丈夫,也是因为偷看妇女屁股而溺死在粪池里的。[6]在上部中,两兄弟性格差异刻画得非常明显,宋钢是比较被动的性格,软弱谦虚,高高瘦瘦,戴着一副眼镜,而李光头积极进取、粗犷朴实、个性率直。这种对比在下部中得到了充分的体现。下部叙事背景为改革时期。最初,两兄弟相处和睦。李光头不屈不挠地追求林红,但却未能如愿抱得美人归,林红与宋钢结婚。李光头心灰意冷,决定绝育,全身心投入自己蒸蒸日上的事业中,成为"垃圾大王"。李光头凭借经济实力和创业才能,在全国范围内组织处女选美比赛,故事由此才真正开始。相比之下,宋钢却被引诱到一次灾难性的商务旅行中,在中国南方待了很长一段时间。为了生存下去,也为了能给妻子林红更好的生活,他开始卖假丰胸药,他在胸前植入硅胶乳房来打广告,此举让他所有的不幸和耻辱达到顶点。在他离家日子里,林红投入了李光头的怀抱,获得了巨大的性满足。宋钢回到刘镇,得知真相,后卧轨自杀。李光头和林红云雨酣时,得知噩耗。李光头因此变得性无能,也失去了经商的兴趣。在一篇后记中,我们得知林红后来成为当地烟花场所的老板,生意红火。而我们最后一次见到李光头时,他正准备带着宋钢的骨灰去太空旅行,进入地球环绕的轨道。

这部小说故事情节比较平直,追述了两兄弟的命运。书中也有一些小人物,大多是刘镇的居民,他们有着自己独特的名号,如刘作家、赵诗人、童铁匠、余拔牙。可以说,小说中的所有人物,包括兄弟俩,都是扁平的人物,缺少内在的心理描写,大部分的刻画都是通过对话、动作或事件的方式进行的。许多重要事件都发生在公共场合,群众作为旁观者在一旁看热闹抑或闲聊。余华讲故事习惯于把重点放在描述得非常详细的情节上,其中几段文字时间跨度可以很大。大多数场景和情节都是通过简短的对话来讲述的,但有时,就像红卫兵迫害宋凡平和对李兰心痛欲绝的描述一样,余华会接近他的人物,对人物外在反应进行细微观察,体现了作者深刻的心理洞察力。(余华 2005:173—181)这个故事的叙述者无所不知,他反复提到"我们的刘镇"来说明他是一个讲故事的人,表明自己是刘镇的居民。显然,在这个声音背后隐藏着一个含蓄的叙述者,他知道得比刘镇任何一个人所知道的都多。

所有这些特点——一维的人物形象、清晰的叙述声音、重复的陈词滥调、接二连三的故事情节、朴实的语言、流言蜚语的小镇氛围——都增强了这部小说的口语性。实际上,《兄弟》在很大程度上来说是一部传统意义上的小说:细小叙事与宏大历史叙事交织。因此,这部小说可以被解读为对近代史的主观评论,小说(下部)还存在对政府资助的经济改革及社会图景的拟仿。这让人想起鲁晓鹏曾借助于利奥塔后现代主义作品的视角,探讨中国传统史学与小说之间的关系。鲁晓鹏区分了合法化的"宏大叙事"和去合法化的"细小叙事":

> 小说文本是小规模行动、游击战争对抗强大组织的历史叙事。书面文本、口头叙事或长篇小说,扰乱和解构了历史文本,产生了异端的、虚构的记录和非正式的文件,并在儒家社会这张不容忽视的大网中制造了意识形态的不稳定、道德的真空和困境。(Lu 2001:65)

尽管当代中国社会结构与"儒家社会这张不容忽视的大网"并不完全相同,但正如我在下文中所指出的,余华在《兄弟》这部小说中流露出的意识形态的不稳定和道德真空致使许多读者感到不安,与此同时,还有读者将其视为对近现代历史的解构。

幽默和讽刺也许是《兄弟》最显著的特点,从粗俗到微妙。特别是在下部,文中对于大力经济改革后的描述,呈现出了超现实的层面。经济发展的狂潮席卷了刘镇,工人、作家、商贩、党委领导、企业家、普通群众,无人不受影响。《兄弟》一书的叙事倾向于夸张、模仿,反映了流言蜚语的整体氛围,因为流言蜚语总是倾向于夸张或扭曲,成为供人娱乐的小道消息。这种倾向也体现在对两兄弟生活的描述中。李光头,当代风云人物,是一名进取的企业家,而后变得越来越富有,(我们注意到他的财富是建立在买卖日本二手西服,这是一种象征性讽刺,)并且对整个刘镇走向繁荣作出了贡献。相比之下,宋钢身体虚弱,每况愈下,缺乏主动性,失业赋闲,生活拮据,他的命运代表着改革的灰暗面,即改革未能解决个别人的物质需求。

这种二分法,集中体现在两兄弟的性格和命运上,渗透在小说的主题中:性与爱,男性与女性,主动与被动,忠诚与背叛,精神与物质价值。李光头的阳刚之气和性能力在小说上部就已经着重展示了,当他还是个小男孩的时候,他就偷看女人,公然自慰。在下部中,他和多个女人睡在一起,却不爱她们中的任何一个,最后给了林红完全的性满足。相比之下,宋钢与林红的关系则被描述为充满爱但几乎是无性的。小说结尾悲惨的隆胸手术荒谬地象征了宋钢女性化的天性。李光头与林红的婚外情显然是对宋钢的背叛,而宋钢与林红的婚姻本来也是对李光头的背叛,因为她曾是李光头的初恋,现在也是李光头唯一爱的人。然而,宋钢自杀并留给李光头和林红最后一封信,他的放弃履行了他对继母李兰的承诺(与弟弟分享一切),把林红交给了李光头。因此,小说的基本主题是兄弟彼此忠诚,这是一种儒家道德准则,即哥哥应该关心弟弟,弟弟应该尊重哥哥。虽然在这部小说中,这种理想要么被社会动荡所颠覆,要么被物质力量所侵蚀,但它始终作为一种隐含的力量存在,成为真正的意义之源。兄弟忠诚的缺失,最终使性和金钱的力量不复存在。在小说上部里,在狂热的政治运动背景下,李兰、宋凡平和两兄弟的家庭之爱代表着诚实正直;在小说下部,即使李光头和宋钢两兄弟天各一方,他们之间的兄弟情谊也常看作他们身份的一部分。李光头的性无能和退出商界与宋钢自杀直接相关,小说的开头和结尾都强调了这种联系是至关重要的。由此,《兄弟》当然可以视作一部颂扬传统家庭价值观的小说。然而,在展示传统家庭价值观重要性的同时,余华也隐晦地表达出当代消费主义社会已经重创甚至破坏了传统家庭价值观:这两兄弟甚至没有血缘关系,他们没有后代,传宗接代不复存在,宗族延续在此终止。那么,《兄弟》可不可以理解为一个沿袭传统的道德故事? 在这个故事中,飞来横祸破坏了家庭和社会的和谐。儒家的中庸之道告诉我们,每一种美德的极端,就会变成一种恶习。(参考宋凡平和宋钢的善良以及李光头的活力。)抑或相反? 即《兄弟》是否讽刺了消费主义盛行之下的中国传统价值观? 下文我将会说到,这种矛盾似乎令许多评论家感到不安。

如果我们尝试用鲁晓鹏多重时间性并存的观点来理解《兄弟》,那么无论是从作品内容还是风格上看,它都可能包含所有的特征:前现代性、现代性和后现代性。前现代性可以说是传统小说的基本特征,《兄弟》关注"典型"环境中的"典型"人物(这里的典型趋于极端)以及传统价值观和义务的主题化呈现,叙述了中国两个关键时期的历史。这部小说还体现了现代性特征,例如关注个人发展、财富积累和控制(李光头的形象有所体现)。如果将其视为揭露当代社会弊病的批判性文本的话,还可以体现一种被淹没的人文主义启蒙伦理。从后现代的角度来看,这部小说充斥着对消费主义社会中传统价值观丧失的悲叹,更像是一种戏仿,是对传统价值观解体的默认。在此前提下,信息的异质性和矛盾性可以看作是对既定文学惯例(如家庭传奇、伤痕文学、成长小说、成功和进步的流行故事)的颠覆或玩弄。此外,主观地选择、融合修辞和主题,如其他时期或者其他体裁,这常常被视为后现代文学的一个决定性特征。(Calinescu 1987:296-309)这里的例子可以是讲述者的叙述声音、大众所承担的"唱诗班"的角色(评论希腊悲剧中的事件)、儒家伦理,以及《哈姆雷特》作为潜台词的使用。

弗里德曼将现代性理解为一种身份空间，将小说视为一种虚构的身份空间。如果我们试图运用弗里德曼的现代性理论的框架来考察余华的《兄弟》，那么结果很可能是模棱两可的或是异质的。两种分析方式主要区别用鲁晓鹏的话来说，这是一种独立的时间性共存的表达；对于弗里德曼来说，这是在现代性的同一身份空间中可能的定位方式：

> 四极定义了现代主义身份所定义的单一空间，从而将传统主义、原始主义和后现代主义作为现代主义的逻辑标记，现代主义是资本主义文明的主导或'正常'身份。(Friedman 1994：93-94)

所以说，人们并没有将传统主义和原始主义归为前现代主义的残余物，而是将其视作现代性的有机组成部分，是对前瞻性现代主义主导极的回应或反应方式。

现代主义是新兴社会的主导精神，弗里德曼把它描述为"以财富、知识、经验的形式不断积累自我的过程"。从这个观点来看，"宇宙就是一个扩张的舞台，在那里自己控制的自我得以实现，就像资本一样。增长的空间是控制、自然和自我的空间"，因而，"现代主义身份取决于扩大的视野、个人和社会发展的可能性，以及家庭、社区、宗教三种非资本主义形式的固定和具体结构中的流动性和解放程度"。(Friedman 1994：91-94)在《兄弟》中，现代主义突出的代表是李光头，尤其是在小说下部中，李光头几乎体现了这种倾向的极端。他积极进取，不断积累财富，深刻影响着刘镇，体现了现代主义的物质一面。尽管他性早熟的一面和后来在(假)处女选美比赛中的滥交可能倾向于原始主义一极，他的性欲可以说是因此而失控，但他在情感上仍然忠于他的初恋，唯一的爱人林红。另外，他结扎输精管(自愿绝育)代表了一种控制行为，一方面允许自由的性放纵；但另一方面防止生育后代。所以，原始主义是李光头性格中的一个元素(但不是主导极)，并进一步表现在对身体部位和身体功能(生殖器、屁股、处女膜、乳房、粪便、鼻血、鼻涕、眼泪等)的提及和描述中，还表现在经济增长的疯狂中，刘镇人因此陷入了市场化泛滥的困境。如上文所述，小说上部描绘了家庭生活之爱的景象，下部是对儒家忠贞价值观的向往和怀念，代表了传统主义的极点。弗里德曼指出，传统主义是文化所代表的一个方面，它是一个具体的价值体系，与个人关系有关。从这个角度来看，现代性被定义为一个没有意义的宇宙。(Friedman 1994：241)对于后现代主义，Friedman将其描述为"强调了自然、自然力、性欲、未受约束的人类创造力与现代性的束缚的对立，其中现代性被视为一种权力和控制的结构，即普遍的自我命令"。(Friedman 1994：92)在此,我们再次回顾李光头的形象。如上所述,后现代主义也是一个相对化的其他两极的立场,一个关注表面上严肃的现代主义、原始主义或传统主义倾向的模仿艺术和模仿方面的立场。

《兄弟》的批判性接受

中国评论家对《兄弟》这本高度异质的小说作何反应？当然,在普通读者之间以及评论家和文学学者之间,意见分歧很大,互联网(博客和文学网站)上辩论活跃,评论无数。通过阅读发表在印刷文学或文化杂志和学术期刊上的评论和分析,我将在此集中讨论知识分子的反应。正如我在下文要论述的,这些回答不仅显示了对小说文学质量的不同看法,而且似乎也反映了不同的先入之见,这些先入之见建立在文学期待和与不同的时间性相联系的解释性代码上。或者用弗里德曼的话来说,这些先入之见与现代性身份空间中的不同极性相联系。一般来说,大多数评论文章,无论是正面的还是负面的,都是从一种现代主义(启蒙)的角度来看待这部小说的,在弗里德曼的身份空间框架下,这种观点也包含了更多的传统主义色彩。

负面评论写尽了对知名作家余华的失望,余华的《活着》和《许三观卖血记》曾广受赞扬,作者沉寂 10 年,竟然写出了这样一部糟糕的小说。它失败在哪里？很多读者抱怨说这本小说是对"文革"和改革这两个时期的陈词滥调的简单复制,缺乏真实性,没有捕捉到真实复杂生活中的细微差别,小说中的人物是一维的,风景描写不切实际,语言平庸,情节缺乏说服力。从美学的角度来看,批评家们反对丑恶的平面形象,厌恶粗俗的语言。(司振龙 2007)还有人指出,余华似乎对自己的人物没有任何同情心,这是一个严重的缺陷,因为他从来没有正确地进入角色心理,读者无法理解他们的选择,他们只是被作者操纵成傀儡。(阮征 2007)一些评论家分析道,这个问题因叙述声音的模糊性而加剧,文中叙事声音是全知的,是刘镇的一个居民。(王晓渔 2006：1)

简言之,这部小说没有再现清晰可辨的现实。这在《给余华拔牙》(2007)一书中有所体现,这本书旨在批评《兄弟》,具有强烈的道德批判意味：余华怎么能让李光头这样一个无耻的人获得成功,寓意把别人当成工具才能成功,而善良(宋钢的形象)则会走向灭亡。(司振龙 2007)还有的评论家也认为余华没有指出走出他描述的困境的方法,这是小说的症结。(阮征 2007)

尽管我所读到的负面评论在具体批评对象上可能存在分歧,但它们似乎都依赖于一个共同的假设,即小说应该以某种方式呈现"真实生活",要在心理上具有说服力,并且能够体现一种明确的人文主义观点。换言之,这种批评从模仿性、现实性和道德提升性三个文学维度出发。

现在,有趣的是,大多数的正面评论似乎都采用了相同的标准,也是上述评论家所缺乏的。从这个标准看,《兄弟》的成功,正是因为它承载着深厚的人文精神(孙婧 2007)。《兄弟》作为一部批判现实主义作品,揭示了消费社会的阴暗面。金钱和性这两样东西在传统文化中从未被重视过,但是对金钱和性的欲望和贪婪不断驱使人们。(骆志方 2007)。余华的成就在于,通过宋钢、李光头和林红的命运,证明了贪婪能摧毁一切善良和崇高。尽管李光头和林红的结局看起来好像很成功,但宋钢死后,他们陷入了精神和道德的空虚。有的评论家甚至强调,与前面提到的不同,主要人物应真实可信、体现特定的、有形的历史和社会力量(骆志方 2007),尤其是李光头的形象被描述得丰满、深刻,具有象征意义。李光头最终对性和金钱失去了兴趣,有力地证明了如果没有诚实、爱和同理心的存在,消费主义的欲望是毫无意义的。这本书丝毫没有夸张——现实中还有更糟糕的事情上演。(朱大喜 2007)

杨松芳在《当代作家评论》中把《兄弟》看作是一部高雅文学的经典之作,其主题是个人对抗历史的无力。这正是余华对其人物的感同身受,这是经典文学的标志,帮助读者理解悲剧的社会根源。他的讽刺作品使读者哭笑不得。简洁的风格是余华直奔主题的方式,这免去了所有多余的东西,从而激起读者的反思。(杨松芳 2007)

综上所述,以上的著作要么没有发现余华小说的价值,要么是实际地在余华的小说中发现了一些值得高度珍视的启蒙价值,这些价值通常体现在进步的现代主义个体身上。一些读者认为这些价值观在小说的主要人物身上得到了积极的体现,包括李光头;而其他读者则通过对消费主义和价值观丧失给人们生活的影响进行批判性分析,发现这些价值观隐含在文本中。也有人批评余华恰恰忽视了亟须推动的教化和社会公德的任务。在这种相互矛盾的分析背后,似乎有一个共同的关注点,用鲁晓鹏的话来说,就是"中国人文主义对主体的追求与重构"。(Lu 2001:39)在这一观点的支撑下,我们可以理解为作者的人物是为这一尚未完成的工程作贡献。20 世纪 90 年代中期以来人文精神衰落,当代中国社会是否可能复兴的辩论持续不断,在此背景下,鲁晓鹏的思路值得借鉴。(Lu 2001:38)鲁晓鹏曾这样描写 20 世纪末的情形,"由于启蒙话语仍需处于文化的中心地位,知识分子必须恢复原来作为启蒙主体的地位,担当起高等文化的守护者、传播者和创造者的角色"。(Lu 2001:36)上述对《兄弟》的论述也表现了 21 世纪的人们仍会强烈地感受到这一必要性。

尽管上述观点和分析要么承认小说的异质性,要么将其视为缺点,要么干脆置之不理,但还有一批批评家指出,这是小说的决定性特征和最重要的价值。[7]这些评论家从我们称之为后现代主义的角度,通常是从巴赫金的狂欢化概念来审视余华的小说。他们在《兄弟》中发现了巴赫金所探讨的与拉伯雷《巨人传》相关的怪诞现实主义。以漆芳芳为例,她称赞余华颠覆了既定的价值观和社会阶层,通过小说荒诞的现实主义和对话式的结构,将读者从严格、绝对和永恒的一切中解脱出来。所以,这部小说以对话的形式展开。在主题上体现为在两个历史时期、在欲望与爱情以及金钱与尊重之间的对话;在风格上,可以理解为余华早期先锋派作品与1990年代现实主义小说之间展开的对话。(漆芳芳 2007)

复旦大学文学教授陈思和曾以巴赫金狂欢化理论视角分析《兄弟》,他的著作是目前为止,同一视角研究中最详尽透彻的(陈思和 2007)。他直言,所有关于《兄弟》的争论都是因为根植于不同美学的问题。以巴赫金对拉伯雷的研究为出发点,陈教授认为余华的小说打破了常规,突破了以往的审美标准,只有在读者摆脱一切传统文学观念的情况下才能尝试理解(小说思想内核)。尤其是李光头的性格,更是挑战了"五四运动"以来中国知识分子所珍视的一切价值。陈教授认为,当今中国主要的审美标准大致是在文艺复兴后早期欧洲资产阶级的审美趣味、俄罗斯现实主义和西方现代主义的结合中产生的。(陈思和 2007:56)

陈思和在将《兄弟》作为狂欢化传统中怪诞现实主义的一个范例之前,首先解释了他所说的隐藏在小说结构下的潜台词,即影子结构(隐性文本结构)。一个类似哈姆雷特的复仇主题由此展开:最初的场景,年轻的李光头潜伏在公共厕所里,这冒犯了许多读者,他们认为这一情节庸俗、不必要。然而陈教授的分析则说明这一情节在整个故事架构中起到了核心作用。

故事最初,李光头的亲生父亲因为没抓紧挡板而坠入粪坑溺死,后被宋凡平发现。宋凡平后来娶了李光头的母亲,因此,李光头的继父宋凡平可以看作是间接杀害他亲生父亲的人。陈思和认为,李光头早期的性行为象征着他的生理遗产,与莎士比亚的《哈姆雷特》中哈姆雷特父亲的鬼魂出现在他面前的场景相对应。他在厕所偷窥,在刘镇街头溜达,可以理解为他公开宣布自己到底是谁的儿子。后来,他为父亲报仇,无意中导致了宋凡平的死亡(因为李光头不经意向红卫兵透露了消息)。在小说下部宋钢代表他的父亲,也是间接被李光头害死(李光头是他的自杀原因)。在这个场景中,林红同时代表了奥菲莉亚和王后。李光头决定绝育,说明他拒绝延续血脉。他的性欲、精力、目标此时都集中在他当下的存在上,(从此时起他的性生活与爱情和生育都无关,)但他仍然有两面性,从他父亲那里获得的生理遗产和从宋凡平那里继承的精神遗产(精力、活力、让人感觉良好的能力)。处女选美大赛可以看作是对偷窥场景的放大、复制或替代——再现了李光头对14岁的林红的欲望——以及他弥补失去最初欲望对象的努力。(陈思和 2007：57—59)

陈思和发现,这条相当严肃的情节线嵌入了狂欢的世界。在这个世界里,充斥着矛盾的笑声,亵渎着公共生活的神圣,反对一切等级制度和教条。陈教授引用余华的话说,在创作《兄弟》下部时,他感觉到"叙述统治了我的生活"[8],并以此证明小说以某种方式表达了当今社会的集体无意识,与巴赫金所说的"全体人民的集体祖先身体"相对应(陈思和 2007：56,Bakhtin 1984：19)。因此,读者所批评的粗俗和淫秽实际上反映了通俗用法的粗俗叙事隐喻。因为叙述者似乎是大众的一分子("我们的刘镇"),他自然地分享了他们对体液和功能的原始、更直接的态度。对巴赫金来说,在怪诞的意义上,如在狂欢化的身体中,体现了规范和规则的对立面：

> 怪诞的人体不与外在世界分离,不是封闭的,完成的,现成的,他超越自身,超出自身的界限。被强调的部位,或者是人体向外部世界开放,即世界进入人体或从人体排出的地方,或者是人体本身排入世界的地方,即是凹处、凸处、分支处和突出部：张开的嘴巴、阴户、乳房、阳具、大肚子、鼻子。人体只能通过交媾、怀孕、分娩、弥留、吃喝拉撒这一类动作来揭示自己的本质,即不断生长和不断超越自身界限的因素。(陈思和 2007：60,引自 Bakhtin 1984：11)

在《兄弟》中,我们当然也发现了同样强调身体向外界开放的部分。用巴赫金的话来说,这一部分的本质是"成长原则"。巴赫金进一步指出：

> 怪诞的本质,恰恰是呈现一种矛盾的、双面的生命丰满。否定和毁灭(旧的死亡)是一个必经阶段,与肯定、新的更好的事物的诞生密不可分。怪诞形象的物质底层(食物、酒、生殖力、身体器官)具有深刻的正面特征。这一原则是胜利的,因为最终的结果总是丰裕的,增加的。(Bakhtin 1984：62)

陈思和在他的文章中试图将这种积极成长的过程运用到余华的小说中。我认为这是对李光头在镀金马桶上的最后/最初场景的一种相当牵强的象征性解释：他认为马桶的形状是女性子宫的象征性代表，从而间接地引用了生长和生育的原理。(陈思和 2007：64)借此，他试图去说明，余华小说有一种悲观、讽刺或高度矛盾的结局，蕴含着积极乐观、肯定生活的狂欢式幽默表达。

根据巴赫金以中世纪欧洲文学为基础的理论，旧的消亡应该是新的诞生的必要前提。如果我们真的在《兄弟》中看到了旧的死亡——以宋钢的自杀和儒家价值观的消解为代表，那么新的诞生，以及丰富和增长，在小说的最后几章中明显缺失了。宋钢的死并没有带来新生，而是终止了李光头与林红的关系，终止了李光头物质繁荣的进一步扩大。具有讽刺意味的是，李光头的不育症凸显了新生和生育能力的缺失。小说最后一幕，李光头带着最后一位亲人的骨灰一起乘坐宇宙飞船环绕地球飞行，结局凄凉。

结语

余华的小说《兄弟》(上下部)反响轰动，褒贬不一，在中国近几年出版的文学作品中，《兄弟》绝非个例。[9]但是由于其风格和内容的显著异质性(尽管有文学质量或缺乏文学质量)，在讨论一部小说时，它可以是一种特强的催化剂，也可以发挥鲁晓鹏所提出的多重时间性。如上所述，在小说的文本世界中，可以识别前现代性、现代性和后现代性的特征。《兄弟》是一位中国作家对现代身份空间概念的表达，它展示了在这个空间中不同的定位方式之间的相互作用(弗里德曼将其概括为四极)，展现了前瞻性的现代主义(新兴现代社会通常占主导地位的精神气质)是如何受到传统主义干扰的挑战，或因传统主义干扰而变得复杂，原始主义与后现代主义。现代人(李光头的形象)尽管积累了财富和控制权，但在精神上(和性欲上)背离了传统价值观，由此体现出这些价值观本身就受到了现代主义力量的严重威胁。在余华的小说中，这种困境经由反讽、夸张和悲情的特殊混合所相对化，捉摸不定。

事实上，这部小说引起了如此矛盾的反响。不仅仅在其艺术价值上反映了构成当今中国文化场景的综合景象，还体现出文学仍然被视为讨论社会和精神问题的重要参考点。此外，在很多批评家看来，文学作品中寄托着道德引导和坚持启蒙理想的希望。同时，人们认为文学作品有义务反映现有的社会现实，因此要根据其感知到的可认知程度进行评估。另一方面，批评家们借鉴西方理论，把余华小说的文学性看作是荒诞现实主义美学的一种表现，或者仅仅是对后现代写作的一种有意识的(或多或少成功的)尝试。总而言之，《兄弟》的出版及其两极分化的接受，证明了当代中国文坛的生动性和多样性，以及全球化和本土化关注点并存的趋势。

作者单位：丹麦奥胡斯大学
译者单位：北京第二外国语学院

注释

① 关于后现代主义在中国的讨论，见 Yang(2002)，陈晓明(2004)，Dirlik 和 Zhang(2000)。
② 严格来说，"在所有商业文明中都基本存在着这样一种情况，即社会世界被原子化为个体，如果没有药物或宗教的对立运动的帮助，个体既不能设想也无法体验自己是宏大宇宙的一部分"。(Friedman 1994：91)
③ 请注意，弗里德曼把现代主义的概念作为现代新兴社会的主导精神，而不是文学中某种主义。
④ 参见著名前卫批评家陈晓明(1991)评论。有趣的是，在 2007 年(《兄弟》已出版 10 余年)，文化氛围已然不同，陈晓明高度赞扬了这部 1991 年出版的小说，并进行哲学分析，他当时强烈批评这部小说是过时的，现在称之为余华的最佳作品。(陈晓明 2007)这种重新评价是现代性身份空间中社会和精神氛围波动和取向方式变化的另一种表现。
⑤ 这一点在这两个戏剧性的事件中得以体现，另有一小男孩在红卫兵试图剪掉他的长发时死了，之后原本是红卫兵的父亲在狱中用钉子钉进自己的头骨而自杀。
⑥ 有人溺死或死在粪池里的形象也出现在余华小说《在细雨中呼喊》和《活着》中。
⑦ 他们中也有人认为余华在后现代主义的自觉尝试中失败了，例如白浩(2007)。
⑧ 余华写在《兄弟》(下)封底(2006)。
⑨ 再如，姜戎的畅销小说《狼图腾》(2004)也曾引起学界激烈辩论。

参考文献

1. Bakhtin, Michael (1984) *Rabelais and His World*, Translated by Helene Iswolsky, Bloomington: Indiana University Press.
2. Calinescu, Matei (1987) *Five Faces of Modernity: Modernism, Avant-Garde, Decadence, Kitsch, Postmodernism*, Durham: Duke University Press
3. Dirlik, Arif and Zhang, Xudong (eds) (2000) *Postmodernism and China*, Durham and London: Duke University Press.
4. Friedman, Jonathan (1994) *Cultural Identity and Global Process*, London: Sage Publications.
5. Friedman, Jonathan (1998) "Transnationalization, Socio-Political Disorder, and Ethnification as Expressions of Declining Global Hegemony" in *International Political Political Science Review*, vol. 19, 3, pp. 233 - 250.

6. Lu, Sheldon Hsiao-peng (1997) "Art, Culture and Cultural Criticism in Post-New China" in *New Literary History*, vol. 28, 1, 111 - 133.

7. Lu, Sheldon Hsiao-peng (2001) *China, Transnational Visuality, Global Postmodernity*, Stanford: Stanford University Press.

8. Yang, Xiaobin (2002) *The Chinese Postmodern: Trauma and Irony in Chinese Avant-Garde Fiction*, Ann Arbor: University of Michigan Press.

9. 白浩,《先锋的油滑美学:〈兄弟〉的意义》,《西南大学学报》,2007 第 7 期。

10. 杜士玮、许明芳、何爱英(主编),《给余华拔牙:盘点余华的兄弟店》,北京:同心出版社,2006。

11. 陈思和,《我对〈兄弟〉的解读》,《文艺争鸣》,第 2 期,2007。

12. 陈晓明,《最后的仪式——"先锋派"的历史及其评估》,《文学评论》,第 5 期,1991。

13. 陈晓明,《无边的挑战:中国先锋文学的后现代性》,桂林:广西师范大学出版社,2004。

14. 陈晓明,《论〈在细雨中呼喊〉》,《文艺争鸣》,第 8 期,2007。

15. 姜戎,《狼图腾》,武汉:长江出版社,2004。

16. 骆志方,《〈兄弟〉:从寓言到"写真"》,《南阳师范学院学报》,第 8 期,2007。

17. 漆芳芳,《追寻"狂欢"——〈兄弟〉的叙事风格分析》,《重庆职业学院学报》,第 11 期,2007。

18. 司振龙,《美丑失衡　救赎乏力——评余华的小说〈兄弟〉》,《湘南学院学报》,第 4 期,2007。

19. 孙婧,《解读余华〈兄弟〉的道德美》,《希望月报》,第 10 期,2007。

20. 王晓渔,《〈兄弟〉:余华的一次华丽转身?》,《中华读书报》,第 14 期,2006。

21. 杨松芳,《〈兄弟〉:一部富于经典内涵的作品》,《当代作家评论》,第 6 期,2007。

22. 余华,《现实一种》. 收录于《十八岁出门远行》,北京:作家出版社,1989,第 200 - 258 页。

23. 余华,《在细雨中呐喊》,广东:花城出版社,1993。

24. 余华,《活着》,武汉:长江文艺出版社,1993。

25. 余华,《许三观卖血记》,南京:江苏文艺出版社,1996。

26. 余华,《兄弟(上部)》,上海:上海文艺出版社,2005。

27. 余华,《兄弟(下部)》,上海:上海文艺出版社,2006。

28. 阮征,《余华〈兄弟〉的尴尬窄门》,《文学教育》,第 5 期,2007。

29. 朱大喜,《消费主义的缩影》,《沈阳大学学报》,第 4 期,2007。

(原文刊载于 *Berliner China-Hefte/Chinese History and Society* 34, pp. 63 - 76)

亚健康

——当代中国身体素质之问

武博格（Mikkel Bunkenborg）/著　余沁/译

  本文探讨的是当代医学与中国大众的亚健康问题。"大多数人处于亚健康状态"的首次提出与20世纪90年代的保健品营销策略有关。但随着亚健康导致猝死的报道日益增多，"亚健康"问题也逐渐受到关注，并成为一个崭新的医学研究领域。亚健康主要表现为身体缺少维持正常体征的要素或存在某些亟须改善的躯体状态。也许正是该特征的隐蔽性，导致政府忽视了对大众身体素质的关注。然而，社会各阶层对亚健康的普遍关注表明，医疗保健行业设想的身体指征极大影响了人们的行为方式。笔者认为，通过跨国比较和从民族志角度出发探讨开放的医疗保健领域，将丰富当代中国国民身体素质形成过程的人类学研究。

  近几十年来，中国社会和经济发生巨变，快速现代化进程对身体的影响日益凸显。"健康"随之成为医学界的新课题。与此同时，社会大众健康意识增强，开始热衷于保健。这促使健康观念、医疗技术与药品研发在竞争激烈、快节奏的市场经济中迅速发展，方兴未艾。当下对于健康，人们谈论最多的是亚健康这个话题，这个概念首次出现于20世纪90年代。显然，支持这一概念的医生、制药公司与健康教育者是受到了世界卫生组织（WHO）对健康定义的启发，即"健康不仅仅是没有疾病和虚弱，而且是身体、心理和社会适应能力的完好状态"。据此，亚健康的拥护者声称，世界上健康的人只是少数，生病的人也是少数，而大多数人实际上介于这两者之间。有关亚健康的医学研究也认可亚健康论，并试图探明这一灰色地带或第三状态。他们明确指出，处于健康与疾病之间地带的人数颇多，且身处此地带的人会有许多难以掌控的生物—心理—社会上的亚健康表现，如脱发、失眠、孤独等。"亚健康"论者还声称，当人们确实处于"亚健康状态"

时，医疗干预可以改善他们的身体状况，使他们恢复健康。因此，平均健康水平成为社会关注焦点，是否达到这一水平成为判定个体健康或患病的关键。

亚健康，一般可描述为健康赤字或体质虚弱，这类似于当代中国体质人类学中的一个核心概念，即缺乏素质。安·安娜诺斯特（Ann Anagnost）或许是首位注意到中国政府工作报告中出现"素质"这一说法的人。报告强调需要提高人口素质："做好优生优育工作"（Anagnost 1997：78）。20世纪90年代，"素质"的强调与控制人口数量、提高人口素质的国家政策相关。但从那以后，它变成了一种常态化机制，即从身体素质、教育素质和道德素质三方面对一个人进行评估。如今，"素质"概念已成为当代中国人类学研究的基础，尤其体现在教育与劳动力迁移的后结构主义研究中。

本文灵感源自关于素质的研究分析著作，在此基础上笔者试图将其延伸至一个新方向。安娜诺斯特有关素质论著的核心论点表明，优生优育是提高国民素质的关键。本文并未局限讨论"素质"这个词本身，而是致力于研究国民缺乏生产能力这一论题，以此探讨持续"缺乏健康"的身体与人们所熟知的"缺乏素质"之间的关系。在对中国亚健康话语谱系进行溯源时，笔者认为造成需要医疗干预身体的状况与国民生产活动有关，但两者范围并非完全一致，而且中医的理论与实践为民族志学者研究中国国民身体素质的形成提供了丰富的研究材料。[①]

定性研究问题

专注于素质研究的学者席格伦（Gary Sigley）（2009：537）曾撰文"试图解释20世纪中国对人体机能的各种设想和社会行为方式。"本文目的与之相似。但笔者发现，与其仓促行素质之道，不如先暂停反思下文中的自我测试，它是当代中国对人体发挥各种机能设想并在各种社会活动中行为后效的具体例证。以下测试来自百度百科。百度百科不仅详细介绍了亚健康，而且还鼓励读者通过自我测试反思自己的健康状况。[②] 在回答这16个问题时，您可能还需考虑以下几个问题：这份自我测试针对何种体质？所指哪类人群？国民身体素质形成的特定情况与中国民族志中描述的类似过程有何关联？

1. 早上起床时，常有头发掉落。（5分）
2. 感到情绪有些抑郁，会对着窗外发呆。（3分）
3. 昨天想好的事，今天怎么也记不起来，而且近来经常出现这种情况。（5分）

4. 害怕走进办公室,觉得工作令人厌倦。(5分)

5. 不愿面对同事和上司,想一人关起门来自己呆着。(5分)

6. 工作效率下降,上司已对你不满。(5分)

7. 工作一小时就感到身体倦怠,胸闷气短。(10分)

8. 工作情绪始终无法高涨。最令自己不解的是:无名的火气很大,但又没有精力发作。(5分)

9. 一日三餐,进餐甚少,排除天气因素。即使是非常适合自己口味的菜,近来也味同嚼蜡。(5分)

10. 盼望早早地逃离办公室,为的是能够回家,躺在床上休息片刻。(5分)

11. 对城市的污染和噪声非常敏感。比常人更渴望到清幽宁静的山水中休息身心。(5分)

12. 不再像以前那样热衷于朋友聚会,有种强打精神、勉强应酬的感觉。(2分)

13. 晚上经常睡不着觉。即使睡着了,又老是在做梦的状态中,睡眠质量很糟糕。(10分)

14. 体重有明显的下降趋势。早上起来,发现眼眶深陷,下巴突出。(10分)

15. 感觉自己的免疫力在下降。春秋季节流感一来,自己首当其冲,难逃"流"运。(5分)

16. 性能力明显下降。(10分)

上述测试,如果您累积总分超过80分,建议尽快就医,进行自我心理调适,必要时申请休假。如果您累积总分超过50分,则需要坐下来好好反思自己的生活状态,加强锻炼和营养搭配等。

这种广为流传的问卷式诊断包含了各种主观经历的生物、心理与社会现象,我们可以在医疗保健机构网站上找到它的各种版本,这些版本旨在向中国海内外民众解释"亚健康"这一新概念。这份自测问卷的对象显然是困窘于现代生活的白领,他们被噪声、污染困扰,被悲伤、愤怒与反社会情绪缠扰,甚至可能疲惫不堪而出现一定程度上的身体不适。这些情况的叠加提醒我们,超出人体承受能力的主观意志行为与脱发、疲劳、失眠、无力、食欲不振、体重下降等身体症状紧密相连。

米歇尔·福柯(Michel Foucault)认为,现代国家的主体是一个多重治理术体制带来的可变结果,这个"多重"的体制将身体固定在规范化的网格中并对其进行行为监管。在监狱、医院、学校、工厂和诊所中,人们受权力与知识的支使,他们的身体和行为要符合规范化标准。福柯在其后期研究中阐释了人口何以成为现代国家行使权力来实现的治理术之一。他创造了"生命权力(biopower)"一词来描述一种特定的现代权力形式,这种权力形式具有生产性的而非压制性的力量。生命权力寻求增强人口活力,与死亡权力形成鲜明对比。人类社会在进入现代之前,死亡权力代表了至高权力(sovereign power)(Foucault 1978)。福柯早期主要致力于研究"规训权力(disciplinary power)"——规训权力是一种驯顺身体(docile bodies)的权力形式。它是对"管制权力(regulatory power)"的概念补充——管制权力是一种旨在改善整体人口健康与福祉的权力形式。福柯认为,我们一方面有"机构的组织纪律(organo-discipline of the institution)"与"肉体系列—人体—惩戒—机关(body-organism-discipline-institutions)"系列,另一方面有"国家生物管制(bioregulation by the State)"与"人口系列—生物学过程—调节机制—国家(population-biological processes-regulatory mechanisms-State)"系列(Foucault 2003:250)。"生命权力"概念的早期制定表明,两个系列之间存在有趣的动态变化,即它们并非构成一个无缝整合的系统,而是不同生命个体和不同族群人口的相互交织与松散拼凑。

中国推行的计划生育政策是有史以来具有雄心的生命政治计划之一,因此受福柯影响的中国学者认为政府对人口问题的重视程度是国民身体素质形成的关键。自20世纪70年代后期以来,国家发展相关论题将中国无法实现现代化的重要原因归咎于人口过剩,而实行计划生育政策不仅能控制人口数量,还能提高人口质量,推动社会向更先进、科学、卫生、健康的方向发展。因此,推行计划生育与提高国民素质,尤其是农村人口素质息息相关。

安娜诺斯特作为最早关注"素质"研究的学者之一,在文章中指出:"素质建设是一个政党与时俱进的重要体现。为了带领中国人民摆脱落后与无知,中国共产党肩负使命,在以经济建设为中心的基础上,提出了素质建设。"(Anagnost 1997:78)随着计划生产转向计划生育,中国的政治建设也逐渐焕发出新的活力,并直接影响到国民生产。这不仅是人口数量问题,同时也涉及人口质量问题,即根据不同参数加强个体主体性,提高个体素质。"素质"是指"在人的先天生理基础之上,经过后天培养,身体及其行为具有的生理、心理、智力、道德、思想方面特质"(Jacka 2009:524)。虽然这听起来有些言过其实,但其宽泛的含义使它成为当代人类学讨论中国社会的关键词。素质研究的主题大体分为两类:一类是教育与素质教育政策研究(如 Fong 2007;Murphy 2004;Woronov 2009);另一类是劳动力迁移与城乡关系研究(如 Anagnost 2004；Sun 2009；Yan 2003a，2003b)。这些研究阐明了素质与教育、道德、物质满足等因素的内在关联，但研究话语偏重于素质缺失，如农民的封建意识、移民的犯罪行为，以及未受教育群体的不良卫生习惯。任柯安(Andrew Kipnis)(2006，2007)表示，"素质"一词已成为国家治理的核心动力，它证明了各种社会制度与政治制度的合理性。他指出，政党国家是素质话语的主要支持者。因此，有关人口问题的学术研究倾向于以"国家生物管制"为出发点，从缺乏素质的角度阐明政治主体的构建。但也许福柯是对的，他提出"生物管制"并不会随"机构的组织纪律"协同扩展。

医学界用身体缺少维持正常体征的要素和躯体出现功能紊乱来解释一个人的"亚健康"程度，在强调缺乏正常体征这方面与国家人口缺乏素质的表现形式相似。正如福柯所说，"医学是一种可应用于肉体与人口、人体与生物学过程的权力—知识，因此具有惩戒与调节作用"(Foucault 2003：251)。但是，当研究者运用医学等交叉学科研究人口与身体时，发现这两个系列并不一定能共存或整合。面对已完全市场化的中国内地医疗体制，尽管政府一再调控药品价格及各种创收活动，但医生还是具有某种"商人"属性。或许乡村诊所和低级别医院更能彰显国家的仁爱形象，但众所周知，这类机构既不受严格监督，也不受国家资助。笔者曾在别处提出，尽管中国人普遍认为"国家"具有神圣唯一性，但他们却不认为这个概念在地方上得到了纯粹体现。当中国患者前往诊所就医时，他们遇到的不是"国家"的化身，而是疲于应付生活压力的医生(Bunkenborg，2014)。就像医生代表的不仅是"国家"形象，"亚健康"也不只是国家关注人口素质的医学阐释。逐渐细化的亚健康话语涉及多方利益，而且亚健康似乎是国民身体素质形成的独特表现。相较于抽象关注身体素质，它更直接针对身体。尽管当代中国的国民身体素质形成研究强调的是"人口系列—生物学过程—调节机制—国家"系列治理机制，但医学实践和诸多对亚健康的论述也帮我们认清了一个事实："肉体系列—人体—惩戒—机关"这一系列的运行需要大量不同领域的人参与。格林哈尔希(Greenhalgh)与温克勒(Winckler)早就对这问题进行过研究，他们声称"尤其要对素质问题进行深入研究，因为管制(或试图管制)它的力量远远超出了国家范畴"(Greenhalgh 和 Winckler 2005：44)，但是他们总体上仍然以国家为中心来研究作为社会治理目标的中国人口。然而，关于亚健康的调查问卷表明，国家不仅关心中国国民素质，而且还试图采取行之有效的办法，从人口政策制定到重视个体的身体健康，多方面了解各种影响当代中国国民素质形成的因素。

亚健康

很难确定"亚健康"一词的起源。有人说该词首次出现在20世纪80年代一本大众健康杂志中,[③]但它最早的电子记载可追溯到20世纪90年代。长期以来,"亚健康"与其英文翻译结合使用,且与其他知名的综合征一样,首字母缩写为SH。一般认为,青岛大学医学院王育学教授是"亚健康"一词的首位支持者。他受中西医共训,出版的《亚健康:21世纪健康新概念》(2002)一书不仅阐释了"亚健康"的概念,而且汇总了问卷调查的结果,即在51 303名受访者中,有58%的人认为自己正处于亚健康状态。这份问卷列出了103项亚健康表现,在没有实际浏览整个列表的情况下,以下内容展现了各种相关的生物—心理—社会现象:脱发、消化不良、牙齿松动、心悸、面色暗红、舌暗或有淤斑、目眩、语言声低、疲劳、健忘、遗精、怕冷、怕风、食欲减退、烦躁、易怒、失眠、嗜睡、头晕、头痛、多疑、工作效率低以及孤独。总怀疑自己有病、对自己的健康担心也是亚健康的一种表现。王育学没有将健康与疾病进行二元区分,而是提出了一种动态转化模型。人们在生病或康复时经历的健康与疾病之间的中间状态便是亚健康这个灰色地带。王育学称,用中医为身处此灰色地带的患者制定医疗干预措施十分重要。凡是找中医看病,医生一定会给患者一个是什么"证"的诊断并开一张针对证的中药处方:

> 你若有病,中医通过"治证"而治愈了你的疾病;你若"无病"(以前认为没病就是健康),中医诊断你是某种虚证,所开的中药处方称作"调理",其实你就是处于我们今天讲的亚健康状态。(王育学 2002:20)

王育学的著作由海尔药业公司赞助出版,该公司生产了能调治亚健康的保健品"采力合剂"。20世纪90年代中期,海尔大力参与建构"亚健康"概念,随后1996年推出采力合剂,引起媒体的广泛关注,次年资助了"亚健康状态学术研讨会"。王育学的著作每页都印有海尔标志,书中包含了对采力合剂的介绍和青岛海尔药业公司总经理李青的采访稿。记者问李青为何以海尔药业的名义喊出了"突破亚健康"的口号?海尔药业是如何推广这一新的医学概念的?李青回答:

> 海尔有句话叫"先有市场,后建工厂",还有一个观念讲要创造市场,而不是去抢占瓜分市场,又称为"自己做自己的新蛋糕"。(王育学 2002:160)

王育学或许对刻意发明"亚健康"概念,并将之作为营销策略的想法嗤之以鼻。他声称亚健康是一个早已存在千百年的客观事实,他的工作是将其从健康、疾病中剥离出来,予以界定及命名,并加以深入研究(王育学 2002:7)。尽管王博士坚持科学实证主义并认为是他自己发现了亚健康,但李青与海尔人却倾向于建构主义,声称是他们自己发明了"亚健康"概念——他们在自己做自己的新蛋糕。

尽管采力合剂拥有海尔强大的品牌优势、运用了"亚健康"这一极好的概念、并且在营销上投入了大量资金,但它并未达到预期营销目标。1999 年,《销售与市场》杂志发表了一篇题为《"采力"何以患上"亚健康"》的文章(一言 1999)。该文声称,"采力"失败的主要原因之一是先进的"亚健康"概念与其市场营销所接触到的大部分未受过教育受众之间消费层次和宣传定位的不相符。海尔药业盲目模仿保健品"三株口服液"[①]的成功营销策略,到农村乡镇发送小报,但农村居民无法理解"亚健康"概念,而城市居民则倾向于不信任以这种方式销售的产品:

> 因为农民是根本不可能知道什么是"亚健康"的,所以"采力"突破"亚健康"这样的口号不适合农村,应该印一些直接说明"采力"治什么病,农民是有病才治病,无病很少来关照保健品的。(一言 1999:24)

尽管销售业绩不佳,但海尔药业仍继续生产采力合剂。2002 年,国家食品药品监督管理局同意将该产品从保健品升级为药品。2008 年,它在海尔药业资产变卖时得以保全。然而,亚健康的概念早已被抛弃,2004 年和 2010 年采力合剂的官方推广材料中甚至没有提及"亚健康"一词。[⑤]

王育学与海尔药业公司之间的合作在解决大众亚健康状况难题上具有里程碑式意义,它标志着早期制药行业代表与部分医疗机构之间就亚健康概念化和改善亚健康状况所进行的密切合作。据笔者所知,采力合剂推出时市面上还没有其他与亚健康相关的产品。值得一提的是,第一篇关于亚健康的期刊文章也发表于 1996 年。但是,海尔药业并未对该词申请专利保护。当"亚健康"作为营销活动中不为人所接受的概念、或多或少被抛弃时,事实证明亚健康的概念比保健品本身更成功地让人们意识到要重视健康生活。"亚健康"从"采力"中剥离出来后,现已成为热衷健康活动、追求健康品质人士的时髦用语,同时也逐渐成为一个科学研究范畴。

作为介于健康与疾病之间灰色地带的亚健康,逻辑上它不能被称为疾病。然而,将它与病因、诊断标准、患病率和治疗干预关联后,它又变得像疾病。这些表象使得亚健康看起来像是国际公认的科学研究领域。因此当大多数中国人得知国外很少有人听说过亚健康时,他们感到非常惊讶。在中国学术期刊全文数据库检索关键词"亚健康"会发现,1996 年发表的文献只有 3 篇,但随着该研究领域迅速发展,仅 2008 年就发文多达 435 篇,而 2009 年至 2012 年间每年约有 400 篇文献发表。虽然这些数字包括发表在普通杂志上的文章,但发表于全国各地各种医学期刊上的研究报告还是占多数。对早期发表的 119 篇亚健康文献进行统计发现,这些文章主要分为三类:一般理论及介绍占 41%,治疗学占 22%,流行病学占 16%。中医学研究方向的亚健康文献只占 27%。文献统计者认为,由于研究人员所处地区不同,论文发表的期刊也不集中,因此亚健康研究尚未形成核心期刊及核心作者(刘映等 2004)。

2002 年进行的最大规模的亚健康调查报告涉及受访者超百万名,但遗憾的是,令人不安的亚健康患病率——北京 75.31%,上海 73.49%,广东 73.41%——似乎是该研究的唯一内容。[⑥]然而,几十项较小规模的亚健康流行病学调查却均有研究成果发表。虽然这些研究针对不同人群、采用多种方法,得出的患病率差异很大,但他们一致认为亚健康是个相当严重的问题。[⑦]随着越来越多科研论文的发表和心理亚健康等子领域的发展,亚健康正逐渐成为一门独立学科。"亚健康"这个词也开始在报刊文章和大众话语中频繁出现,通常与猝死事件相关。

猝死

脱发、失眠、疲劳等亚健康常见表现通常不是大众的关注热点,但是当青壮年毫无征兆地倒地身亡时,这种亚健康引发猝死的新闻最能招致男女老少热议。21 世纪中期,猝死事件的频繁发生逐渐加深了大众对亚健康的认识。在了解亚健康的过程中,新闻报道甚至小说描述可能都比医学研究结论更令公众信服。在杨少衡的中篇小说《亚健康》(2004)中,主人公是位患有严重失眠症的政府官员。随着病情加重,女医生诊断他为亚健康。故事中,"亚健康"隐喻是对不健康的腐败行政管理的道德诊断,但差强人意的体制是导致主人公躯体患病的重要原因。正因如此,亚健康被人们生动地比喻为可能造成溃坝的管涌,或是引起雪崩的隐匿不稳定因素。

或许雪崩与溃坝的比喻虚无缥缈,但 2005 年清华大学的两起猝死事件(先是 36 岁讲师焦连伟去世;紧接着四天后,46 岁教授高文焕去世)作为头条新闻证实了猝死与亚健康有关。中国媒体对国家栋梁之才的意外死亡进行广泛报道,声称过度劳累与潜在的亚健康状态是造成悲剧的主要原因。越来越多的知识分子、政府官员、演员、商人英年早逝。有报道称,过去十年大学教授的平均寿命急剧下降,精英群体的健康状况引人担忧。此类报道称,这一群体从发病到死亡,整个过程毫无征兆,其直接死因是过度劳累下潜在亚健康状况引发的中风与心脏骤停。换句话说,猝死是无视自身健康的终极惩罚。因此,亚健康以一种全新戏剧化的方式呈现出了中国精英阶层的致命隐患。

亚健康与猝死的报道引发了公众焦虑,为防患于未然,避免"溃坝"或"雪崩"的到来,人们投入了大量资源。但是这些名词在医学术语向大众话语转变的过程中被赋予了新的内涵。近期发生的多起猝死事件使公众开始批判长时间、高强度的工作状态,认为这是导致白领忽视自身健康的主因。例如,2011 年,郑州电视台 28 岁记者刘建曾在微博中说"我的亚健康状态很厉害!",还回复朋友自己耳鸣、无力、犯困。仅过了一周,他便因突发心肌梗塞离世。这起猝死报道也在互联网上迅速传开。互联网上许多评论都强调要保重身体,但他们也严厉指出记者在工作中所承受的巨大压力(王玮皓 2011)。亚健康引发猝死的报道使"亚健康"成为公众的日常用语。虽然白领已开始用它讨论自己高压紧张的工作环境,但亚健康的医学阐述仍在继续。

亚健康学科制度化

学术著作《亚健康学》(孙涛等 2007)的出版标志着亚健康研究成为一门独立学科,自此进入全新的发展阶段。该书作者指出中医与"亚健康"概念之间基本契合,并引用中医典籍来说明疾病预防的重要性。他们特别强调了医学经典《黄帝内经》中的一小段:

> 是故圣人不治已病治未病,不治已乱治未乱,此之谓也。夫病已成而后药之,乱已成而后治之,譬犹渴而穿井,斗而铸锥,不亦晚乎?

"未病"一词在这里被译为"尚未患病的人(those not yet ill)",但也可译为"潜在疾病(potential disease)"。与王育学不同,《亚健康学》的作者并未将"虚证"与亚健康简单相连,而是提出了治"未病"及解决潜在疾病(中医亚健康的前身)的传统。王育学试图根据自我评估各种模糊征兆来定义亚健康,而这本书提供的诊断指南则试图将亚健康置于一个更加客观的场域。作者并未像王育学那样基于主观经验和阳性体征来设计诊断手段,而是将亚健康列为残余类目,涵盖所有医学上无法解释的生物—心理—社会不适,这些不适在排除所有可能的病理后依旧存在。照此说法,虽然看似合理地定义了"亚健康",但需要排除所有可能的病理,这极大增加了亚健康检查所涉及的诊断程序量。亚健康的概念显然源自中医,中医的虚证与潜在疾病即使在非实病的情况下也需要进行医疗干预和调理。但是由于诊断指南要求医生掌握中西医原理,所以亚健康实际上是用一种综合医学方式进行确定的。也就是说,可以用大量西医诊断技术寻找出需要调理的虚证和中医所说的潜在疾病。

亚健康或许始于一种营销手段,是讨论边缘病痛的边缘话语,但如今,该领域本身正逐渐被制度化为一门学科。最近出版的有关亚健康主题的一系列教材不仅为已十分丰富的亚健康文献添砖加瓦,而且还成为获得中和亚健康服务中心推广的亚健康学士学位的必修课程。[8]2010年8月,笔者前往北京访问了这家机构,当时机构中约有30名员工专门负责亚健康的研究、教材编写和课程组织工作。虽然官方尚未正式认可亚健康学位,但已有医学院与该中心合作,为中医学专业学生开设亚健康选修专业。其中有本教材引用了《黄帝内经》中"未病"的概念,认为"亚健康评估可在躯体出现明显症状或疾病迹象之前诊断出即将可能发生的疾病。若能及时处理这些症状,则可避免疾病发作"(何清湖 2009:41)。这些新教材大量引用中医基本原理,充分利用西医技术与西医术语,提供多种折中的诊断手段与干预治疗方法,以期在人们真正患病前对其进行诊断和治疗。

亚健康的解释框架

2006年,香港大学曾德源博士在一次会议上首次用英语对"亚健康"的概念进行了批判,他认为亚健康类似于一种泛化的疾病,只不过它是从健康而非疾病的角度发挥作用(Chan 2006)。

在这类疾病传播的典型案例中,制药公司通常声称自己研发出了能治疗鲜为人知疾病的药品,并在推销时夸大其治疗效果和受益人数(Blech 2003;Moynihan 和 Cassels 2005;Payer 1992)。海尔药业公司努力推销"亚健康"概念与采力合剂的行为在某种程度上符合这类疾病传播的宣传模式,但概念的成功推介与产品的营销失败之间存在匪夷所思的差异。由于采力合剂销售不尽如人意,海尔药业放弃了"亚健康"概念,交由多方人员(包括其他制药公司、研究人员、医生、官员和新闻工作者)重新修订。这种制药公司尝试将疾病诊断与治疗同时推向市场的举动并不奇怪,但令人费解的是,亚健康"是健康状况不佳而不是疾病"成为一个可接受的概念,对于日常生活中健康意识不强、没有专项健康开支的家庭,这一说法提醒人们注意生活中诸多存在亚健康状态的可能情况。

詹梅在最近的论文中指出,近几十年来,中医药通过全球化推广,正逐渐成为一种疾病预防措施,也就是"高明的医生治未病"(Zhan 2009a:166)。虽然与亚健康相关的诊断和干预治疗方法不拘一格,但似乎都与中医密切相关。詹梅指出,上海的创业医生正在为中医药寻找新的利基市场,而亚健康类别的出现促使他们重新发明中医治疗产品并使之商品化,以符合中产阶级的需求。因此,人们认为亚健康可以通过中医药调理得到改善。但奇怪的是,中医药全球化推广计划似乎主要是在中国境内想象出来的。因此,尽管 1999 年与詹梅交流的加州人均表示未曾听说过"亚健康"这个概念,但她在上海的交流对象却坚持认为"亚健康"是外国医学专家使用的术语(Zhan 2009b:55)。尽管讨论亚健康的文章经常引用世界卫生组织规定的健康标准和外国医学文献,但"亚健康"对中国以外的医生和人类学家来说仍然比较陌生。由此可见,中医药预防亚健康的全球化计划是由中国策划实施的项目。用中医药调理预防疾病的做法适用于全世界中产阶级,这种治未病的观念可以让人们充分认识到亚健康背后可能带来的不良影响。但是中国境外不讨论亚健康话题[9],这说明国际上无法理解亚健康的存在,必须用中医理论对其进行阐释。

随着中国医疗体制在 20 世纪 70 年代成为医学人类学的讨论话题,人们对所谓文化束缚综合征(culture-bound disorders)产生了浓厚兴趣,"人体肾精有限"就根植于这样的想法,不明就里的外界人士则渴望对此病症一探究竟。据说男子排出精液可能导致肾虚或肾亏(一种与虚弱和阳痿有关的状况),有丧命的危险(Kleinman 1980;Wen 和 Wang 1980)。夏互辉(Hugh Shapiro)(1998)认为,民国时期遗精(精关不固)的诊断回应了这类关注。这一诊断本身并不新鲜,但由于为适当补救此肾虚或肾亏症状进行了大量的广告宣传,"遗精"在城市中成为广为人知的身体状况不佳代名词。这也侧面反映出二十世纪二三十年代城市贫民生活在内心疲惫、需时刻担心自己是否某一天会被裁员的窘境中。最近张跃宏(2007)表示中国引进"万艾可"(Viagra)引发了人们对化学制剂诱导身体消耗可能造成的影响的担忧,他认为这也是"万艾可"在中国销售业绩不理想的原因之一。总而言之,男性生理失调易导致虚弱和衰竭似乎是一个永恒的话题。但是,这种关注男性虚弱体征的强度与特异性在每个历史时期都不尽相同。它不是一成不变的文化束缚综合征,而是疾病分类学实体的不断构建与改造。例如,神经衰弱是一种外来诊断病名,但是正如凯博文(Arthur Kleinman)(1986)所说,神经衰弱在西方已经被遗弃很久了,但在中国它仍然是困扰很多人的病症,因为神经衰弱这种疾病能从文化政治角度,用恰当的躯体主诉术语表达患者的心理痛苦。所以，亚健康具有这些疾病表征：一方面，这些疾病表征囊括了生理和精神上的主诉，从致病行为、患病原因不同层面构成疾病分类学实体；另一方面，这些疾病表征与身体过度劳累有关，需要精神纾解、心理素质薄弱的人士更容易患上这些病症。

亚健康或许可以看作是一种泛化的疾病，中医药能预防其发生发展，当然它也是人性脆弱下"文化束缚"意识的新变化。但是，亚健康话语将亚健康建构成普遍现象的方式还是很特别。这不仅仅是医生承诺用特效药解决特定主诉让患者"好转"的问题（Elliott 2003），而是要用新发现的医疗手段通过实施更强大的康复计划来解决新出现的"世界上大多数人缺乏健康"的医学难题。亚健康话语假设大多数人都存在某种形式的功能缺陷，而有人认为当代中国人普遍存在"缺乏"一些东西，这部分归咎于人口素质问题。

缺乏生命政治建构

亚健康话语在个体的躯体方面表现为功能缺失、功能不全和身体虚弱，需要补充营养与持续医务监督。从这个意义上讲，缺乏的生命政治建构运作方式非常类似于"素质"概念，它"迫使人们意识到自身主体观念缺失，从而需要不断调整、补充和训练（终生学习）。"（Yan 2003a：551）。严海蓉（2003a，2003b）与安娜诺斯特（2004）均从斯皮瓦克（Spivak）对马克思的解构式阅读中获得灵感，将素质看作货币，使人的主体性可以沿着一个共同尺度进行平移和评级。正如劳动的货币价值是对实际劳动复杂性的还原和抽象，素质是将人的主体性的复杂性还原为新自由主义经济下人的现代性和努力发展的能力与意愿问题。因此，安娜诺斯特将两类身体进行对比：外来务工人员的身体是素质缺失的缩影，城市中产阶级儿童的身体是素质积累和体现的场所。先从外来务工人员被贬损的、无技能的、可替代的身体中低价抽取劳动力，然后将这些劳动价值投资于城市中产阶级儿童。根据当代中国政治经济学的这种表述可知，这些农民工的身体拥有足以支撑城市人优越心态的劳动价值。这种关系基于"没有思想的身体"的外来务工人员的话语建构，在逻辑上与"没有身体的思想"的中上层阶级建构相关联。因此，亚健康与缺乏素质间会出现逆差：脑力工作者缺乏健康但拥有素质，体力工作者则缺乏素质但拥有健康。这种解释符合亚健康被认为是城市人问题的事实，而亚健康研究目标人群主要是白领、上班族和大学生。同样，媒体对"亚健康是富人猝死根本原因"的担忧加深了"健康状况不佳的主要人群是国家精英阶层"的认知。缺乏健康，至少是描述为亚健康的那种，被看作是高素质人群普遍存在的问题。

将亚健康话语解读为素质话语的结果有赖于一系列的二元区分：农村贫困人口与城市富裕人口的区分，以及身体与思想的区分。这类二元区分或许能带来审美愉悦，但实际生活中却不一定界限分明。与其说亚健康是素质话语的结果，不如说是国家对人口素质关注的制度变迁，这种变迁由不同参与者构建，他们直面国民的身体，现在能够向国家建言一些解决办法。中国卫生部最初对"亚健康"概念持保留意见，但随着中国卫生部副部长王陇德（1995年至2007年在任）[⑩]在2003年发表的一篇文章中使用了这个词，如今"亚健康"在中国卫生部官网发布的文件中随处可见。《慢性病及亚健康状态对我国人民健康的影响及其防治原则》一文对亚健康有一段精彩描述：

> 有关研究机构已研制出检查一些亚健康状态的设备。这些检查不但能早期发现人体内部的异常变化，而且能让被检查者自己直观地看到这些变化，从而对健康行为的形成有很大的促进作用。……现在用一种新设备进行一滴活血检查，可以把血液细胞放大2万倍。被检者可以在电视屏幕上清晰地看到自己的血细胞的图像，可了解其形态是否正常，运动状况如何，血脂含量怎样，有无脂质斑块，血液是否粘滞，等等。这种直接的观察比只看医学化验单对被检查者所形成的印象要深刻得多。（王陇德2003：1032）

王陇德对这种亚健康检测技术情有独钟，而且对在技术上调节与引导患者自我观察有清晰的认识，这或许有利于促进中国国民身体素质形成。然而，他对这种技术检测出亚健康状态可能性的关注也表明，国家对个体身体的检测通常不会具体到如此程度。国家会以人口素质话语启动缺乏的生命政治建构，但这需要制药公司和医疗机构配合，用概念直接阐明中产阶级身体缺乏一些健康要素，并提供体检与健康管理的便利。也许王陇德欣然接受亚健康检测技术反映了人们对医学与亚健康检测技术的后知后觉，即二者应用帮助人们从空谈关注人口健康过渡到实际用之促进身体健康状况改善。

结论

本文论述了医学与大众亚健康话语出现、普及以及正在进行制度化的过程。该话语体系认为世界上大多数人处于亚健康状态，而医疗干预可以改善他们的身体状况,让他们尽早恢复健康。虽然中国境外的补充和替代医学从业者开始使用"亚健康"的概念,但到目前为止,亚健康几乎只在中国境内作为辅助制药公司实施产品营销的噱头概念、公众关注猝死事件的热搜词以及医学研究与治疗领域的关键词出现。虽然亚健康被看作是一种泛化的疾病,中医药调理可以有效预防因亚健康诱发的疾病,且它也是社会发展中形成的一种病态,但亚健康话语围绕"缺乏健康"这一主题,将亚健康构建成一种普遍现象,也是对亚健康的另一种解释框架。许多当代中国的人类学研究都强调了政府对缺乏——缺乏素质、文明及现代性——建构的重要性,并阐述了对中国国民生物—心理—社会—政治缺陷的普遍关注。所以,"普遍缺乏健康"话语的成功发展很可能与这种关于人口素质低下的政府话语有关,两者均可看作是缺乏的生命政治建构的实例。当然,虽然素质与亚健康话语间存在某种关联,但并非无缝衔接。围绕缺乏素质建立的分析框架在国家建设中发挥了核心作用,它提出一个问题,即如何将对人口素质的抽象关注应用到具体机构的个体身体上。为此,亚健康话语与相关临床实践为缺乏的生命政治建构提供了一种路径,它直接影响到我们对身体各种不适的猜想以及因此作出的行为方式。但亚健康的形成过程也反映出强调人口质量与国家发展的分析框架的局限性。政治经济利益的各种重叠与相互冲突塑造了亚健康话语,该话语表明医疗机构不代表国家形象,而是用它们自己的方式质疑影响大众身体素质的要素。对这类实践进行民族志研究必将为探讨当代中国国民身体素质形成过程提供新的视角。

作者单位:丹麦哥本哈根大学
译者单位:上海大学

注释

① 本文借鉴了哥本哈根大学人类学系2005年至2009年博士项目的部分研究成果。该项目由丹麦文化与传播研究委员会(the Danish Council for Research on Culture and Communication)资助,田野调查由笹川基金会(the Sasakawa Foundation)和奥迪康基金会(the Oticon Foundation)赞助。

② 百度中有大量关于亚健康的词条文本,本文中的测试题为其中之一,详情参见词条"亚健康状态"第二部分之方法二;http://baike.baidu.com/view/14.htm#12。

③ 司马南在2007年5月25日的访谈中批评亚健康并非科学术语,称该术语是由一位刚毕业的大学生为一本杂志捏造出来的,之后成为保健品厂家的理论依据。访谈原文参见http://www.xys.org/xys/netters/Fang-Zhouzi/interview/yangziwanbao3.txt。北京协和

医学院流行病学已故教授黄建始在一篇社论中发表了同样尖锐而又详细的评论(黄建始 2010)。

④ http://baike.baidu.com/view/2798639.htm.

⑤ 国家食品药品监督管理局为采力合剂颁发的批准文号为国药准字B20020362。在国家食品药品监督管理局网站发布的广告材料声称采力合剂由记载于中医药典的25种以上中草药制成：http://app1.sfda.gov.cn/images/ypgg/pic/370406170021.jpg；http://app1.sfda.gov.cn/images/ypgg/pic/370406170022.jpg；http://app1.sfda.gov.cn/images/ypgg/pic/371001140002.jpg.

⑥ 此调查由中国保健科技学会国际传统医药保健研究会组织进行，详情参见相关报刊文章(段若兰 2010)。

⑦ 有关流行病学研究的概述，参见闫伯华及其同事(2005)以及马宁、刘民(2012)的文章。

⑧ 中和亚健康服务中心还与多家制药公司合作，试图建立亚健康特色产业区。详情参见 http://www.zhsh.org.cn.

⑨ 尽管中国境外的补充和替代医学从业者在发展亚健康概念方面未发挥重要作用，但已为一些人所用。在一家美国公司的网站上可以找到一种更为有趣的版本，该公司将这种情况戏称为"新晋杀手"："从某种意义上讲，亚健康比疾病更危险。扪心自问一个常识性的问题：认识的敌人和不认识的敌人，哪一种更危险？"详情参见 http://www.taoofherbs.com/articles/55/Sub-HealthCondition.htm.

⑩ 时任中华预防医学会会长王陇德在题为"民众亚健康也是政府须干预的方面"的访谈中对"亚健康"概念表示支持。该访谈刊载于中国政府网 http://www.gov.cn/jrzg/2007-04/06/content_574000.htm. 感谢一位匿名评论者的指出。

参考文献

1. Anagnost, A. 1997. *National Past-times: Narrative, Representation, and Power in Modern China.* Durham, NC: Duke University Press.

2. Anagnost, A. 2004. "The corporeal politics of quality (suzhi)". *Public Culture* 16(2): 189-208.

3. Blech, J. 2003. *Die Krankheitserfinder: Wie Wir zu Patienten Gemacht Werden* [The disease inventors: How we are turned into patients]. Frankfurt am Main: S. Fischer.

4. Bunkenborg, M. 2014. "From metaphors of empire to enactments of state: Popular religious movements and health in rural north China". *Positions* 22(3): 573-602.

5. Chan, B. T. 2006. "Exploiting marginality in health: Is 'subhealth' another case of disease mongering?". 2006年4月11日至13日澳大利亚纽卡斯尔首届疾病传播大会(Inaugural Conference on Disease-Mongering)上的发言。

6. 段若兰，《心理健康促进体系事关国家竞争力》，http://www.chinadaily.com.cn/dfpd/

2010 - 01/07/content_9277862. htm,2010。

7. Elliott, C. 2003. *Better than Well：American Medicine Meets the American Dream*. New York：Norton.

8. Fong, V. L. 2007. "Morality, cosmopolitanism, or academic attainment? Discourses on 'quality' and urban Chinese only-children's claims to ideal personhood". City & Society 19(1)：86 - 113.

9. Foucault, M. 1978. *The History of Sexuality*. New York：Pantheon Books.

10. Foucault, M. 2003. *Society Must be Defended：Lectures at the Collège de France, 1975 - 76*. New York：Picador.

11. Greenhalgh, S. and E. A. Winckler. 2005. *Governing China's Population：From Leninist to Neoliberal Biopolitics*. Stanford, CA：Stanford University Press.

12. 何清湖,《亚健康临床指南》,北京:中国中医药出版社,2009。

13. 黄建始,《世上本无"亚健康"只因此词有"金砖"》,《健康管理》,2010,第2期,第1 - 4页。

14. Jacka, T. 2009. "Cultivating citizens：Suzhi (quality) discourse in the PRC". Positions 17(3)：523 - 535.

15. Kleinman, A. 1986. *Social Origins of Distress and Disease：Depression, Neurasthenia and Pain in Modern China*. New Haven, CT：Yale University Press.

16. Kleinman, A. 1980. *Patients and Healers in the Context of Culture*. Berkeley：University of California Press.

17. Kipnis, A. 2006. "Suzhi：A keyword approach". The China Quarterly 186：295 - 313.

18. Kipnis, A. 2007. "Neoliberalism reified：Suzhi discourse and tropes of neoliberalism in the People's Republic of China". Journal of the Royal Anthropological Institute 13(2)：383 - 400.

19. 刘映、刘一强、姚成,《国内亚健康文献计量学分析》《中国现代医学杂志》,第14卷,第17期,2004,第155 - 156页。

20. 马宁、刘民,《亚健康状态的流行病学研究进展》,《中国预防医学杂志》,第7期,2012,第82 - 85页。

21. Moynihan, R. and A. Cassels. 2005. *Selling Sickness：How the World's Biggest Pharmaceutical Companies are Turning Us All into Patients*. New York：Nation Books.

22. Murphy, R. 2004. "Turning peasants into modern Chinese citizens：'Population Quality' discourse, demographic transitionand primary education". The China Quarterly (177)：1 - 20.

23. Payer, L. 1992. *Disease-Mongers：How Doctors, Drug Companies, and Insurers Are Making You Feel Sick*. New York：J. Wiley.

24. 杨少衡,《亚健康》,《人民文学》,第5期,2004,第59 - 84页。

25. Shapiro, H. 1998. "The puzzle of spermatorrhea in Republican China". Positions 6(3)：

551 - 596.

26. Sigley, G. 2009. "Suzhi, the body, and the fortunes of technoscientific reasoning in contemporary China". *Positions* 17(3): 537 - 566.

27. 孙涛、王天芳、武留信,《亚健康学》,北京:中国中医药出版社,2007。

28. Sun, W. 2009. "Suzhi on the move: Body, place, and power". *Positions* 17(3):617 - 642.

29. Unschuld, P. U., H. Tessenow and J. Zheng. 2011. *Huang Di Nei Jing Su Wen: An Annotated Translation of Huang Di's Inner Classic—Basic Questions*. Berkeley: University of California Press.

30. 王陇德,《慢性病及亚健康状态对我国人民健康的影响及其防治原则》,《中华医学杂志》,第83卷,第12期,2003,第1031 - 1034页。

31. 王玮皓,《28岁记者猝死一周前曾称"我的亚健康状态很厉害"》,http://health.people.com.cn/GB/26466/223584/14838898.html,2011。

32. 王育学,《亚健康:21世纪健康新概念》,南昌:江西科学技术出版社,2002。

33. Wen, J. and C. Wang. 1980. "Shen-k'uei syndrome: A culture-specific sexual neurosis in Taiwan". *In Normal and Abnormal Behaviour in Chinese Culture*. A. Kleinman and T. Lin, eds. pp. 357 - 369. Dordrecht: D. Reidel.

34. 世界卫生组织在1946年6月19日至22日于纽约国际卫生会议上通过的《世界卫生组织章程》序言。

35. Woronov, T. E. 2009. "Governing China's children: Governmentality and 'education for quality'". *Positions* 17(3):567 - 589.

36. 闫伯华、黄志坚、丁国允,《亚健康状态的流行病学研究进展》,《现代预防医学》,第32卷,第5期,2005,第456 - 467页。

37. Yan, H. 2003a. "Neoliberal governmentality and neohumanism: Organizing suzhi/value flow through labor recruitment networks". *Cultural Anthropology* 18(4):493 - 523.

38. Yan, H. 2003b. "Spectralization of the rural: Reinterpreting the labor mobility of rural young women in post-Mao China". *American Ethnologist* 30(4):578 - 596.

39. 一言,《"采力"何以患上"亚健康"》,《销售与市场》第2期,1999,第23 - 24页,http://www.cmmo.cn/article-5100 - 1.html.

40. Zhan, M. 2009a. "A doctor of the highest caliber treats an illness before it happens". *Medical Anthropology* 28(2):166 - 188.

41. Zhan, M. 2009b. *Other-Worldly: Making Chinese Medicine Through Transnational Frames*. Durham, NC: Duke University Press.

42. Zhang, E. Y. 2007. "Switching between traditional Chinese medicine and Viagra: Cosmopolitanism and medical pluralism today". *Medical Anthropology* 26(1): 53 - 96.

当代中国文化中的多孔渗透性人格
——与跨文化心理学的对话

孙博(Bo Ærenlund Sørensen)/著　曹洪瑞/译

一、导言

近30年来,心理学家黑兹尔·罗斯·马库斯(Hazel Rose Markus)和北山忍(Shinobu Kitayama,以下简称"北山")[1]以及其他合作学者提出了这样一种观点,即文化的差异造就了不同的自我概念,他们发现这种区别主要体现在东亚与美国的自我概念上。根据丰富的实验结果,他们认为:"任一(许多)亚洲文化都有自身独特的个性概念,这些概念强调个体与他人的基本相互关系,强调要关注他人,融入他人,与他人和睦相处。"(Markus and Kitayama 1991:224)。他们将这种自我观定义为"相互依赖的自我观",这与"独立的自我观"形成鲜明对比,后者常被认为是具有美国文化背景的个体特征。(见图1)

依赖的自我观与该个体所处的社会环境相互联系,这体现在许多华语文学对自我的描述中,比如在当代畅销作家郝景芳的作品中就有所体现。人们发现郝景芳在她的短篇小说《看不见的星球》中对津加林人这个外星种族的描述,似乎体现了马库斯和北山所描述的那种自我:

> 津加林人有着和我讲过的其他星球居民都不一样的外形,他们的身体就像是柔软的气球,又像是在空气中飘游的水母,透明而结构松散。津加林人的体表是和细胞膜差不多的流动的脂膜,不能随便通过,但遇到其他脂膜却可以融合再打散。
>
> 当两个津加林人相遇的时候,他们身体的一部分会短暂地交叠,里面的物质混在一起,再随着两个人的分开重新分配。因此,津加林人对自己的肢

体并不十分看重,他们自己都说不清,现在的身体里有多少成分是来自相遇的路人,他们觉得只要自己还是自己,交换一些物质也没什么关系。

只不过,他们并不知道,其实"自我"的保留只是一种错觉。在重叠的那个瞬间,最初的两个人就不存在了,他们形成一个复合体,再分开成为两个新的人,新人不知道相遇之前的一切,以为自己就是自己,一直没有变过。[②]

马库斯和北山提出的自我概念,一方面,郝景芳的自我概念很相似,另一方面这是本文的出发点。不过首先,为了解释清楚为什么文学描述与跨文化心理学有联系,就有必要将马库斯和北山的自我概念置于相关情境中理解。自 1991 年两人文章发表后,大量的实验研究已经证实了他们的基本猜想:就人们认为自己与周围人或多或少相互依赖的程度这一方面来说,系统的、跨文化的差异似乎确实存在。

那么,我们如何解释这些跨文化差异呢?为了解释这些差异的起源,北山和今田(Imada)指出了 4 个长期的生态和经济因素。第一,病原体在东亚群体中更大范围的爆发和传染,很可能会形成联系更加紧密的社区;第二,东亚集约型农业或许导致集体决策,与其说这是东亚特有文化,不如说是文化适应的结果;第三,亚洲大多数农民多定居而生,也与更加集体化的自我概念有关;第四,近几个世纪来,相较欧洲和中国,自愿定居边疆地区在美国更为常见,这种意愿体现了独立型自我构念(Kitayama and Imada 2010:190ff)。在其他出版物中,研究者将儒家思想与边疆精神进行对比研究,想办法解释观察到的差异。

与起源问题密切相关的是再现问题,即个体如何再现在文化方面占据主导地位的自我概念,这里尤其指如何对于这种或多或少独立于社会环境的自我理解。或者换句话说,如果将自我认知为独立型或依赖型是重要的文化需求,那么,如何将这种需求转化为具体的行为和理解呢?为了回答这个问题,北山、今田等人提出了"文化任务"这个概念,他们认为:一种文化可以使个体获得一定的任务清单,这其中蕴含该文化的信仰、价值观念和意识形态(Kitayama and Imada 2010:195)。其中,大家可以了解在特定文化内独立或依赖的自我形式,可以明白只需追求其中的少数就可了解更广泛自我构念的重要性(Kitayama and Imada 2010:179)。就美国文化而言,文化任务包括"展现独特自我""成为强有力的领导""奋斗取得成功""主管和控制"(Kitayama and Imada 2010:176)。

尽管这一范式已经十分成功,但在一些方面仍不尽如人意。首先,它并没有解释清楚,这些人格建构是如何在既定的文化领域随着时间的推移而持续运作

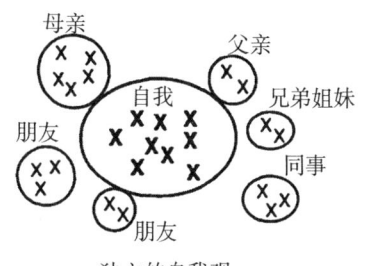

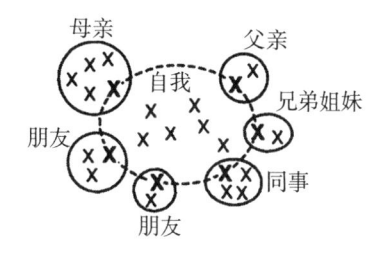

a. 独立的自我观　　　　　b. 依赖的自我观

图1 "独立的自我观"和"依赖的自我观"

资料来源：Markus 和 Kitayama（Markus and Kitayama 1991：226）

（再现）的。换句话说，该理论并没有解释为什么几十年来虽然大家已经很少定点耕作、经历大规模疫情传染、移居边疆，但这些实践经历仍在当今社会丰富着自我的概念。因此，这就需要一个理论来解释在经历了重大饥荒、长期战乱、激烈的社会工程运动、全球经济一体化和媒体革命后，特定的人格建构是如何完全或基本保持不变的。

但是，北山和今田的概念实际上并没有过多地涉及文化。"文化任务"这个概念虽然有趣，但却诞生于极为有限的人类能动性和文化的概念中。我们作为人类，参与的大多数活动都不能简单地归结为"任务"。根据词典上的定义，"任务"是一种通常由他人指定的、定义明确的责任。[③]"任务"一词在计算机科学中常拿来指计算机程序要执行的一个或多个步骤。若将人类与文化的关系视为执行预先确定的一项任务，那么，就完全将人类看作是没有自主思维的机器人，而文化则沦为一种静止的、无声的、基本上毫无意义的资料，而且这种资料只会在某种程度上对超出文化流动范围的目标产生作用。

问题更为严重的是，依赖这种对人类与文化关系避重就轻的概念，几十年来，心理学、语言学、现象学、文学研究、进化人类学、行为经济学以及若干相关学科的工作，都向我们发起了挑战。研究日常生活实践活动与个体心理过程发展的相互关系很重要，因为神经学研究表明，反复暴露于给定的经历会再次强化神经通路，这意味着大家每天的生活经历会影响大脑的生理构造。以上所有这些新的见解表明，人类的思维是在与环境的交互中发展的，这进一步表明，如果我们想了解文化和思维的关系，应该更加关注日常的文化实践及其表现形式。

因此，本文旨在展示文化心理学是如何通过理解医学、人类学、宗教学和文学等学科，为特定文化实践与人类思维过程的关系提供更加丰富的概念。现代跨文化心理学主要依靠调查和实验研究，在这种情况下，本文表明，文化心理学为探究如何在文化背景下研究自我构建提供了有利视角。事实上，在华语文学中如何体现身体上的相互依存呢？郝景芳的作品可以作为一个实例,解答该问题。

更具体地说,本文将展示身体上的多孔渗透性概念(包括在现实世界与虚构世界)在华语文学的核心生活领域中如何呈现和被想象的。本文特别关注宗教、医学和建筑领域,并在这三个领域中证明了以气体和液体为形式的跨界物质的重要性。本文认为这有助于理解那些实验的结论：相较具有美国文化背景的个体,东亚人更倾向于依赖型自我概念。本文还试图回应现有研究,想办法解释文化对心理学的重要性(Valsiner 2019)。

二、宗教、医学、建筑相关的日常生活实践如何在华语世界中演绎相互依赖关系,实现身体多孔渗透性

(一) 宗教：风俗习惯如何演绎易变的身体多孔渗透性

如果我们关注中国最普遍的风俗仪式之一：祭祖,我们就会发现跨界研究至关重要。人类学家埃里克·穆格勒(Erik Muegglar)对此进行了全面的描述,他描述了中国西南部村民是如何通过神话来描述阳间(生者居住的世间)和阴间(逝者所处的领域)的关系的。在神话中,阴间与阳间仅仅用一个筛子隔开,而它与寻常的筛子一样,使得阴阳两界有一定程度的渗透。

人类学家米克尔·邦肯堡(Mikkel Bunkenborg)指出,向他提供河北省当地信息的人对阴间与阳间的关系的理解,有类似的概念。邦肯堡用"多孔渗透性人格"一词来描述这种概念。他认为,向他提供信息的人所参与的实践可以理解为是基于对身体的了解,即人居住在与周围环境只隔着一层类似薄膜且不封闭的多孔体中,这使大家能不断地与周围环境交互信息。"人类的存在并不像自然界那样凝聚成实实在在的物体,人类的存在似乎要费很大的功夫。也正是因为结合了这种内在的脆弱和不断的互转,所以才选择用多孔渗透一词。"(Bunkenborg 2009：6)。

邦肯堡指出,这使得人体和宇宙之间产生了有趣的相似性。

> 宇宙有着像筛子一样的边界,将宇宙内部与外部分隔。这个概念在微观世界与人体有相对应的观点,即人的皮肤是一层以穴位和毛孔形式存在的充满孔洞的膜。这两种边界的相似性在灵魂附身的情况下尤其明显：鬼魂通过附身于人进入阳间,就好像宇宙内外的分界与身体内外的分界同样多孔可渗透。道士用针刺入穴位,刺向鬼魂,这种做法更强调了多孔渗透性

就是字面意思，也是实打实客观存在的。(Bunkenborg，2009：206f)。

基于各种区域之间的渗透，生者举行祭祀仪式时，往往要把祭品处理掉——要么沉浸于水，要么燃尽于火，以便祭品可以从一个维度穿到另一个维度。而恶灵也可以反向穿越相同的边界。换句话说，只有气态和液态物质才可以穿越边界，但这种穿越通常十分危险。(Bunkenborg，2009：12)。

对跨界液体的关注很好地解释了为什么中华文化中许多对人死后的想象都与液体有关。中国人通常把人死后的去处称为"黄泉"或"九泉"(Allan 1991)。古代遗迹考证，女娲和伏羲这两位治理过洪涝的中国神话人物，有时被会放置在墓穴门口，"(因此建立这个墓穴)使其成为独特的区域，保佑这个区域免受因水灾带来的污染和混乱"。(Lewis 2006：151)。后来，佛教为中国的死后神话添加了一个新角色孟婆。她给死去的人一碗"孟婆汤"，把他们带到奈何桥上，让他们跳入桥下忘川河的流水之中，洗净前世记忆，投胎转世。换句话说，中国人想象的死后世界，一直以摄取液体(喝下孟婆汤)、液体穿界(走上奈何桥)、穿越液体结界(跳入忘川河)为核心内容。

同样值得注意的是，在中国历史上的各个时期，这种对液体的关注也体现在宗教恐惧和祈祷中。史蒂文·史密斯指出，至少从6世纪开始一直到晚清，中国民众普遍担心"毛人水怪"会偷走人的气(Smith 2008：277)。在中华人民共和国成立后的头10年里，民间发生过涉及圣水的集体活动。这很好地说明了中国人的信仰也与水相关。这种活动"几乎可以认定为最广泛的非官方聚集活动"，也引起国家的强烈诘问与遏抑(Smith 2006：1019)。

经过研究中国现代文学中对死后世界的想象，我们可以发现，中国人对液体，尤其是对跨界液体格外关注。余华的《第7天》就是一个突出的例子，这部小说的前两页详细描述了叙述者杨飞在死后7天的第一天，呆在极其潮湿的阴间：

> 浓雾弥漫之时，我走出了出租屋，在空虚混沌的城市里孑孓而行。……随后看到门上贴着这张通知我去殡仪馆火化的纸条，上面的字在雾中湿润模糊，还有两张纸条是十多天前贴上去的，通知我去缴纳电费和水费。……浓雾里影影绰绰，我听到活生生的声音此起彼伏，犹如波动之水。我虚无缥缈地站在这里，等待203路公交车。听到很多汽车碰撞的声响接踵而来，浓雾湿透我的眼睛，我什么也没有看见，只听到连串车祸聚集起来的声响。一辆轿车从雾里冲出来，与我擦肩而去，冲向一堆活生生的声音，那些声音顷刻爆炸了，如同沸腾之水。④

简而言之,在中国,在与死后世界相关的习俗和故事中往往将身体与阴阳的界限以稳定的多孔渗透性呈现的同时,也赋予了跨界液体特殊的意义。因此,在这一点上,部分人格是通过这种多孔渗透性构成的。

(二)医学:健康护理方面的跨界流体

谈到身体健康,我们知道,个人身体与周围环境之间的相互依赖关系可以通过调节体液的实操和概念实现。一种名为"气"的液状物质或能量体现得最明显:它在中医中起着重要作用。护理身体以配液为主,主要体现在中草药的熬制上:将中草药熬制成中药汤剂。与此相关的是,数百年来,人们从宗教、医学的角度来解释饮茶传统所起的心理和生理作用(Benn 2016:200)。人类学家陈南希(Nancy Chan)指出,气的调节也涉及政治方面,她称:"大多数古代中国宗教起义和叛乱运动都与气的养生法或武术相关。"(Chen 2003:10)。

民国时期,中国人通过体液来关注健康问题。中国人认为遗精(即非自愿射精)是一种严重的疾病,因为民间传说:正是遗精让光绪帝丢了性命(Shapiro 1998)。另外,从汉朝前一直到清朝,《避火图》认为不射精的性交可以提高活力,延年益寿(van Gulik and Goldin, 2003:46f),这种恐惧也源自该主流观念。近代以来,根据青年杂志咨询栏常出现的情况来看,至少在中国青年中,液体已成为寻求人生伴侣的一个因素:血型会对伴侣的选择产生决定性的影响。在中国的公园里,家长们在相亲角张贴有关子女信息的海报上也经常会提及血型。

中国当代医院也非常关注体液跨界。走进一家医院或牙科诊所,会发现要求接受静脉注射的人多到吃惊。据世界卫生组织介绍,中国民众喜欢打吊针,所以在中国的"许多医院和社区卫生中心可以看到一排又一排杵着的输液架"⑤。

传统中医的另一个关注点是"风",我们可以将"风"看作是同样具有典型的中医和宗教色彩,用于解释环境如何给人带来实实在在的影响。医学史学家栗山茂久(Kuriyama Shigehisa)曾指出:

> 在中国医学典籍中,风会引起感冒及头痛、呕吐与痉挛、晕眩和麻木,以及口不能言。而这还只是开始而已。"伤风"会导致发高烧、"中风"则会使人完全失去意识。风会使人发疯,甚至会致死。我们现在几乎不认为风与病痛有关,但是中国医生在传统上则认为风几乎是一切病痛的罪魁祸首。《内经》也指出:"风者,百病之长也。"另外又写道:"风者,百病之始也。"⑥

栗山指出,这是基于"一种身体的概念,风从皮肤上的毛孔流动出入,就像风在陆地上的洞穴中来回吹拂一样。由此可见，风既对人的身体有益，又会给身体带来害处"⑦。

人们一直担忧风能吹进身体，招致疾病。文树德（Paul Unschuld）曾指出中国人是如何早在先秦时期就认为风与恶灵附身有关（Unschuld 1982），而许小丽（Elisabeth Hsu）则指出"当代中国医生是如何解读风和疯（的密切关系）的。词语'疯了'（fengle）在口语中的意思就是'她/他疯了'，'疯病'（fengbing）这个词是'精神疾病'的同义词"。（Hsu 2007：122）风的致病性仍是当代中医界激烈探讨的话题⑧。

中国文学作品中也经常出现十分危险且极具戏剧性的跨界的风。中国最受欢迎的文学作品之一《西游记》中就有一个令人回味的例子。菩提祖师警告孙悟空在修道过程中会遇三灾利害，这第三灾也是最可怕的一个：

> 再五百年，又降风灾吹你。这风不是东南西北风，不是和薰金朔风，亦不是花柳松竹风，唤做"贔风"。自囟门中吹入六腑，过丹田，穿九窍，骨肉消疏，其身自解。⑨

当代华语文学的许多作品中，也出现了很多流体穿越多孔身体边界、让人焦虑的场景。马建的小说《阴之道》就是一个例子。该小说讲述一对已婚夫妇在一艘船上躲避计划生育官员生二胎的故事（Ma 2013）。从第一段开始主人公美黎为了躲避计划生育官员必须把脚从水盆里抽出来，再到结尾美黎产后被丈夫抛下留在河里溺水身亡，液体在小说中到处可见，书中还涉及河流、浮尸、哺乳期妇女、乳婴、输卵管、婴儿汤、名叫水生的女弃婴，等。在这部作品和中国当代文学与电影的许多作品中，液体常常出现在可能造成死亡、毁灭的地方。

（三）建筑：封闭空间建立边界、阻碍情爱纠葛

考虑到人体对周围环境的本体的开放性在中医和宗教中的表现程度，中式建筑专注于构建封闭空间也就不足为奇了。中国建筑史学家夏南悉（Nancy Shatzman Steinhardt）指出，几千年来，无论是庭院房屋、寺庙还是宫殿，构建封闭空间一直是中式建筑的核心。事实上，这种对构建封闭空间的执着源远流长——"公元前六千年，人们就已明白，围城会是中国的一个标志。"（Steinhardt 2019：19）

历史学家大卫·布雷（David Bray）同样指出，从先秦时期到清朝的中国建筑实践与建筑学专著，乃至中国共产党领导下建立的城市，无不强调要用墙划界

区分内外(Bray 2005)。大多数中式房屋的门槛,通常又高又窄,既可用来阻挡雨水和老鼠,又是区分屋内与屋外的象征,让人清楚地明白自己是在屋内还是屋外。

风水是中华文化在建筑房屋时常要考虑的一个要素。风水的字面意思是"风与水",主要目标是通过考虑山川的方位来优化气的流动与循环。百姓十分讲究风水,认为风水是"社会与物质的相互联系",是"完整统一、不可分割的概念。在某些情况下,风水也可延伸为人的某种观念"(Bruun 2003:227)。这似乎与宗白华提出的"节奏化空间"这一概念有关,即中国传统空间观认为空间是秩序有章的,而非茫无边际、毫无分化(Zong Baihua 2005)。

我们发现在文学作品中,对建筑的遏制常以有趣的形式出现。马克梦(Keith McMahon)认为,"遏制"尤其是自我遏制,在中国小说至少在明末代表小说中,至关重要。"使用这个词的时候,遏制代表了控制欲望的意识形态,更具体地说,它代表包括诸如墙之类的实物。无论是在真实的还是虚构的中国景观中,墙有遏制作用且无所不在。"(McMahon 1988:2)他指出,敞开的窗户和墙上的破口往往是(通常不正当)情爱发生的地方(McMahon 1988:19f)。换句话说,越界是欲望与焦虑的表现。他进一步指出,"墙或房是'客观的容器',心和体也可以看作是'容器'"。(McMahon 1988:10)

艾梅兰(Maram Epstein)在马克梦著作的基础上,指出中国文学作品中,提及人体排泄物,尤其是尿液、经血和精液,这往往很重要:

> ……人体的自愿与非自愿排泄也说明了绝对的自我控制是不存在的。从象征意义上讲,人的身体可以作为约束社会制度的模型,因此表面上的破裂也标志着制度的崩溃。所以,我们会看到,在中国文化背景下,任何从女性身体中泄漏排泄物的场景是不能容忍的,不仅仅是因为女性的尿液可能掺杂经血、弄脏衣物(Ahern 1975;Seaman 1981)。将隐居妇女的身体暴露在读者视野下的场景,转喻式地唤醒对女性的欲望,更强有力地破坏了保持内外界限的惯例禁令。内外是一对互补的术语,指内外的建筑界限和私人与公共的社会差异。(Epstein 1999:6)

当代华语文学的许多作品也有类似的关注点。余华的《兄弟》就是一个例子。14岁的主人公李光头,在厕所里偷看正在如厕女性的私密部位,因为俯身太过而掉进了公厕。这一情节推动小说故事发展,小说后面很快讲到,14年前,李光头的父亲也做了同样的事情,只不过他父亲最后掉进粪坑淹死了。这对他当时还怀有身孕的母亲冲击很大,因此事生下了李光头。

液体、不正当性行为、死亡对既有边界的越界行为的联系也为莫言的短篇小说《师傅越来越幽默》带来了一份惊悸。小说中,下岗劳模丁十口将一辆废弃的公交车"放上了男女欢爱所需要的一切东西,还放上了啤酒、饮料、鱼片、话梅等小食品",然后他将此地租给了那些需要私密空间的情侣们。事实证明,这个主意在一对可能是鬼魂的小情侣霸占"爱巢"不愿离开的事件发生之前,一直非常可行。这个故事围绕着封闭空间的构建展开,在这个空间里液体肆意畅游。但事实上,鬼可能发现这个封闭空间同样具有吸引力,这也凸显了由封闭空间所引发的焦虑。此外,值得注意的是,放置在车里的鱼片和话梅等物都是超越了存在边界的:鱼作为水生物却被晾晒为干,李子被人为烘干只为延长储存时间。

简而言之,我们在建筑领域再次看到一种构建封闭空间的明显倾向。而它的表达——最明显的是在文学呈现中,跨界液体产生的潜在的重大影响似乎常常与这一倾向相关。正如前文所示,它的影响似乎与性欲及其潜在的社会灾难性后果密切相关。因此,在中华文化中,围墙能够起到一定的心理作用,其中重要的是通过各种人际交往的影响,能够划分液体哪里可以流通,哪里不可以流通。

三、结论

跨文化心理学家提出,东亚文化背景与欧美文化背景存在差异。但该观点饱受争议。本文正是围绕这一观点而展开研究。简而言之,心理学家认为,与欧美人相比,东亚人在自我概念上相互依赖程度高,而前者倾向于独立的自我概念。本文中,这个假设已经得到实质性的实验验证,各学科促使我们研究这些人格建构如何通过日常生活实践和表现形式得以体现,这些体现又是那么自然而然,不证自明。为了进行这项研究,本文着眼于宗教、医学、建筑和文学等4个领域,这些领域构成了重要的思想、传统和制度,并借此理解我们的生活与环境。

本文表明,在宗教、医学和建筑这些重要领域之中,人格确实存在某种多孔渗透性。它既通过日常生活行为来实现,又体现在通俗文学中,具有重大意义。我们有理由相信,在华语文化中,本体论意义上的多孔渗透性是人体特征,是依赖型自我概念的基础。这种形式的自我概念倾向在跨文化心理学中具有强大的解释力。多孔渗透性起到的心理作用在于假设和构建对情境和相互依赖的关注度。这种情景与相互依赖的概念由马库斯和北山分析得出。因此,本文虽不能说明独立型自我概念与依赖型自我概念之间的差别,但却提出了更有成效的研究方法与思考人格的方式，正是人格，才使得人的思维、身体与文化环境相互交流。

该主题或许能通过另一种方法（即比较哲学）进行研究。一方面，马库斯、北山等人的实验研究结果与有具有文化意识的哲学家安乐哲(Roger Ames)和郝大维(David Hall)提出的概念主张异常相似。他们二人基于对中国哲学、宗教和思想包括儒家，佛教和道教的大量研究，他们以强有说服力的口吻指出，西方注重原子论，中国注重关联思维。这是中西方哲学之间一贯的结构性差异：

> 在科学盛行的西方有这样一条不变的真理：原子是万物的本源。它在道德修养和宗教文化中有对应的伦理学说。古希腊的毕达哥拉斯学派最早提出自立和灵魂不朽的概念，"原子是万物之源"也存在于这一概念之中。我们认为，中国人不用本质的、个性的灵魂了解个体，而是通过将个人行为与"轮回"进行关联以此了解个体，在轮回中，文化和社会是自然宇宙的重要的一部分(Ames 2011, p. 42)。

本文虽不探究哲学传统的重要性，但本文通过哲学命题所表达的始基本体论假设，从宗教、医学、建筑学的角度，阐述该假设与人的存在和意义的相关说明与论证密切相关。因此，比较哲学是文化心理学有望进行跨学科交叉研究的另一领域。

最后，从多孔渗透性的角度思考问题能够使我们解决像独立型与依赖型自我概念这样的二分概念所固有的问题。一方面，这样思考问题有助于人们不再产生这样的想法：一些文化是集体主义的，另一些文化是个人主义的，这也有助于人们更广泛地了解个人和群体是如何在多姿多彩的文化背景下相互构建的；另一方面，从这个角度思考问题（并将其伴随产生的危害考虑其中）也有助于我们理解在中华文化中出现的对跨界液体的描述和解释所蕴含的情感，这是从完成"文化任务"中难以收获的。简而言之，多孔渗透性这一概念为研究文化与心理学关系提供了一个有效方法。

作者单位：丹麦哥本哈根大学
译者单位：北京第二外国语学院

注释

① 十分感谢两位审稿人的意见。

② 郝景芳,《星旅人》,北京：清华大学出版社,2016,第 46 页。
③ *American Heritage Dictionary of the English Language, Fifth Edition*. Houghton Mifflin Harcourt Publishing Company.
④ 本段中文出自余华：《第七天》,北京：新星出版社,2015,第 1 页。
⑤ http://www.who.int/bulletin/volumes/90/7/12-010712/en/.
⑥ 本段中文摘自栗山茂久,《身体的语言——古希腊医学和中医之比较(经典与书写)》,上海：上海书店出版社,1994,第 218 页。
⑦ Kuriyama 1994, p. 37f. 另请参见 Hsu 2007。呼吸运动在健康和自我改善的中国传统中的核心地位至关重要,详情请参见 Chen 2003。
⑧ 有关当代针灸师对风与病关系的长篇论述和指南,请参见 http://www.itmonline.org/articles/feng/feng.htm。
⑨ 本段中文出自吴承恩,《西游记》,北京：金城出版社,1980,第 8 页。

参考文献

1. Ahern, E. M. (1975). The Power and Pollution of Chinese Women. In Margery Wolf and Roxane Witke (Eds.), *Women in Chinese Society* (pp. 193 – 214). Stanford University Press.

2. Allan, S. (1991). *The shape of the turtle: Myth, art, and cosmos in early China*. State Univ. of New York Press

3. Ames, R. T. (2011). *Confucian role ethics: A vocabulary*. University of Hawaii Press.

4. Baihua, Z. (2005). *Meixue sanbu [an aesthetic stroll]*. Shanghai renmin chubanshe.

5. Barrett, L. F. (2017). *How emotions are made: The secret life of the brain*. Houghton Mifflin Harcourt.

6. Benn, J. A. (2016). *Tea in China: A religious and cultural history*. University of Hawai'i Press.

7. Boyer, P. (2019). *Minds make societies: How cognition explains the world humans create*. Yale University Press.

8. Bray, D. (2005). *Social space and governance in urban China: The Danwei system from origins to reform*. Stanford University Press.

9. Bruun, O. (2003). *Fengshui in China: Geomantic divination between state orthodoxy and popular religion*. University of Hawai'i Press.

10. Bunkenborg, M. (2009). *Porous persons and empty disorders: Producing healthy people in rural North China [PhD diss.]*. University of Copenhagen.

11. Chen, N. N. (2003). *Breathing spaces: Qigong, psychiatry, and healing in China*. Columbia University Press.

12. Epstein, M. (1999). Inscribing the essentials: Culture and the body in Ming-Qing fiction. *Ming Stud*, 1999(1), 6–36. https://doi.org/10.1179/014703799788763416.
13. Gallagher, S., & Zahavi, D. (2012). *The phenomenological mind*. Routledge.
14. Hall, D. L., & Ames, R. T. (1995). *Anticipating China: Thinking through the narratives of Chinese and Western culture*. State University of New York Press.
15. Hall, D. L., & Ames, R. T. (1998). *Thinking from the Han: Self, truth, and transcendence in Chinese and Western culture*. State University of New York Press.
16. Jingfang, H. (2016). Invisible planets. In K. Liu (Ed.), *Invisible planets: Contemporary Chinese science fiction in translation* (pp. 199–218). Macmillan.
17. Henrich, J. (2015). *The secret of our success: How culture is driving human evolution, domesticating our species, and making us smarter*. Princeton University Press.
18. Heyes, C. (2018). *Cognitive gadgets: The cultural evolution of thinking*. Harvard University Press.
19. Hsu, E. (2007). The experience of wind in early and medieval Chinese medicine. *Journal of the Royal Anthropological Institute*, 13, 117–134. https://doi.org/10.1111/j.1467-9655.2007.00400.x.
20. Kitayama, S., & Imada, T. (2010). Implicit independence and interdependence. In B. Mesquita, L. F. Barrett, & E. R. Smith (Eds.), *The mind in context* (pp. 174–200). The Guilford Press.
21. Kuriyama, S. (1994). The imagination of winds and the development of the Chinese conception of the body. In A. Zito & T. E. Barlow (Eds.), *Body, subject, and power in China* (pp. 23–42). University of Chicago Press.
22. Lakoff, G., & Johnson, M. (2010). *Philosophy in the flesh: The embodied mind and its challenge to Western thought*. Basic Books.
23. Lewis, M. E. (2006). *The flood myths of early China*. SUNY Press.
24. Ma, J. (2013). *The dark road: A novel* (F. Drew, Trans.). Penguin Press.
25. Markus, H. R., & Kitayama, S. (1991). Culture and the self: Implications for cognition, emotion, and motivation. *Psychological Review*, 98(2), 224–253.
26. McMahon, K. (1988). *Causality and containment in seventeenth-century Chinese fiction*. BRILL.
27. Yan, M. (2012). *Shifu, you'll do anything for a laugh: A novel*. Skyhorse Publishing, Inc.
28. Seaman, G. (1981). The sexual politics of karmic retribution. In Emily Ahern and Hill Gates (Eds.), *The anthropology of Taiwanese society* (pp. 381–96). Stanford University Press.

29. Shapiro, H. (1998). The puzzle of spermatorrhea in Republican China. *Positions*, 6(3), 551-595. https://doi.org/10.1215/10679847-6-3-551.

30. Smith, S. (2006). Local cadres confront the supernatural: The politics of holy water (shenshui) in the PRC, 1949-1966. *The China Quarterly*, 188,999-1022.

31. Smith, S. (2008). Fear and rumour in the People's Republic of China in the 1950s. *Cultural and Social History*, 5(3), 269-288. https://doi.org/10.2752/147800408X331399.

32. Steinhardt, N. S. (2019). *Chinese architecture: A history*. Princeton University Press. http://ep.fjernadgang.kb.dk/login?url=http://www.jstor.org/stable/10.2307/j.ctvc77f7s.

33. Unschuld, P. U. (1982). Der Wind als Ursache des Krankseins: Einige Gedanken zu Yamada Keijis Analyse der Shao-shih Texte des Huang-ti nei-ching. *T'oung Pao*, 68(1/3),91-131.

34. Valsiner, J. (2019). Culture & psychology: 25 constructive years. *Culture & Psychology*, 25(4),429-469. https://doi.org/10.1177/1354067X19872358.

35. van Gulik, R., & Goldin, P. R. (2003). *Sexual life in ancient China: A preliminary survey of Chinese sex and society from ca. 1500 B.C. till 1644 A.D.* E.J. Brill.

36. Wu, C. 'e. (2003). *Journey to the west* (W. J. F. Jenner, Trans.). Foreign Languages Press (Original work published 1952).

37. Yu, H. (2015). *The seventh day*. Random House USA Inc..

38. Yu, H. (2009). *Brothers*. Pan Macmillan.

（原文刊载于 *Human Arenas*, 3: 331-342）

中国政治与国有企业的发展[*]

柏思德(Kjeld Erik Brødsgaard)/著 孙宁/译

尽管中国的私营企业规模大幅扩大,经济战略性部门却仍由数量相对较少的大型国有企业主导。这些公司大多成立于中国的计划经济时期,是中国在20世纪50年代优先发展重工业的部分成果,因此主要分布在石油、钢铁和机械制造、电力和能源、化工、运输、电信行业及金融等部门。如今,这些企业进一步市场化、国际化,其中不少在海外证券交易所挂牌上市,但本质上它们仍属于国有企业。

众多学者认为,威权政治体系下的经济改革可能会使自由化程度的进一步提高,且从长远来看,新的社会群体对政治影响力的要求,会催发出某种形式的民主。[①]这就是许多威权政体所面临的"国王的困境"(King's Dilemma)。[②]而在中国,经济的自由化和市场化似乎没有导致政治的无序化。中国的事迹表明,经济自由和政治稳定可以并行不悖。中国几十年来的经济改革造就了强大且相对独立的国有企业集团,有助于形成中国政治文化的多元格局。国有企业高管并非由公司董事会任命,而是由党和国家委派。他们既是企业领袖,又是党和国家干部,是中国权力体系的有机组成部分。

近年来,有关中国党政关系的研究日益丰硕。[③]这些文献不仅加深了我们对中国国家治理体系的认识,还为读者提供了有关中国党政领导班子成员选拔任用的相关知识。[④]然而,有关国有企业关系的研究却寥若晨星,对于党在国有企业高管任免方面所承担角色的研究也为数不多。[⑤]党和国有企业的关系影响了中国政治的决策过程及结果,相关研究却不多见。

国有企业领导人员受益于并将长期受益于中国的经济改革,如何维护好这股新兴力量与党和国家的平衡,是问题之关键。这些商界领袖的出现是中国经济增长的标志性象征,催生于强大的内生和外生力量。内生因素主要是中国的改革开放。自1978年党的十一届三中全会以来,中国共产党精准定位了国家的战略重点。外生因素与20世纪八九十年代资本主义的全球化进程和大型企业的全球性整合密切相关。党和国家领导人认识到,必须充分利用各种内生和外生力量,才能促进经济的稳定增长和良性发展,改变中华人民共和国建国初期的落后局面。

同时,在经济改革的过程中,我们有必要确保新兴力量的崛起不会使党的领导无序化、分散化,这对于政治稳定而言至关重要。为此,中国共产党采取了两项重要举措。一是给国企高管提供优厚的薪酬待遇,为他们创造良好的就业机会。二是使国企的领导人更深层次地融入党的干部任免制度中,从而确保党对国有企业高管的任命和管理权。

"碎片化整合"的概念可以较好地阐释这种政界与国企力量间的互动平衡状态:经济改革创造出了新的利益群体,但这些利益群体已通过党的人事管理制度,整合至国家的党政体系中。

本文大部分内容来源于中国报刊、政府或企业官方网站以及二手学术文献等公开资料。其中,有关中国国有企业人事任免制度的讨论是基于内部资源。此外,文章还借鉴了与中国高级官员和国企高管的数次采访内容。考虑到高层领导甄选和任命工作的涉密性,本文不会公开提供采访内容。

文章中所讨论的企业集团是由国务院国有资产监督管理委员会(以下简称"国务院国资委")代表国务院管理的121家企业集团。作者重点研究了53家大型国有企业,其领导人由中央任命和管理。这些企业的董事长和总经理的行政级别为部级或副部级,相当于政府部门中部长或副部长。这些企业遵循党的干部任免制度,独立运营,且与政府各部门有直接联系,不需要通过商业协会来转达意见。[⑥]在中国,商业协会的决策力量较弱,无法发挥主要作用。[⑦]因此,有关商会在国有企业集团形成发展中的作用以及在企业高层领导选拔中的角色,此处不作赘述。

行政改革与国有企业集团的形成

1979年工业改革和经济改革之前,中国没有独立经营的国有企业。[⑧]当时,企业并非独立的生产单位,而是中央计划经济体制的一部分,其资源的调动和分配均依据于中央制定的物料余额。工业部门在当时被视为社会主义经济的命脉,中央实行了以重工业、高投资率为重点的发展战略。尽管这一战略在"大跃进"后曾受到质疑一直持续到20世纪70年代后期。

以经济资源的集中调动和配置为基础的重工业发展模式,官僚作风严重。1981年,国务院的工作部门有100个,其中负责经济管理的部门不少于65个。[9]当时设有8个机械工业部,以及电力和能源行业下属的一些部门,如冶金部、电力部、煤炭部和石油部。此外,还有一些处理总体规划和部门规划事宜的委员会。[10]中央机构臃肿,不利于创造更有效、市场友好的经济环境。对此,中国政府采取了两项举措。首先,在精简机构方面,国务院各部委、直属机构和办事机构从100个减少至61个。机械工业部减至1个,同时撤销部分委员会。

中央采取的另一项举措是设立若干企业来承担先前由中央部委负责的职能。在原先石油工业部的基础上,中央政府成立了3家新型特大公司:中国海洋石油总公司(1982)、中国石油化工总公司(1983)和中国石油天然气集团公司(1988)。由于这些机构的成立和相关举措,1988年,石油工业部失去其实际功能,被撤销。[11]

类似的精简也发生于其他经济部门中。通过一系列行政改革,中国试图建立一个更"苗条"、更高效的政府。这就意味着中国需明确国家同市场或社会力量的职能界限。在改革精神的指引下,许多新公司在原政府部门的基础上成立,这些公司大多由原部门领导干部管理,其编制性质由行政编制转为企业编制。[12]

对于调转到新公司的官员们来说,维持其原有行政级别很重要。中国石油天然气集团有限公司和中国石油化工集团等都在努力争取部级行政级别,以保证其领导人与国务院部长或副部长享有同等地位。

职级高低不仅与个人所享威望挂钩,也具有现实意义。行政上,同一级别的官员沟通谈判更为便利,因而,若新公司的行政级别较低,那么与中央各部的交涉也将有所受限。幸运的是,当时新成立的公司成功地获得了部级企业的级别定位。

"国家队"

20世纪90年代初,中国成立了几百家国有企业集团[13]。政府在其中100家企业中进行现代企业制度试点,给予这些企业相当大的运营自主权,并鼓励他们积极开展国际业务。1997—1998年,政府提出另一项计划,主张建立一支具有国际竞争力的大型企业"国家队"。[14]

这些企业是从被认为具有战略重要性部门内挑选出来的,它们分布于发电、煤矿、汽车、电子、钢铁、机械、化工、建筑材料、航空航天和制药。为支持"国家队",中央制定了一系列政策,其中包括加设关税以及非关税壁垒,如对国外公司的技术转让和本地采购提出一定的要求。"国家队"成员在业务经营方面享有更大的自主权,包括利润留存、投资和国际贸易。他们可以建立自己的金融公司,其运作方式类似于日本经连体系中的银行[15]。"国家队"企业走在中国企业海内外证券交易所上市的前列。[16]到20世纪90年代末,几乎所有企业均在大陆两家证券交易所中的一个上市,且约有一半的公司在海外上市。

选择培育一批大型国家龙头企业的政策,归根结底是为了打造一批具有全球竞争力的世界一流企业。中国不再满足于"世界工厂"称号,而是希望打造出全球性品牌,能够以系统集成商的身份参与到全球生产链(设计、品牌、市场营销)中。[17]

1988年改革

1998年,朱镕基总理率先进行了新一轮行政体制改革,将国务院工作部门进一步精简至29个。[18]一些部门改组为局,交由国家经济贸易委员会管理,其中包括煤炭工业部、机械工业部、冶金工业部、电力工业部、化学工业部等。此番改革对国有企业集团的地位和运作至关重要,事实上,这些旧有部门的设立同苏联的行政模式和重工业发展战略有关。通过改革,一方面,原部门的编制划归至国家经贸委,加强了国家经贸委的人事管理效率。另一方面,大型国有企业的地位也得以相对提升,这归功于新成立的局取代那些原部长级别的官员,成为他们的交涉对象。部级地位被撤销后,原部门对管辖领域内国有企业集团的管控权也被大幅度削减。前政府各部权力的削弱也反映在编制配额的大幅度减少上。例如,当冶金工业部改组为国家冶金工业局,成为国家经济贸易委员会管理下的主管冶金行业的行政机构时,其员工数量从300人精简至80人。[19]其主要职责是对整个冶金行业进行监管,包括大型钢铁国有企业,如宝钢、鞍钢、武钢和攀钢。1998年朱镕基的改革方案获得了意外的成功,加强了国有企业集团的相对自主性。

大型国有企业也从企业重组中获益。重组后,各行业留有2—3家领头企业。例如在石油和天然气行业,中国石油天然气总公司、中国石油化工总公司经组建成为综合性集团石油公司,全面整合上下游资源。重组后,中国石油天然气集团公司继续将业务重点放在中国北部和东北地区,包括大庆油田。而中国石油化工集团有限公司则将业务重点置于南部及华东地区。中国海洋石油集团有限公司主要与外国投资者合作,处理海上油气勘探与生产业务。而中国中化集团有限公司主要开展中国石油化工产品的贸易业务。经由这次整顿,炼油和石化制造业以及国内批发和零售业的地方企业的均被撤销。[20]

2000年,中国石油天然气集团公司的子公司中国石油天然气股份有限公司分别在纽约证券交易所有限公司及香港联合交易所有限公司挂牌上市,带来了大量的资本流入。2001年,中国石油化工集团有限公司以优质资产为基础组建上市公司,在中国香港地区以及伦敦和纽约的证券交易所挂牌上市。同年,中国海洋石油集团有限公司紧随其后,在纽约和中国香港地区上市。公司上市所带来的巨额资本收益、新股发行于母公司的收益都在刺激着中国企业的上市行为。经由改革,石油行业的国有企业集团不仅提高了经营自由性,也强化了自身在引入资本和增加市值方面的能力。

"小型王国"

2003年,中央进行了新一轮的行政体制改革,设立了国务院国有资产监督管理委员会,将国家经贸委的指导国有企业改革和管理的职能、中央企业工作委员会的职能,以及财政部有关国有资产管理的部分职能等整合起来。[21]国务院授权新成立的国务院国资委对大型国有企业进行监管,内在原因是如果任其发展,这些国有企业未必会追求国家整体利益。[22]除此之外,国务院国资委的成立还旨在发挥中央对国有企业的人事管理作用。然而,国务院国资委的职能范围限制其并不能从国有企业中获得红利,也无法对国有企业的领导干部进行任命。因此,国务院国资委对大型国有企业的管控范围有限。国有企业集团实际上已经形成"小型王国"。在撰写本文时,共有121家中央企业(2010年数据)。他们构成了中国企业"国家队"的现任成员,是有抱负的中国跨国企业。[23]

由此涌现出另一个问题——许多政府机关人员数量不足。人们经常认为,中国行政机关及行政人员规模过于庞大。[24]但实际上,这一观点有所偏差。例如,中华人民共和国国家发展和改革委员会(以下简称"国家发展改革委")的能源局只有不到30人(2012年数据),其中负责收集和处理能源数据的只有3人,而这为数不多的工作人员被委以管理庞大的能源资产和投资业务。相比之下,美国能源部拥有1.4万名员工,其中有600名工作人员负责数据收集和分析工作。[25]电力行业也存有类似问题。前国家经贸委的电力部门只有16名员工(2012年数据),这显然不足以规范中国庞大的电力行业。[26]因此,各部门在收集数据或起草新的计划和法规时,往往不得不借助于国有企业集团的力量。1998年行政改革后,政府对国有企业的约束力有所减弱,并且由于国有企业拥有政府所需的资源和人力,他们对政府的谈判筹码也有所提高。

决策的分散进一步加强了国有企业集团的自主性。以能源部门为例,在能源管理方面,除国资委外,主要决策机构还涉及国家发改委、商务部和国土资源部。国家发改委负责监督、协调国家战略和政策,包括中长期能源规划、进出口规划和重大投资项目。除此之外,国家发改委还负责确定调整石油、天然气和其他能源价格的时间和幅度。商务部成立于2003年,主要负责国内外贸易和国际经济合作。国土资源部的职责侧重于解决与自然资源利用的相关问题,包括土地、矿产储备和海洋资源等。例如进行油气勘探和生产必须获得国土资源部的批准。简言之,对能源的管理并非只有能源部来协调和负总责,还牵涉其他的政府部门和机构,而各部各机构间总是会存在着一定的张力。

在旧的经济体制下,各部办委和企业关系密切。权力、权威和资源自上而下分配。但经过一系列经济和行政改革,如今情况已经大有不同。现在,国有企业以市场为导向,遵循市场运行规律,对自身经济运作负责。在改革早期,许多企业仍蒙受巨大亏损,必须依靠大量的政府补贴。[27]而今大多数国有企业集团拥有可观的利润,并且由于不必向股东(主要是国家)支付股息,这些企业集团积累了雄厚的经济资源。这就促成了企业与国家之间关系的转变。

企业与政府间经济关系发生转变可以追溯至1994年。税制改革后,国务院不再要求国有企业将税后利润汇给政府。但随着企业的日益强盛,外界对国有企业囤积资金的批判声音越来越大。然而,至少从理论上,认为所有国有企业都没有派息是不正确的。上市公司是大型企业集团的获利产品,的确有向企业集团母公司支付股息。但是,尽管身为国有企业,母公司并未将此类股息转交给政府。[28]企业保留了利润,并根据自己的偏好支配盈余资金,其中大部分留存利润用于再投资,为近年来中国的高投资率做出了重要贡献。[29]

批评国有企业巨额留存利润的人士认为,国家承担了企业部门重组的成本,挑起了下岗职工和退休员工福利保障的担子,因而新上市的国有企业才得以免除此类责任。[30]而今,国家在教育和卫生等关键社会服务的提供和融资方面面临巨大挑战,继续将国有企业利润与预算管理程序分离开并不合理。

经过数年的努力,2007出台了一系列中央企业国有资本收益收缴管理等相关制度,要求将一定比例的国有企业利润上缴到财政部[31]。实际上,税后利润的上缴比率非常低。大多数国务院国资委下属企业只上缴其税后利润的5%,而最高的10%以上缴率仅适用于其中的17家公司。[32]然而,国家统一降低企业税率的决定抵消了这一制度变革的影响。自2008年1月起,企业所得税率从33%降至25%,同外商投资企业保持一致。[33]简言之,尽管受到公众的批评,国有企业集团仍继续持有大部分利润,仅将小部分上缴给国家。[34]

总的来说,经过 30 余年的经济和行政改革,中国出现了一批非常强大的国有企业集团。这些企业产出了巨额利润,其中部分用于再投资和向员工(尤其是管理层)支付相对较高的薪水,拥有较大的经营自主性。这些企业的出现象征着中国经济的崛起。[⑤]

政府监管

然而,党和国家并非对国有企业集团的经营和管理秉持完全放任的态度。近年来,政府建立了一套监管框架,以规范大型国有企业的经济活动。更重要的是,在人事管理方面,党拥有对企业董事长与总经理的任命权,这一机制的实现有赖于一系列制度保障,其中最重要的即为党的干部任免制度。

党的干部任免制度包含了由党直接任命管理的重要官员名单,以及可能由其他机构提出任命、解雇或调动建议,但需要得到党批准的官员名单。[⑥]这意味着党的干部任免制度实际上包括两份名单。其中一份由中共中央组织部全权负责;另一项则由其他的党和国家机关来管理。中央主要负责管理前者,但也持有对后者的否决权。此外,干部任免制度还包括推荐合适的候补人选。通过这一精心设计的制度,党可以对国有企业的领导人进行选拔和任命,赋予要职。在中央一级,中共中央组织部主要负责对省部级官员以及一流高等学府校长的任命。

关于成立国资委的情况:即便国有企业高层领导的任命和管理由国资委负责,但是,其中 53 家国有重点骨干企业被纳入党的干部任免名单中,因而实际上并非由国资委管理,而是由中共中央组织部负责。[⑦]这 53 家企业分布在中国的战略性行业中,涵盖发电(10 家)、核电(3 家)、石油和天然气(3 家)、化工(2 家)、钢铁(3 家)、机械(2 家)、金属(2 家)、航空(5 家)、航天(2 家)、电子(2 家)、电信(4 家)、汽车(3 家)、航运和造船(4 家)、运输物流(2 家)、建筑材料(2 家)、食品与粮食(3 家)和武器(1 家)领域。(见表1)[⑧]这些是中国当之无愧的重量级企业,其最高管理人员具有部级地位,其行政级别相当于国务院各部部长或省长。

表 1 53 家国有重点骨干企业名录

1. 中国核工业集团公司(核电)
2. 中国核工业建设集团公司(核电)
3. 中国航天科技集团公司(航天)
4. 中国航天科工集团公司(航天)

续 表

5. 中国航空工业集团公司(航空)
6. 中国船舶工业集团公司(造船)
7. 中国船舶重工集团公司(造船)
8. 中国兵器工业集团公司(武器)
9. 中国南方工业集团公司(汽车)
10. 中国电子科技集团公司(电子)
11. 中国石油天然气集团公司(石油和天然气)
12. 中国石油化工集团公司(石油和天然气)
13. 中国海洋石油总公司(石油和天然气)
14. 国家电网公司(供电)
15. 中国南方电网有限责任公司(供电)
16. 中国华能集团公司(发电)
17. 中国大唐集团公司(发电)
18. 中国华电集团公司(发电)
19. 中国国电集团公司(电力)
20. 中国电力投资集团公司(电力投资)
21. 中国长江三峡工程开发总公司(电力)
22. 神华集团有限责任公司(化工)
23. 中国电信集团公司(电信)
24. 中国联合网络通信集团有限公司(电信)
25. 中国移动通信集团公司(电信)
26. 中国电子信息产业集团公司(电子)
27. 中国第一汽车集团(汽车)
28. 东风汽车公司(汽车)
29. 中国第一重型机械集团公司(机械)
30. 中国二重集团公司(机械)
31. 哈尔滨电气集团公司
32. 中国东方电气集团有限公司(电力设备)
33. 鞍山钢铁集团公司(钢铁)

续 表

34. 宝钢集团有限公司(钢铁)
35. 武汉钢铁(集团)公司(钢铁)
36. 中国铝业公司(铝业)
37. 中国远洋运输集团总公司(航运)
38. 中国航运集团总公司(航运)
39. 中国航空集团公司(航空)
40. 中国东方航空集团公司(航空)
41. 中国南方航空集团公司(航空)
42. 中国中化集团公司(化工)
43. 中粮集团有限公司(粮食)
44. 中国五矿集团公司(金属)
45. 中国通用技术集团控股有限责任公司(设备与技术)
46. 中国建筑工程总公司(建筑)
47. 中国储备粮管理总公司(食物)
48. 国家开发投资公司(投资和建筑)
49. 招商局集团有限公司(运输物流)
50. 华润集团有限公司(零售、食物)
51. 香港中旅集团有限公司(旅游业)
52. 国家核电技术有限公司(核电)
53. 中国商飞集团公司(航空)

轮调体系

　　干部轮调制度,是与党的干部任免制度相辅佐的一种管理手段。对于部级、副部级以下的领导干部,规定要求必须在第二个任期之后(即最长期限为10年之后)进行调动。[39]对于更高级别的干部,这一规定则更为严格,调动也更为频繁。具体调动情况由中央决定,在负责党的人事工作的常务委员会委员的指导下,由中共中央组织部管理执行。关于中央和各省之间的干部调动机制已有部分相关研究。[40]然而,有关中央和国有企业领导干部之间的调动机制的文献却很少。

中国国有企业的员工是由国家支付薪酬,属于企业编制的一部分。他们不一定都是党员,基本上也不会再换工作。[41]然而,国企的领导班子却几乎全员党员。他们与公务员类似,却并不属于真正意义上的公务员,两者享有不同的薪酬和福利待遇。相似的是,高级公务员与企业管理者都是党员干部,均被纳入至党的干部任免制度中。因此党有权在企业间以及企业和党政机关之间对其调动。这与党轮换高级公务员和党员干部的做法类似。通过实施干部轮调制度,企业高管能够汲取中国社会的各个部门的工作经验。[42]

卫留成的职业生涯就是一个很好的例子。他从1999年至2003年担任中海油总经理兼董事长,在2003年调任海南省省长。[43] 3年后,汪啸风辞任海南省省委书记,党中央任命卫留成继任党委书记。因此,在3—4年的时间里,卫留成担任过党、政府和企业的领导职务。另一个例子是现任副主席王岐山,他曾担任中国建设银行行长(1994—1997),广东省副省长(1998—2000),海南省委书记和北京市市长(2003—2007)。[44]第三个例子是肖亚庆,他在中国铝业公司担任了4年总经理,曾协助公司与澳大利亚矿业公司谈判了一项重大投资项目。2009年2月,肖亚庆被调任为国务院副秘书长。[45]再如,张庆伟曾任中国航天科技集团公司总经理,后于2007年成为国防科学技术工业委员会主任。[46]而后因2008年3月的行政改革,该委员会与新成立的工业和信息部合并,张庆伟被调至新公司(中国商用飞机有限责任公司)担任董事长一职。[47]

关于任命及轮换制度的具体运作方式的论述非常少,中国企业高管的甄选方式也鲜为人知。通常情况下,会有一批内部候选人,这些内部候选人往往是通过民主推荐产生。若他们选举失败,则可能是因为中央组织部还有其他计划安排,而这往往是受到中央政治局常委的影响。一位大型国有企业集团的总经理这样描述该制度的运行方式:在他的公司中,当现任总经理下台时,会有两个候选席位。[48]确定这两名候选人的首要步骤是,公司通过咨询雇员,听取雇员的提议和推荐,酝酿出一批候选名单。第二步,在中共中央组织部批准后,国资委将依据员工投票结果,拟定一份名单,列出10名最优秀的员工。如果国资委或中央组织部对此结果有异议,则将进行第二轮投票。简言之,在选出两位候选人之前,需要经过漫长的提名、推荐、投票和面试过程。现任总经理卸任后,国资委将与公司董事会协商,推选出新任总经理,但此过程须经中央组织部批准。

公司员工更喜欢内部候选人,因为这让他们在选拔过程中有很大的发言权。相比之下,中共中央组织部和高层领导往往更喜欢推选外部候选人,这有利于调动管理层的积极性,培养领导干部,也有助于对重要产业进行监督。中共中央组织部和国资委近日发布了一份公告，为 12 家中央国有企业公开招聘 12 名来自国内外的高管。[49] 其中包括东风汽车公司、中国建筑工程总公司、香港中旅集团有限公司和国家核电技术有限公司的总经理职位。这四家公司都属于遵循党的干部任免制度的国有企业。这一举动开启了大型国企雇佣高管方式的新篇章，最终的任免同样需要通过中组部确认。

中共中央委员会中的"国企人"

与私营部门企业家相比，许多国有企业高层领导在中共中央委员会等重要岗位中都占有代表席位。2002 年，国企领导人作为一个单独的团体，首次被接纳为中共中央委员会成员，与来自中央政府和各党政机构、各省自治区、军事和学术界的代表同席而坐。选举产生了 18 名国企委员，其中包括 2 名正式委员与 16 名候补委员。[50] 两名正式委员分别为中石化董事长兼总经理李毅中与中国航天科技委员会主席张庆伟。

2007 年，18 位国企高管当选为第十七届中央委员会委员。张庆伟虽仍为正式委员，但他已调任政府职务，担任中国国防技术工业委员会主任。2008 年 3 月，他被任命为中国商用飞机有限责任公司（见前文）的董事长，重回企业界。在国资委下属的大型国有企业名单上，这家公司排名第 53 位。另一位正式委员中国石化前总经理李毅中，他已于 2003 年调任国资委，2007 年出任工业和信息部部长。陈川平，原太原钢铁（集团）有限公司总经理，于 2008 年 1 月调任山西省人民政府副省长。[51] 王玉普于 2009 年 8 月离开大庆油田有限责任公司，出任黑龙江省副省长。石大华于 2010 年 6 月从中国铁路工程总公司调任国资委，担任国有重点大型企业监事会主席。[52] 经过一系列变革和调动，现中共中央委员会委员中有 14 名国有企业集团领导人（见表 2）（2012 年数据），较 2007 年 19 名数量有所变动。中国商用飞机有限责任公司加入后，中共中央委员会现有 12 个国有企业遵循党的干部任命制度。大型国有企业集团在中国社会中发挥着关键作用，在 2012 年的党的十八大上，国有企业集团在中共中央委员会的代表席位将进一步增加。

上述轮调的例子，以及中共中央委员会委员中的"国企人"，充分说明了党、政府和企业之间的紧密互动。[53] 同时也说明了中央日益重视企业领导人的全方位经验和综合能力。这些企业高管具有高超的管理技能，对全球经济发展情况十分了解，可以为中国政府带来实实在在的好处。[54]

表 2　第十七届中央委员会企业集团委会名单(2007 年)

企业名称	委员名称	中央委员会（候补委员）	中央委员会（正式委员）
中国航天科技集团公司	袁家军 i	√	
中国航天科工集团公司	刘石泉	√	
中国航空工业集团公司	林左鸣	√	
中国船舶重工集团公司	李长印	√	
中国北方工业公司	张国清 ii	√	
中国石油天然气集团公司	蒋洁敏	√	
中国石油化工集团公司	苏树林	√	
国家电网公司	刘振亚	√	
中国电信集团公司	王晓初	√	
宝钢集团有限公司	徐乐江	√	
中国铝业公司	肖亚庆 iii	√	
中国商用飞机有限责任公司	张庆伟 iv		√
中国铁路工程总公司	石大华 v	√	
中国投资有限责任公司	楼继伟	√	
大庆油田有限责任公司	王玉普 vi	√	
太原钢铁(集团)有限公司	陈川平 vii	√	
海尔集团	张瑞敏	√	
总计		17	2

注释
ⅰ. 中国航天科技集团公司时任总经理为马兴瑞，袁家军为副总经理，而袁家军当选中央委员会候补委员。
ⅱ. 时任中国北方工业公司党委书记、副总裁，2008 年 10 月晋升为中国北方工业公司董事长。
ⅲ. 2009 年 3 月担任国务院副秘书长。
ⅳ. 2008 年 3 月从国务院调离。
ⅴ. 2010 年 6 月调任国资委。
ⅵ. 2009 年 8 月被任命为黑龙江省副省长。
ⅶ. 2008 年 1 月被任命为山西省副省长。
资料来源：China Directory 2009；China Directory 2011；*Journal of Current Chinese Affairs*，*Data Supplement* (2009 年 3 月)，(2011 年 1 月)；http://english.cpcnews.cn/92243/6287715.htm，查阅于 2009 年 4 月 27 日。

与大型国企高管的任命流程类似,中共中央委员会委员的推选也需要经过一系列协商,推荐和提名的过程。在此过程中,还需参考企业的意见。一旦企业高管当选为中共中央委员会委员,他将负责在其专业领域内建言献策。[55]

问题和挑战

党和国家的人事管理方式有时也会带来负面影响。通过职业晋升与权力部门的调转,具有商业背景的企业高管有机会提高自家企业集团和工业部门的利益。在工作中,他们也有机会保护、提拔前工作同事和下属。因此,有可能出现大型企业高管组成利益集团的情况。[56]

中国媒体偶尔会从利益集团的角度讨论国有企业在中国政治中的作用。2009年10月,《财经》曾发表过一篇相关文章。[57]该文章认为某些行业垄断者利用其公共职权组建特殊利益集团,以谋取利润并提高其政治影响力。在采矿业中就有国有企业和"少数特权集团"挪用了大量国家的矿物资源。特殊利益集团在房地产、金融和能源领域也很常见。文章警告说,特殊利益集团对国家政治和司法系统的渗透"最令人震惊"。这些利益集团还听从政治声音,利用中央资源配置向市场配置的转变,参与腐败行为,影响政界。该文章还认为,为了打击政企间的暗中勾结,中国政府应依靠制度和民主程序来协调和解决各个群体之间的冲突。

崛起的企业集团增加了决策的多元化。可以将这一模式理解为"碎片式的整合"。

该模式指出,中国政府的决策机制是多元化的。[58]在经济领域内,中国企业化改革催生出了一批遵循市场条件而运作的大型国有企业集团,在国外上市的公司则依据全球市场规律而运作。因而,它们代表着不同的利益,形成一股分散性的力量。[59]而另一方面,国有企业集团是以国家为主要股东的经济实体,其领导人并非由自己的董事会任命,而是由中共中央组织部或国资委任命。从这个意义上说,国有企业集团已经被整合到了国家系统中。"整合式碎片"或"碎片化整合"的概念可以很好地描述这现象。

在某些方面,"碎片化整合"与"官僚政治模式"相呼应。该模式假定官僚机构的领导班子试图使自己组织的利益达到最大化,并且会从预算、组织独立性、规模等方面来衡量自身组织的"健康"状况。[60]在决策过程中,为充分扩展自身利益,官僚机构会通过其在决策小组中的代表而影响政策结果。因而,最终决策是各个不同利益团体艰苦谈判的结果。

从这一角度来看,中国国有企业的模式似乎与官僚政治模式相吻合。但是,它并不能合理概括大型国有企业的影响和作用。这些企业并非官僚体系的延伸臂,而是镶嵌于新兴的市场中。[61] 从这个角度看,他们的自身代表的利益还包含对利润及市场力量的考虑。

另一方面,大型国有企业受益于国家的支持和优惠政策,其领导班子是中国权力体系的组成部分,享有丰厚的薪水和可观的福利。轮换到政府部门工作通常意味着大幅降薪。[62] 然而,他们乐于接受这种调动,这表明这种整合机制已经超越了纯粹的物质奖励和市场逻辑。

结论

很少有从公共管理的角度对中国国有企业集团进行研究,对国有企业公司化进程以及企业治理结构变革方式的相关研究也不多。[63] 国有企业集团如何发展壮大,又如何从连续几轮的行政改革中获益的文献几乎没有,中国共产党与大型国有企业的具体配合形式更是鲜为人知。

本文研究发现,中国国有企业集团已发展成为具有重大经济和政治影响力的大型多元化企业。它们通过在海内外上市,借助于企业获存的巨额利润,成功创造了丰厚的资源。在政治舞台上,它们能够发出自己的声音。这些企业集团的高层领导具有部级或副部级地位,其行政级别往往高于规范其活动的国家行政机关和局级单位。当选为中共中央委员会委员的国企领导人现被认为是一个独特的团体,类似于党政机构、各省和军队的代表。而这些商界领袖的日益庞大引发了如下问题:大型国有企业集团的发展是否预示着不同利益集团的出现,是否会挑战国家的权威?

然而,中国共产党拥有着管理国有企业集团的有效方法——党的干部任免制度。通过这一制度,党管理着国有企业高层领导的任命和免职。此外,干部任免制度使党能够将大型国有企业的领导人从一家公司轮换至另一家国有公司的类似职位,或调任至国家机构或党政单位,反之亦然,尽管这种调动可能意味着大幅降薪。例如,当一家大型石油公司的董事长调到省长职位时,他的薪资将会降低。由于政党管理着领导班子的人事任免,正式的利益集团就很难形成。因此,整合的力量阻止了分裂的趋势,形成了"碎片化整合"的杂糅局面。

一些研究认为,腐败、对特定群体的优惠政策、特殊性决策和其他此类现象定义着中国的经济和政治制度。然而,这些概念的解释力有限。将中国的各种制度整合在一起,并在政府和企业中发挥关键性作用的因素是对于人事的管理。

通过管控企业干部的人事任免，党有效维护了同大型国有企业间的平衡状态。㉝党的干部任免制度有力预防了企业高层领导对党领导地位的挑战，有助于确保企业部门的成就和增长会朝着有利于党和人民的方向稳步前进。

  关于高层在人事方面决策的细节问题，还有待进一步研究。由谁来决定任命、提拔、轮换政府和企业领导人的方式，最终决策落地的时间和方式是什么？为什么有些企业领导会长期留任，而另一些则经常轮换？从中国将经济自由化与强有力的政治管理相结合的经验中，是否可以得出一些一般性结论？这些都是需要进一步调查研究的问题。

作者单位：丹麦哥本哈根大学
译者单位：北京第二外国语学院

注释

* 作者感谢罗伯特·阿什（Robert F. Ash）、柯恩·鲁坦（Koen Rutten）、卡罗·沃特（Carl Walter）和杨江（Yang Jiang）以及两位匿名评论员对本文早期拟稿的建设性意见和建议。

① Harding 1987；Guthrie 2006；Fewsmith 2001；Gilley 2004。

② 根据萨缪尔·亨廷顿（Samuel Huntington 1970）的观点，专制统治者推行改革可能会破坏其原有权力基础，但如果不进行改革，可能会冒同样的风险。若将亨廷顿"国王的困境"应用至中国语境，可以理解为物质需求的满足会产生非物质需求，比如要求政治参与与政治多元化，从而给政党治理带来压力。——Gilley & Holbig, 2009。

③ 参见 Brødsgaard 2004；Mertha 2005；Howell 2004；Laliberté & Lanteigne 2008；和 Shambaugh 2008。

④ 例如参见 Brødsgaard 2003；Burns 2006；Chan 2004；Bo 2004。

⑤ 现有研究很少，包括 Downs 2008, 121-41；Naughton 2008a；Li 2005；和 Chan 2009。另可参见 Margaret Pearson 在 2005 年从新兴监管型国家的角度对政府与企业关系的讨论。

⑥ 如需获得中国商业协会作用详细研究，请参见 Kennedy 2005。

⑦ 对西方投资银行家的专访，北京，2010 年 8 月。

⑧ 对中国企业集团的详细研究很少，Keister 2000 为一例。

⑨ Brødsgaard 2002。

⑩ Jie 1998, 363-366。

⑪ Jie 1998, 392-395。

⑫ 如需获得有关编制的详细讨论，请参见 Brødsgaard 2002。

⑬ 有关国有企业集团的文献可参见 Leff 1978；Granovetter 1994；Granovetter 1995；Smångs 2006；Amsden & Hikino1994；Khanna & Rivkin 2001。

⑭ 例如李荣融横向整编"国家队"央企最多只剩 100 家，htpp://news.xinhuanet.com/fortune/2005-01/01/content_2406007.htm. 查阅日期：2010 年 12 月 15 日《人民日报》海外版。另见 Nolan 2001,16—20。

⑮ 参见 Keister 2000,96 - 99。

⑯ 对西方投资银行家的专访,北京,2010 年 8 月。

⑰ 有关"系统集成商"的概念,请参见 Liu 2009。

⑱ Brødsgaard 2002。

⑲ Ngo & Wu 2009,155。

⑳ 见 Lin Kun-Chin 2003,125 - 129。

㉑ 中华人民共和国国务院令《企业国有资产监督管理暂行条例》,2003 年 5 月 27 日。http://www.sasac.gov.cn/nll80/nl566/nlll83/nll244/1727751.html. 查阅于 2009 年 4 月 10 日；"中国国有资产管理体制改革进入新阶段",2003 年 5 月 22 日。http://www.sasac.gov.cn/n2963340/n2964727/n2974401/2976097.html. 查阅于 2009 年 4 月 8 日。

㉒ 国资委设立了 19 个不同的局和办公室,人员编制为 555 名,对中国部级机关而言,数量相对较多,体现了这个新机关的重大意义。见《国务院国有资产监督管理委员会主要职责内设机构和人员编制规定》http://www.hydjnet.gov.cn/News_View.asp?NewsID = 5821. 查阅于 2009 年 4 月 13 日。

㉓ 国资委中央国有企业名单上的公司数量并不固定。2003 年,有 196 家,但到 2006 年 11 月,这一数字已降至 161 家。2009 年 4 月,中央国有企业的数量进一步减少至 138 家,而据国资委 5 月的报告显示,共有 150 家。国资委的目标是合并后企业数量少于 100 家。

㉔ 参见 Brødsgaard 2002。

㉕ 参见 Chen 2008,124。

㉖ Andrews-Speed 等人,2000。

㉗ 参见 Steinfeld 1998,18 - 22；和 Yusuf 等人,2006。1985 年,补贴高达政府总收入的 25%。见 Lin Shuanglin 2009。

㉘ Kuijs 等人,2005。

㉙ 最近有一种观点认为,中国的高投资主要是由企业储蓄和投资所驱动,参见 Anderson & Hatheway,2009。企业储蓄可以定义为未支付给股权投资者的收益部分。根据标准公司财务理论,公司应将超过公司盈利投资需求的所有收益交给股东。见 Morck 等人,2007 年。

㉚ Anderson & Hatheway 2009,7。见 Walter 2010。

㉛ Naughton 2008b.

㉜ 2007 年,161 家中央国资委企业的利润估计为 1 万亿元人民币。2008 年,尽管发生了严重的自然灾害,全球金融危机不断加剧,国有企业仍盈利 6 652.9 亿元。参见 http://news.xinhuanet.com/english/2009-03/03/content_10937270.htm. 查阅于 2009 年 4 月 16 日。

㉝ 另见 Lardy,引用于 Stokes,2009。

㉞ 见"中企业超九成利润未上缴，应当警惕利益集团截流"，htpp://news. xinhuanet. com/fortune/2009-04/16/content_l 1192676. htm. 查阅于 2009 年 4 月 16 日。

2010 年 11 月初，国务院决定，从 2011 年起，国资委下属的 15 家中央国有企业，包括中石化和中石油，必须向国家支付利润的 15%作为股息 http://news. sina. com. cb/c/2010-12-30/162421735811. shtml. 查阅于 2011 年 1 月 2 日。

㉟ 2010 年 8 月，对西方投资银行家的采访。

㊱ Brødsgaard 2009，80. 党的干部任免制度（nomenklatura）可以视为：按职位等级排列的职位列表，包括对每个职责的描述。参见 Harasymiw 1969，494。

㊲ 对中共中央组织部工作人员的访谈，2007 年 7 月。

㊳ 1998 年，只有 8 家国有企业集团被纳入至党的干部任免制度中，自此，这一数字一直在增加。参见 Chan 2004。

㊴ Brødsgaard 2004。

㊵ 如见 Brødsgaard 2004 和 Bo 2004。

㊶ 2005 年的一项调查显示，中国 72%的总经理都是从自家公司晋升的，其中 63%是从副总经理的职位晋升而来。75%的年龄在 40—54 岁，60 岁以上的只有 9%。据调查，只有 8%是从中央或地方政府调转过来的。自 20 世纪 90 年代重组之后，这一比例有所提高。如今，从大企业调任到政府的比例要大于从政府调任至企业。参见 http://www. ceda. org. cn/china-500/. 查阅于 2009 年 4 月 23 日。

㊷ 对中共中央宣传部工作人员的访谈，2010 年 9 月。

㊸ 参见 http://www. comac. ee/nl6/nll54/nl276/nl5382/index. html. 查阅于 2009 年 4 月 23 日。

㊹《中国人物年鉴》，2007，第 8 页。

㊺ http://chinavitae. net/biography/Xiao_Yaqing%7C4099. 查阅于 2009 年 4 月 23 日。

㊻ http://www. chinavitae. comAiography/Zhang_Qingwei%7C2193. 查阅于 2009 年 4 月 23 日。

㊼ http://www. comac. cc/nl6/nll54/nl276/nl5382/index. html. 查阅于 2009 年 4 月 23 日。

㊽ 对中国遵循党的人员任免制度的企业员工的访谈，2010 年 8 月。

㊾ "中央组织部，国务院资委 2010 年公开招聘"，2010 年 8 月 30 日。http://www. sasac. gov. cn/2010rdzt/2010zp/010000. htm. 查阅于 2010 年 9 月 19 日。

㊿ 参见 Bo 2007。

(51) 数据附录，2008。

(52) 数据附录，2009。

(53) 中国大型国有企业经常与银行有密切合作。这些银行不像日本的"经连会"体系那样融入企业集团，但它们往往在贷款政策中优先考虑国有工业部门。四大商业银行（中国银行、中国建设银行、中国农业银行、中国工商银行）都有中共中央委员会委员代表。在政策性银行（中国农业发展银行、国家开发银行和中国进出口银行）中，只有陈云之子、国家开发银行行长陈元为中央委员会委员。这些银行也都遵循党的干部任免制度。与大型企业集团的总经理类似,也要接受轮调。李立辉(中国银行前行长)2002—2004 年任海南省副省长;郭树清(中国建设银行前董事长)曾在 1998—2001 年担任贵州省副省长,陈元在 20 世纪 80 年代中期在北京市区政府工作。中国的二级商业银行,除了交通银行外,在中央委员会中没有代表席位。

54 与中共中央组织部工作人员的访谈,2007 年 7 月。

55 与中国遵循党的干部任免制度的国企员工的访谈,2011 年 8 月。

56 参见 Downs 2008;Li 2009。对中国利益集团的早期研究包括 Oksenberg 1968;Goodman 1984;Falkenheim 1987。

57 Zhou 2009。

58 有关该模型的大致内容,请参见 Lieberthal 1992。另请参见 Lampton 1987;Lieberthal & Oksenberg,1988 年。Lampton 等人从专业化、多元化、分权化和全球化的角度对官僚结构与决策行为之间的关系的讨论在碎片化整合的模式下也是恰当的。参见 Lampton 2001。有关碎片化整合机制的最新应用,请参见 Mertha 2008。

59 Steinfeld 在一本重要的新书中认为,中国的"走出去"战略和对外国投资者和经济参与者的开放,本质上意味着"根据外国人的规则玩游戏",即中国通过在海外上市,将国内经济和机构的改造外包给了国外公司,遵循海外规则。因此,中国企业非但没有"改变游戏规则",反而日益融入西方经济秩序所定义的市场逻辑和全球体系,从而强化了西方的商业霸权。参见 Steinfeld 2010。

60 官僚政治经典著作,请参见 Allison 1971,这些书参见 Barnett 1985。

61 Steinfeld 2010。

62 对中共中央组织部工作人员的专访,北京,2010 年 7 月。

63 参见 Walter & Howie 2003;Chen 2005。

64 与中共中央组织部工作人员的访谈,2005 年 11 月。

参考文献

1. Allison, Graham T. 1971. *Essence of Decision: Explaining the Cuban Missile Crisis*. Boston, MA: Little, Brown and Company.

2. Amsden, Alice H., and Takashi Hikino. 1994. "Project execution capability, organizational know-how and conglomerate growth in late industrialization." *Industrial and Corporate Change* 3(1), 111-47.

3. Anderson, Jonathan, and Larry Hatheway. 2009. "How it All Ends (Transcript)" *UBS Investment Report*.

4. Andrews-Speed, Philip, Stephen Dow, and Zhiguo Gao. 2000. "The ongoing reforms to China's government and state sector: the case of the energy industry." *Journal of*

Contemporary China 23(9), 5 – 20.

5. Barnett, A. Doak. 1985. *The Making of Foreign Policy in China: Structure and Process*. Boulder, CO: Westview Press.

6. Bo, Zhiyue. 2004. "The institutionalization of elite management in China." In Barry Naughton and Dali L. Yang (eds.), *Holding China Together*. Cambridge: Cambridge University Press, 70 – 100.

7. Bo, Zhiyue. 2007. *China's Elite Politics: Political Transition and Power Balancing*. Singapore: World Scientific.

8. Brødsgaard, Kjeld Erik. 2002. "Institutional reform and the bianzhi system in China." *The China Quarterly* 170, 361 – 86.

9. Brødsgaard, Kjeld Erik. 2003. "China's cadres and cadre management system." In Wang Gungwu and Zheng Yongnian (eds.), *Damage Control: The Chinese Communist Party in the Jiang Zemin Era*. Singapore: Singapore University Press, 209 – 31.

10. Brødsgaard, Kjeld Erik. 2004. "Management of Party cadres in China." In Kjeld Erik Brødsgaard and Zheng Yongnian (eds.), *Bringing the Party Back In: How China Is Governed*. Singapore: Eastern Universities Press, 57 – 91.

11. Brødsgaard, Kjeld Erik. 2009. *Hainan: State, Society, and Business in a Chinese Province*. London: Routledge.

12. Burns, John. 2006. "The Chinese Communist Party's nomenklatura system as a leadership selection mechanism: an evaluation." In Kjeld Erik Brødsgaard and Zheng Yongnian (eds.), *The Chinese Communist Party in Reform*. London: Routledge, 33 – 58.

13. Chan, Hon S. 2004. "Cadre personnel management in China: the nomenklatura system, 1990 – 1998." *The China Quarterly* 179, 703 – 34.

14. Chan, Hon S. 2009. "Politics over markets: integrating state-owned enterprises into Chinese socialist market." *Public Administration and Development* 29, 43 – 54.

15. Chen, Jian. 2005. *Corporate Governance in China*. New York: Routledge.

16. Chen, Shaofeng. 2008. "State-managed marketization: China's approach to oil Security." PhD diss., National University of Singapore, 2008.

17. Data Supplement. 2008. *Journal of Current Chinese Affairs* (January), http://hup.sub.uni-hamburg.de/giga/jcca-cds/article/view/86/86. Accessed 11 November 2010.

18. Data Supplement. 2009. *Journal of Current Chinese Affairs* (August), http://hup.sub.uni-hamburg.de/giga/jcca-cds/article/view/86/86. Accessed 11 November 2010.

19. Downs, Erica. 2008. "Business interest groups in Chinese politics: the case of the oil companies." In Cheng Li (ed.), *China's Changing Political Landscape*. Washington, DC: The Brookings Institution, 121 – 41.

20. Falkenheim, Victor C. (ed.). 1987. *Citizens and Groups in Contemporary China*. Ann Arbor: University of Michigan.
21. Fewsmith, Joseph. 2001. *Elite Politics in Contemporary China*. Armonk, NY: M. E. Sharpe.
22. Gilley, Bruce. 2004. *China's Democratic Future*. New York: Columbia University Press.
23. Gilley, Bruce, and Heike Holbig. 2009. "The debate on Party legitimacy in China: a mixed quantitative/qualitative analysis." *Journal of Contemporary China* 18(59), 339–59.
24. Goodman, David S. G. (ed.). 1984. *Groups and Politics in the People's Republic of China*. New York: M. E. Sharpe.
25. Granovetter, Mark. 1994. "Business groups." In Neil J. Smelser and Richard Swedberg (eds.), *The Handbook of Economic Sociology*. Princeton, NJ: Princeton University Press, 453–175.
26. Granovetter, Mark. 1995. "Coase revisited: business groups in the modern economy." *Industrial and Corporate Change* 4(1), 93–129.
27. Guthrie, Doug. 2006. *China and Globalization*. New York: Routledge.
28. Harasymiw, Bohdan. 1969. "Nomenklatura: the Soviet Communist Party's leadership recruitment system." *Canadian Journal of Political Science* 2(4), 493–512.
29. Harding, Harry. 1987. *China's Second Revolution: Reform after Mao*. Washington, DC: The Brookings Institution.
30. Howell, Jude (ed.). 2004. *Governance in China*. Lanham, MD: Rowman and Littlefield.
31. Huntington, Samuel. 1970. *Political Order in Changing Societies*. New Haven: Yale University Press.
32. 马杰主编,《中国政府与机构改革》,北京:国家行政学院出版社,1998。
33. Keister, Lisa. 2000. *Chinese Business Groups*. New York: Oxford University Press.
34. Kennedy, Scott. 2005. *The Business of Lobbying in China*. Cambridge, MA: Harvard University Press.
35. Khanna, Tarun, and Jan W. Rivkin. 2001. "Estimating the performance effects of business groups in emerging markets." *Strategic Management Journal* 22(1), 45–74.
36. Kuijs, Louis, William Mao, and Chunlin Zhang. 2005. "SOE Dividends: How Much and to Whom?" Washington, DC: World Bank.
37. Laliberté, André, and Marc Lanteigne. 2008. *The Chinese Party-State in the 21s' Century*. London and New York: Routledge.
38. Lampton, David M. 1987. "The implementation problem in post-Mao China." In David

M. Lampton (ed.), *Policy-Implementation in Post-Mao China*. Berkeley: University of California Press, 3 - 24.

39. Lampton, David M. (ed.). 2001. *The Making of Chinese Foreign and Security Policy in the Era of Reform*, 1978 - 2000. Stanford: Stanford University Press.

40. Leff, Nathaniel H. 1978. "Industrial organization and entrepreneurship in the developing countries: the economic groups." *Economic Development and Cultural Change* 26(4), 661 - 75.

41. Li, Cheng. 2005. "The rise of China's yuppie corps: top CEOs to watch." *China Leadership Monitor* 14.

42. Li, Cheng. 2009. "The Chinese Communist Party: recruiting and controlling the new elites." *Journal of Current Chinese Affairs* 48(3), 13 - 34.

43. Lieberthal, Kenneth G. 1992. "Introduction: the fragmented authoritarianism model and its limitations." In Kenneth G. Lieberthal and David M. Lampton (eds.), *Bureaucracy, Politics, and Decision Making in Post-Mao China*. Berkeley: University of California Press, 1 - 32.

44. Lieberthal, Kenneth G. and Michel Oksenberg. 1988. *Policy Making in China: Leaders, Structures, and Processes*. Princeton, NJ: Princeton University Press.

45. Lin, Kun-Chin. 2003. "Corporatizing China: Reinventing State Control for the Market." PhD diss., University of California Berkeley, 2003.

46. Lin, Shuanglin. 2009. "The Rise and Fall of China's Government Revenue." EAI Working Paper 150.

47. Liu, Chunhuang. 2009. *Multinationals, Globalisation and Indigenous Firms in China*. London and New York: Routledge.

48. Mertha, Andrew C. 2005. "China's 'soft' centralization: shifting tiao/kuai authority relations since 1998." *The China Quarterly* 184, 791 - 810.

49. Mertha, Andrew C. 2008. *China's Water Warriors*. Ithaca, NY: Cornell University Press.

50. Morck, Randall, Bernard Yeung, and Minyuan Zhao. 2007. "Perspectives on China's outward foreign direct investment." *Journal of International Business Studies* 39, 337 - 50.

51. Naughton, Barry. 2008a. "China's economic leadership after the 17th Party Congress." *China Leadership Monitor* 23.

52. Naughton, Barry. 2008b. "SASAC and rising corporate power in China." *China Leadership Monitor* 24.

53. Ngo, Tak-Wing, and Yongping Wu (eds). 2009. *Rent Seeking in China*. London and New York: Routledge.

54. Nolan, Peter. 2001. *China and the Global Economy*. Basingstoke: Palgrave.
55. Oksenberg, Michel. 1968. "Occupational groups in Chinese society and the Cultural Revolution." In Michel Oksenberg, Carl Riskin, Robert A. Scalapino and Ezra Vogel, *The Cultural Revolution: 1967 in Review*. Ann Arbor: University of Michigan, 1–44.
56. Pearson, Margaret. 2005. "The business of governing business in China: institutions and norms of the emerging regulatory state." *World Politics* 57, 296–322.
57. 李荣融:《以朱镕基为榜样,以普京为偶像》,《人民日报》(海外版),2010年9月8日。
58. Shambaugh, David. 2008. *China's Communist Party: Atrophy and Adaptation*. Washington, DC: Woodrow Wilson Center Press.
59. Skilling, H. Gordon. 1971. "Groups in Soviet politics: some hypotheses." In H. Gordon Skilling and Franklyn Griffiths, *Interest Groups in Soviet Politics*. Princeton, NJ: Princeton University Press, 19–46.
60. Smångs, Mattias. 2006. "The nature of the business group: a social network perspective." *Organization* 13(6), 889–909.
61. Steinfeld, Edward S. 1998. *Forging Reform in China: The Fate of State-Owned Industry*. Cambridge: Cambridge University Press.
62. Steinfeld, Edward S. 2010. *Playing Our Game: Why China's Rise Doesn't Threaten the West*. Oxford: Oxford University Press.
63. Stokes, Bruce. 2009. "China's mission: export less; spend more." *National Journal* 41, 30–36.
64. Walter, Carl E. 2010. "The struggle over ownership: how the reform of state-owned enterprises changed China." *The Copenhagen Journal of Asian Studies* 28(1).
65. Walter, Carl E., and Fraser J. T. Howie. 2003. *Privatizing China: The Stock Markets and Their Role in Corporate Reform*. Singapore: John Wiley.
66. Yusuf, Shahidif, Kaoru Nabeshima, and Dwight D. Perkins. 2006. *Under New Leadership: Privatizing China's State-Owned Enterprises*. Palo Alto, CA, and Washington, DC: Stanford University Press and The World Bank.
67. 《中国人物年鉴2007》,北京:中国人物年鉴社,2007。
68. 周瑞金. 2009. "Cut ties that bind China to special interests." 财经. http://English.caijing.com.cn/2009-10-23/110291625.html. Accessed 15 November.

[原文刊载于 *The China Quarterly*, No. 211 (SEPTEMBER), pp. 624–648]

中国城市气候变化政治

——碎片化整合机制与杭州的治理创新

约恩·德尔曼(Jørgen Delman)[①]/著　孙宁/译

引言

毫无疑问,气候变化是中国党和国家近年来处理的最复杂的领域之一。它跨越多个行动领域,牵涉各级利益相关的行政部门和组织(Bulkeley and Newell 2010；Bäckstrand 2008，Kernand Alber 2008)。同世界各地一样,气候变化涉及党派、国家、社会和企业等内外部利益相关者,其中城市一级最为关键。与各国城市无异,中国的城市在中国温室气体的排放中占80%(亚行 2008：44)而仅测量能源相关排放时占70%(Baeumler et al. 2012：xxxix)。因此,通过研究城市政府处理气候变化这一政治问题的方式,借以分析中国的气候政治途径是有意义的。

在过去30年间,中国加快了权力下放的速度,这一改变愈加凸显了气候政治的重要性。这是因为权力下放使得中国的地方政府拥有一定的自主权来自行设计和实施政策。(Yang 2013；Heberer and Senz 2011；Zheng 2006)城市有机会在中央政府制定的总框架内,推行适合自身的气候政策执行办法。本文旨在探究碎片化威权主义(Lieberthal & Oksenberg 1988)这一理论框架是否有助于解释中国城市政府的气候政治路径。[②]经研究得出,这一理论框架在一定程度上仍然有助于检验和解释中国党和政府的气候政治模式。另一方面,依据国际经验,气候变化带来的挑战需要内外部利益相关者的共同协作,因而气候政治或将改变中国的治理博弈,推动中国走向新的治理模式。中国东部浙江省省会杭州一贯将环境和气候放在工作首位,因而笔者选择杭州作为案例研究的对象(Delman 2014)。

本文首先讨论了碎片化威权主义的内涵以及它是如何界定了中国国家与社会间的关系。其次,本文探究了中国城市气候变化政治理论与气候治理实践之间的关系,并考察了杭州气候政治与气候治理的具体维度。最后讨论了气候政治对中国党政体制的影响,对国家与社会关系的作用,以及对碎片化威权主义理论的启示。

碎片化威权主义理论、国家—社会关系与气候治理

利伯索尔和奥森伯格(Lieberthal and Oksenberg 1988)认为,中国共产党和政府采用了如协商议政、严格的干部晋升制度、党的干部任免制度(Brødsgaard 2012)以及跨部门领导小组机制等(Miller 2008)多种整合机制来避免治理碎片化。近年来的整合机制还包括内部合同机制,主要用来界定和管理政党—国家体制内的特定关系,通过横向、纵向的整合提高效率(Delman 1993)。这种机制后来与党和国家组织及其领导干部的定期绩效评估,即干部目标管理考核制挂钩(Wang 2013;Shi 2011)。

最初,碎片化威权主义理论的研究重点在于国家,并不关注社会中外部利益相关者在政治进程中的作用。2009年,梅尔塔(Mertha)进一步发展了这一理论框架,认为政党国家体制的碎片化扩展了机会结构,使得在党和国家边缘运作的各大政策企业家有机会参与政治议程的制定过程,进而影响决策结果(Mertha 2009)。

众多学者用"法团主义"或者"准法团主义"来描述中国国家同社会的关系(Guo 2013:第2章),可重点参见施米特(Schmitter 1974)的文献(Spires 2011)。具体来讲,为了维护政治秩序,党和国家会通过法团主义管理或类法团主义来拉拢企业和公民社会,塑造更为温和的国家同社会间的关系。国家同社会间关系密切,社会的"国家化"和国家的"社会化"过程显而易见(Huang 1993)。然而,正如梅尔塔(2009)所指出的那样,政党国家体制内越来越松散的机会结构给予了社会向党和国家提出一定要求的权力,例如,提高透明度,加快回应速度和提升责任感。因而,这一体系具有弹性,能够适应各种动态变化(Heilmann & Perry 2011;Nathan 2003),并且在处理社会问题时,也更具协商性(He & Thøgersen 2010),更为稳重(He & Warren 2011)。社会也逐渐适应党和国家的治理方式(Wright 2010),因此斯派斯(Spires 2011)认为党和国家同社会之间存在"偶然共生"的情况。

因此,列宁式的"威权主义"(Gilley 2011;Guo 2013)不足以解释中国的党

政国家体制与社会的接轨方式(Yu & Wang 2011),无法解释为什么中国的党和政府允许外部利益相关者,即公民、企业及其组织在政府决策和执行中发挥作用(Heberer & Senz, 2011; Mertha 2009; Foster 2006; Kennedy 2005; Dickson 2003)。

本文所讨论的关键性制度安排——整合机制和社会利益的类法团主义并入——不仅是为了平衡党政国家体制内的碎片化状态、缓解日益活跃的(公民)社会中的分散性影响,也是出于对气候变化这类新型政治议程的复杂性的考量。由于碎片化威权主义理论只能解释为什么党和国家体系内的机会结构可以催生出对气候变化这类新政治议程的新型治理方式,而不能解释治理创新如何挑战了党政国家体制自身的一致性和稳定性,因而笔者借助于治理理论来探究杭州的气候政治给政党国家体制内的制度化方法带来了多大的挑战,以及是否可能带来政治改革的意外后果。

罗兹(Rhodes 1996)认为,很大程度上"治理"可以理解为新自由主义者对政治和行政约束的回应,这些约束难以通过政府的传统手段解决。它描述了一个具有不同规范偏好的、灵活的政府体系,如是否作为最小国家的管理活动、作为公司管理、作为新公共管理、作为社会—控制体系和作为自组织网络进行治理。这些体系很容易发展成为自治体系,进而成为一股分散性力量。

在中国也可以观察到类似的情况(Sigley 2006),尽管中国的党和国家体系具有列宁主义的特点(Guo 2013),但面对复杂的政治议程,国家、市场或社会都无法独立采取行动(Yu & He 2011)。因此,党和政府逐渐采用了更灵活且适应性更强的方法,包括制定一套旨在使政策运转周期更有效地治理工具(Heilmann & Perry 2011; Yu & Wang 2011)。企业和民间社会发挥着越来越重要的作用,特别是在地方治理方面(Yu & Wang 2011; Delman 2005)与环境和气候变化领域(Mai & Francesch Huidobro 2015; Edmonds 2011)。

在世界范围内,由于气候变化这一挑战的独特性质,气候变化政治发展形成了自身特定的治理架构。气候治理有如下特性,首先,气候治理的行为转变必须建立在充分意识和正确的价值观及准则之上(参见 Malone 2009)。此外,气候治理的实施规模广泛。它涉及不同的治理层面,包括多个国家和非国家行为主体(Bulkeley 2010),促进新型国际联盟、伙伴关系和协议的建立(Bäckstrand 2008; Toly 2008),嵌入各级社会和经济活动中(Bulkeley 2010),滋生出新式企业家精神和技术领导力(Toly 2008)。在中国也有类似趋势(Mai & Francesch Huidobro 2015; Schröder 2012),那么鉴于党政国家体制的结构和特征,气候变化政治在中国催生出了哪些类型的治理创新呢?

方法论注释

本文将从3个维度进行分析。第一,由于碎片化威权主义理论重点关注知识、意识和政策制定之间的联系,因此笔者将研究科学知识是如何融入政策制定的过程中。第二,由于整合机制对党和国家凝聚力和效率至关重要,笔者将探究:领导小组和部门间政策协调机制是否仍扮演重要角色;气候变化目标与干部目标管理考核制的融合路径,这一机制关系到地方官员的职业发展,有助于确保政策实施的一致性和成效;鉴于气候变化政治的复杂性、党政国家体制的结构特征及其愈加松散的机会结构,笔者将从治理的角度探究党和国家是否与气候政治的外部利益相关者建立伙伴关系,探究建立关系的方法、相关合作伙伴的回应方式,以及这对国家与社会的关系有何影响。

杭州是浙江省的省会,位于长江中下游地区,被认为是中国最有活力的省会城市之一。此外,杭州旨在成为"中国最宜居城市"(Delman 2014),是中国"低碳试点城市"之一(杭州市能源监察网 2010)。虽然杭州只是众多争当中国"绿色"典范的城市之一(Delman 2014),但10多年来杭州实施了一系列有关环境治理的"模范"项目和规划,在应对复杂的环境政策挑战方面已经积累了相当多的经验(Delman 2014;Baeumler 等 2012:62)。

研究数据来源于与气候变化有关的地方政策、法律法规文件、地方党政部门的工作文件,以及与杭州部分政策利益相关者的访谈。[③]

知识、意识和政策制定[④]

为了响应国家号召,杭州建立了一个政策、战略和计划交织的"网络"(Heilmann & Melton 2013),并于2009年被确定为低碳试点城市(杭州市发改委 2012;杭州市人民政府 2011)。在这之前,杭州已经做了充分的政策准备,包括出台了针对外部利益相关者的政策,基于前期的环境治理工作,重点梳理并解决了杭州所面临的挑战(I-1008)。现阶段,杭州的主要目标是发展低碳经济、创建低碳社会(包括低碳生产和运输、低碳建筑、低碳环境等),塑造有低碳生活意识的公民,使杭州走在浙江省和国家的前列。为达到这一目标,杭州市政府、企业和市民(尤其是正在崛起的中产阶级消费者)必须坚信转向以新型低碳消费模式为基础的可持续发展之路势在必行(Delman 2014;杭州市发改委 2012)。

低碳计划和城市"十二五"规划(见表1)中明确提出了"低碳发展"的主要目

标(杭州市发改委 2012;杭州市人大 2011)以及如节能计划相关的专项计划等。这些目标基本上同国家保持一致,但杭州在降低经济的碳强度(即单位 GDP 二氧化碳排放量)方面比中央政府更为乐观。杭州的目标是在 2020 年减少 50%,而中央的目标是最高降低 45%(见表 1)。

表 1　杭州重点低碳发展目标(2005—2020)

指标目录	2005 年	2010 年	2015 年	2020 年
1. 与 2010 年相比,单位 GDP 的 CO_2 排放量(吨/万元)减少比重(%)	—	—	−40	−50
2. 第三产业占 GDP 比重(%)	44.1	48.7	54	60
3. 单位 GDP 能耗(吨/万元)	0.87	0.68	0.55	—
4. 低碳研发成本占总研发成本的比重(%)	2.5	4	5.5	7
5. 非化石燃料占一次能源消费总量比重(%)	3.7	5.8(2009)	10	15
6. 使用新能源或节能汽车所占比重(%)	5	9	15	20
7. 已采取节能措施的现有建筑所占比例(%)	3	23	50	75
8. 新建建筑中使用可再生能源的建成区所占比例(%)	5	19	40	60
9. 森林质量(10 000 m³)	4 000	4 224	4 650	5 000
10. 城市建成区绿地占比(%)	37.31	40.0	42	45
11. 绿色出行占比(%)	26	31	35	40
12. 垃圾分类(%)	0	18	50	80

资料来源:杭州市发改委(2012)。

重点政策规定和目标被纳入 2010—2020 年度的总体《生态文明规划》中(杭州市人民政府 2011)。自 2007 年以来,中国政府一贯倡导生态文明,注重在科学认识自然、社会和经济规律以及中国传统文化特点的基础上,采用文明措施,实现经济、社会和环境的平衡发展(《中国日报》 2007)。基于此前一系列环境和生态项目试点的经验,2009 年,杭州被环境保护部设立为生态文明试验区。《生态文明规划》的主要目标是:到 2020 年,杭州成为长江中下游推进和发展生态文明的地区之一;成为国家生态文明试验区的主要实施者和推动者;成为国际一流的低碳城市发展试验区。最终,杭州将建设成为一座以人为本、幸福健康、具有高生活品质的城市,一座以高效循环和资源再生为特征的创新生产城市,一座有活力的青山绿水城市,一座城乡统筹生态互动的城市以及一座拥抱生态文化、以高尚道德与和谐发展为特征的城市(Delman 2014;杭州市人民政府 2011)。

杭州的生态文明计划囊括了一套全面而富有挑战性的气候变化目标,包括 10 组 5 类绩效评估标准和 32 个具体可测量标准(见表 2)。归根结底,生态文明的重点是进行一系列干预措施,其中大多在该市的"十二五"规划以及低碳、环保和节能计划中有所规定。这些措施与特定生态文化、生态道德的发展理念相结合,强调人与自然和谐相处(杭州市人民政府 2011:60)。这一论述反映出杭州期待创建一个以文化为基础的规范性框架,来指导气候政治的雄心壮志。杭州的气候变化政策也彰显了杭州希望通过教育方案和相关活动来传授公众环保知识及提升环保意识的强烈愿望。(见表 2 目标 23)

表 2 杭州生态文明重点目标(2009—2020)

指 标 目 录	2009 年	2015 年	2020 年
生态经济			
1. 第三部门占 GDP 的比重(%)	46.3	54	60
生态效率			
2. 单位 GDP 能耗(吨/万元)	0.7	0.59	0.48
3. 基于能源的单位 GDP 二氧化碳排放量(吨/万元)	2.3	1.5	1.0
科技进步			
4. 研发费用占 GDP 的百分比(%)	2.5	4	5.5
循环经济			
5. 一定规模以上生态企业[未定义]在该规模以上企业总数中所占比例(%)	12	15	25
6. 专用于生产有机、生态和对环境无害的产品的农业面积所占比例(%)	40	60	70
7. 可回收垃圾比重(%)	47.5	70	85
8. 清洁能源(不包括核能)在一次能源供应中所占比重(%)	14.5	21	40
生态环境;健康环境			
9. 空气质量良好的天数	327	>330	>330
10. 符合环境标准的供水区所占比例(%)	68	75	90

续　表

指　标　目　录	2009 年	2015 年	2020 年
11. 符合饮用水标准的地下水资源比例(%)	90.8	100	100
12. 地区降噪(dB)	54.55	≤55	≤55
13. 使用化肥的监测土地比例(%)	31.27	60	70
14. 生态用地比例(%)	—	75	80
15. 森林覆盖率(%)	64	65	66
16. 主要污染物排放强度：(kg/10 000 CNY):			
二氧化硫	1.84	<1.10	<0.75
化学需氧量	3.21	<2.0	<1.4
氨	0.31	<0.20	<0.14
氮氧化物	2.6	<1.5	<1.03
逻辑生活；适宜生态生活			
17. 人均公园和绿地面积(m^2)	15.48	16	18
18. 公民对居住区生产和生活条件的满意度(%)	60	75	80
低碳生活			
19. 绿色建筑在新建建筑中的比例(%)	—	60	80
20. 绿色旅行比例(%)	55	70	80
21. 城市生活垃圾分类利用比例(%)	20	80	>80
生态文化；社会和谐			
22. 城镇居民收入增长率	0.92	≥1	≥1
23. 国家级生态区(县、市)所占比重(%)	38	80	>80
24. 国家级生态乡镇(县、市)所占比重(%)	30	50	>80
25. 城市或更高级别的"绿色社区"所占的百分比(%)	20.85	35	50
26. 区级(县、市)生态村所占比重(%)	45	60	80
认知文明			
27. 生态文明传播和教育的比例(%)	43	90	>90
工具制度；科学治理			
28. 环评计划占比(%)	—	>80	>90

续 表

指 标 目 录	2009 年	2015 年	2020 年
29. 生态环境目标在党和国家 KPI 绩效考核中的占比(%)	2	5	10
30. 通过信访处理环境投诉的满意度(%)	98	>98	>98
社会参与			
31. 特定规模以上企业开展公益性环保活动的比例(%)	—	100	100
32. 从事环保志愿者或环保组织成员的人口比例(%)	2	4	8

资料来源：杭州市国家生态文明试点，市级生态文明建设工作领导小组办公室(2013)。

此外，杭州市政府还致力于将低碳城市发展与绿色创新的新理念结合起来。2012年杭州市人民政府所印发的"绿色创建"行动法案旨在通过新型绿色试验、试点和模式等强调"绿色创建"，例如创建绿色学校、社区、企业、酒店、医院、家庭和矿山。尽管"绿色创建"文件中的目标与表1和表2中的目标部分重叠，同时也纳入了一些新目标，但并没有提供衡量绩效的基准。

政策实施的方法包括传统自上而下的干预模式，这些干预措施与更具创新性的治理要素相结合，后者，如市场监管、不同经济部门的企业参与和社会参与等。政府继续采用能够因地制宜调整政策的实验和模式，并在不同的城区和部门进行特色示范。这就需要各城区之间的合作与协调，甚至是竞争。政府通过以项目为抓手，引导市级党政部门始终遵循政策，优先落实重点项目。在这一过程中，实施落实和责任明确方面还有待改进，定期进行绩效评估尤为重要(杭州市发改委〔2012〕)。虽然项目融资总额不得而知，但杭州低碳计划中列出的项目金额为553亿元人民币，其中417亿元人民币将在"十二五"期间支出(杭州市发改委〔2012〕)。目前尚不清楚费用由谁支付。杭州市发展和改革委员会未对此做出解释，我们也无法获得关于计划中有多少项目正在实际实施的信息(I-1007)。

杭州政策制定大约开始于2005—2006年(I-1011)，并于2008年经由时任市委书记王国平正式批准(Chen 2010)，最终形成了一张"计划网"(Heilmann & Melton 2013)，这表明气候政治已经成为杭州的一个重要政策舞台，推动杭州走上全面可持续发展的道路(I-1011)。而这会与城市年度GDP的高增长目标相矛盾，即在"十二五"期间(2011—2015年)达到10%，这一目标将不可避免地导致更多污染和排放。

政策制定过程涉及众多利益相关方，可帮助人们认识到应对气候变化以及促进绿色可持续发展的必要性(I-1011)。然而,使用各种不够清晰的新概念来制订一个全面的"计划网",以及提出有时似乎不太连贯的干预措施是否合理,还有待进一步考证。此外,遵循政策文件的详细规定会反复调整或更新⑤,可能会对执行程序制度化带来不利影响。

在此阶段,市政府尚未对政策效率进行系统地研究,监测主要局限于审查目标的实现情况和资源消耗方面的合规性检验(I-1007)。杭州重要气候变化政策文件的撰稿人之一指出该制度在政策制定、法律化和实施方面存有一定缺陷,并主张采取更严格的实施方法。他还发现,由于现阶段缺乏对基本信息和数据的访问,对这些问题的研究造成了一定的阻碍,因而他主张将数据统计进一步系统化,提升透明度(Xiang 2012)。

2012年对杭州受访者进行的一项关于低碳生活的看法和改变行为意愿的小型调查⑥显示,受访者普遍热衷于参与低碳生活,但他们对所需采取的行动以及在日常生活中可以尽个人努力做些什么知之甚少。有相当多的民众对具体的低碳举措一无所知。这些发现与2009年的一项全国性调查的结果一致,该调查发现,气候政治面临的主要挑战是向公众解释气候变化,并提出应对气候变化的方法。此外,面对相关成本的提高,如使用更昂贵的可再生能源及其带来的各种不便,如少乘坐私家车,公众需要时间去接受。另外,普通人在理解政治文件中的部分官方术语时有困难,这是提高环保意识的另一个障碍。

因此,中介机构有必要动员和引导公众利益进入政治体系,也有必要引导政治体系将公众利益纳入囊中(I-1001)。杭州的许多组织已经在这方面采取行动,例如:一、由社区(I-1010,L2001)、社团(I-1003)和上市公司提供公共信息,比方说关于废物处理的说明(I-1009);二、为儿童和青少年举办展览,开设相关教育节目,例如参观杭州的全球首家低碳科技馆(I-1004)或者垃圾文化博物馆(I-1009);三、电视台与社会组织合作举办特别媒体节目(I-1003);四、各种类型的低碳最佳创意竞赛(I-1003;I-1004;I-1008);五、模型制作,如低碳排放示范建筑(I-1004;I-1013);六、实验项目,如拥有低碳产业的钱江低碳开发区(I-1012)。这些举措会显著提高人们对气候变化叙述背后的科学逻辑的认识,使民众更加明确自身责任。但与此同时也需要协调民众利益,否则气候变化干预计划会注定失败。

整合机制

为了缓解党政国家体制的碎片化趋势,政府实施了两个较为完善的整合机制,一是建立领导小组,二是对政府部门及其领导和工作人员进行基于关键绩效指标的绩效评估。

领导小组

与国家层面(Qi & Wu 2013)相呼应,杭州市成立领导小组,由市委书记担任组长,旨在将杭州建设成为低碳城市。2012年,领导小组包括杭州市31个政府机构和13个区(杭州市发改委2012;杭州市人民政府2011)。与其他各级党政领导小组一样,该小组应通过协调市政府各部门和下级政府的各种利益,确保在地方党政体系零散的"条条块块"矩阵[7]中进行有效决策和政策实施(I-I007;另见 Miller 2008)。杭州市委书记出任领导小组组长,印证了市政府对气候政治的重视。自2010年以来,杭州市发改委首先通过其能源、环境和资源司(杭州市发改委2010)和2012年新成立的应对气候变化司,为领导小组提供秘书支持。实际上,这两个部门是由同一批人(两块牌子,一套班子)(I-1007)指挥的。2010年共有2名工作人员(杭州市发改委2010),2013年有3名工作人员(I-1007)。虽然如此有限的工作人员可能对执行工作造成制约,但设立新的司至少表明了当前阶段对气候的重视。秘书处主要负责根据城市"五年计划"制订与低碳发展有关的年度计划,并设立气候变化干预措施的各项目标(I-1007;杭州市施发改委2010)。根据《杭州市生态文明规划》(杭州市人民政府2011)第91条,又成立了一个生态文明领导小组。同样由党委书记牵头,市长为副手。环境保护局为该领导小组提供秘书支持,发布年度计划指令。虽然这两个领导小组主要是为关键政策流程进行授权、提供支持并赋予其合法性,但是由于领导小组必须确保政策按照主管部门制订的计划执行,因而也为气候政治等新政策领域的制度化铺平了道路。这种跨部门政策的实施牵涉复杂而碎片化的党政国家层级中的各个领导和组织,包括党委书记、地方政府常务委员会、副市长、市长和部门负责人(I-1007)。

作为一种整合机制,杭州市低碳领导小组在市委书记的领导下,推动地方党政组织的决策过程,确保决策顺利实施,并且会指定相应的负责组织。为此,两个领导小组的秘书处每年都会组织有关部门负责人召开会议,总结上一年的工作,并讨论当年的工作。

我们尚无法全面评估这种方法的有效性,但可以这么说由于这是管理复杂政策议程的公认制度化方法,并且由市委书记领导,确实发挥了重要作用。伊顿和科斯特卡(Eaton and Kostka 2012:27)认为:"许多相关变革给当地企业和当地就业带来了高额成本,要想进一步为绿色增长奠定基础,强有力的、持续的领导能力是必需的。"从理论上讲,这一论点印证了领导小组的作用。领导小组的成立表明,在中国的共产主义政党国家体制内仍然需要强有力的整合机制来减轻碎片化或部门主义的负面影响。

绩效评估和关键绩效指标

1989 年,环境绩效评估在《环境保护法》中得到了法律认可(Wang 2013)。传统上,绩效考核是一种重要的纵向整合机制,它敦促干部履行自身职责,满足上级的要求。然而,近年来,环境绩效评估的重点已从垂直管理部门"条"转移到地方政府层面"块",由地方党政干部负责履行,因此,它已成为地方日益重要的横向整合机制(Qi 2013)。

一般来说,关键绩效指标分为:"指导性"或"一般性"指标,也可分为"软"指标和"硬"指标,其中还包括"否决"指标。"否决"指标是最具挑战性的指标,若未能达到"否决"指标,个别领导或部门则会受到处分(Wang 2013)。2006 年之前,环境指标基本上被视为软指标,而在"十一五"规划(2006—2010 年)中,一些环境目标被提升为硬指标,甚至成为否决指标,被赋予一定的"约束性"。在 2009 年哥本哈根气候谈判之前,中国领导人还首次宣布了一个具有"国内约束力"的碳强度目标,实现这些目标的责任完全落在各级领导干部的肩上(Wang 2013)。

因此,现阶段地方党和国家组织及其领导人的绩效评估不仅应包括环境和能源指标,还应包括与气候变化相关的关键绩效指标(Qi & Wu 2013)。杭州也是如此(I-1016),其中最关键的绿色发展目标(见表 1 和表 2)为绩效评估奠定了基础(I-1007)。

此外,公众对政府服务满意度的调查也为杭州的政绩考核程序增加了一个重要的新维度。最初,政府只是简单地调查市民对政府服务的满意程度,而不与政绩评估挂钩。但是现在,公众满意度调查已成为综合评估程序的一部分,政绩评估现结合了内外部绩效评估以及与特定服务和目标相关的公众满意度调查(Wu 2012)。为确保与关键绩效指标保持一致,市政府与下级政府签署了强制性责任书,制定了部分情况下详细的评估程序,以及对应的加减分标准(杭州市人民政府 2012)。

这一新制度将领导干部和专家的技术、专业能力及业绩的评估与公众满意度调查结合起来,具有极高的创新性。虽有一些批评意见,但还是得以发展。市政府目前的工作重点是使该制度在城市领导干部和官员晋升考量方面更具可持续性,更加便捷(Wu 2012)。在制度完善的同时,部门的评估也越发公开透明(纪检组 2010;杭州市发改委 2010)。评估会议有时会对公众开放,甚至在电视上播出。⑧

与气候变化相关的"否决"关键绩效指标的进展缓慢。节能一直是国家（Qi 2013）及城市层面的否决目标（参见杭网议事厅 2011）。然而，在杭州市政府与其下属政府签订的 2010 年节能合同中，地方政府仍然没有设定任何否决目标。另一方面，新制度落实后，发改委已经经历了由于相关关键绩效指标执行不足而削减工作人员奖金的情况（I-1015）。

尽管地方政府实施节能目标进展缓慢，但基于绩效考核体系的重要性，《清华气候倡议》合理推测，干部目标管理考核制是中国低碳发展中最重要的制度创新。然而，该制度的执行是自上而下的，地方政府举措空间相对有限（Qi 2013）。

为应对日益重要的气候政策议程，与气候相关的或建造绿色城市的指标在绩效考核体系中逐渐得到重视。实际上，2005 年，这些只占所有关键绩效指标的 2%，但到 2020 年，它们会增加至 20%。上面讨论的社会评估是这方面的重要补充，如表 3 所示。

表 3　杭州市绩效考核程序

类目	形式	权重(%)
社会评价	基于以下社会群体代表样本的 1.5 万份评估表：公民、企业、市级党代表、市级人大代表、市级政协委员、学者、社会组织。本项调查衡量社会满意度	50
目标考核	市政府直属机构绩效考评办及相关技术部门考核：具体目标完成情况、工作指标、目标完成管理等各类进度考核	45
领导考评	由 4 个领导小组、大法官和检察长对市政府所有机构的综合进展进行全面定性评估	5
共计		100
创新创优评估	本项评估最多可获得 3 分。它是基于市政府下属组织的申请，由绩效评估办公室和一个专家小组对其进行评估	+多至 3 分

资料来源：杭州市考评办。
注意：下级政府的考核体系略有不同，不同的考核类型权重也不同。

社会评估的权重为 50%，这大大高于领导能力评估的权重的 5%。杭州是中国第一个在绩效考核方面迈出如此大胆一步的城市（I-1016）。幸运的是，对于地方部门及其领导人来说，社会对城市重点项目调整的满意度在 2011 年高达 95%。然而也有包括环境体系中许多新上任的干部难以接受新问题，负责各种干预措施的部门之间也没有充分协调等批评的声音。部分单位对人民代表的意见重视不够，或者对人民代表的意见和投诉处理不当。2012 年，社会评估体系覆盖了 1.5 万多名受访者（见表3），包括农民工及农村居民、企业（1 000 家）、非营利性企业和非政府组织，如商业协会和社会组织（100 家）。受访者还被要求对 216 项调整方案作出评价。最终收到建议和批评约 9 500 条，同比去年减少 1 000 条。其中一半为普通市民，其次是企业代表，所得具体答复 569 份。10 个旨在解决公众日常生活中问题的节目，所获支持率几乎相同。在加强生态保护方面，46% 的受访者表示满意，36% 的受访者基本满意，只有 2% 的受访者不满意，其余持不关心的态度。与前一年持平的是，只有约 3% 的公众提案或批评集中在环境问题上。该方案仍处于试验阶段（I-1016），本文无法对其有效性进行研判。但该方案清楚地表明了一种愿望，即市政府各部门应将注意力转向解决社会评估提出的问题，而不是仅仅取悦上级，帮助他们完成有利于自身职业发展的项目。这种性质的转变意味着关键绩效指标评估可以逐渐成为社会责任的一个强有力的制度杠杆，而不仅仅是体制内的一个整合机制。但实际上，关键绩效指标评估很可能同时发挥这两种作用。

将社会评估纳入政绩评估体系是一种创新，党政领导干部现在必须接受社会评估是其政绩评估的一部分，这可能会促使气候政治领域内的政治变革。碎片化威权主义理论无法解释为什么中国的共产主义政党国家体制会对此种创新持开放态度，为社会参与打开了大门。杭州市委市政府意识到气候变化无法独自应对，社会评估调查也不能单独进行，应对气候变化的挑战需要更多的社会参与。

自上而下的过程和社会参与

因此，党和国家设计了各种类型的自上而下的方案，吸引外部利益相关者。我们可以认为党和国家在设计这些方案时拥有足够的安全感，因为参与气候政治的利益相关者（即党、政府和企业），均认为党和国家在气候政治中发挥着主导作用（如 I-1007；I-1011；中国零点 2009）。

首先，应如上所述，向公民提供有关环境活动、法律法规、环境实践和事件等的更多信息（杭州市人民政府 2011）。此外，当局和社会组织（社团、非政府组织）之间还应通过信息共享、协商、互访等方式进行更直接的互动。生态文明计划也指出，由于公共部门对生态文明需求的认识不足，并且由于公众的全面参与体系仍不完善，因此有必要采取以上措施（杭州市人民政府 2011）。

政府还邀请特别"人民监督员"（杭州市环保局 2012）对公共项目发表意见。这些人员通常是学者、非政府组织代表和商界人士。非政府组织"绿色浙江"的负责人受邀担任浙江省环境保护局和杭州市环境保护局的监督员(I-1003)。此外,政府还设计了一系列方案,旨在让社区也参与到低碳发展中(杭州市人民政府 2012;杭州市人民政府 2011)。杭州市中心的东平巷社区就是一个典型例子,该社区开展了针对气候变化干预措施的微型试点项目(I-1014;L-2001;Blichfeldt 2013)。

政府将服务外包给企业运营商是另一种社会参与形式,这种方式在中国已经很常见了。近年来,越来越多的企业中介机构被邀请参与到环境规划的实施中。政府在地方资源管理体制改革中,也努力动员企业团体成为"第三方组织"(杭州市人民政府 2011:63),企业需公开其环保活动。一位高级官员看来,杭州市政府和党委在努力促进社会组织的建立和发展(Wu 2012)。有影响力的环保非政府组织"绿色浙江"⑨是受益于这些倡议的组织之一。"绿色浙江"组织是由一群志同道合的人于 2001 年非正式成立,他们有着广泛的组织关系。经过 11 年的组织发展和整合,历经了无数障碍之后,该组织终于于 2012 年合法注册,并于 2013 年 5 月正式启动(Ruan 2013)。绿色浙江因其网络上有广泛的影响力,最终获得了当地党政部门的认可,其网络覆盖了当地政界、学术界和商业界。目前,该组织正在借助于一个名为"绿色足迹"的下属非政府组织,与对环境和企业社会责任问题感兴趣的公司建立网络关系。绿色浙江的办公场所由绿色足迹会员之一免费提供,该组织还设有党支部(I-1003)。

在中央政府的要求下,杭州市政府推出了另一项创新计划,旨在将非政府组织纳入服务提供主体。2012 年,民政部和财政部出台了《民政部关于印发 2013 年中央财政支持社会组织参与社会服务项目实施方案的通知》。在杭州,绿色浙江在 2012 年和 2013 年成功申获该计划下的两个项目。其中一个项目是杭州市城市社区环境保护与改善示范工程,由北京市生态社区基金会提供配套资金。绿色浙江需经过一系列认证程序(I-1003),才可获得项目竞标资格。

社会参与似乎已经成为党和国家的新标语。在杭州,社会参与始于 2000 年左右(I-1016;Wu 2012),杭州当权意识到,传统自上而下的治理不会继续像过去一样奏效。因此,企业、社会组织和公民参与的治理创新被视为取得成功的新先决条件。毫无疑问,杭州的气候变化目标也将被纳入绩效考核体系中(杭州市人民政府 2011:70)。

基于施罗德(Schröder 2012)的观点,笔者认为,在气候政治这样一个新的政策领域,其复杂性促使党和政府放弃对部分政治议程自上而下的制定和执行方式。这种放弃是逐步的、有选择性的(Eaton & Kostak 2012;O'Brien & Li 1999)。

自下而上的社会参与方式

碎片化威权主义理论无法解释由上述自上而下的、向外延伸的党政治理方式所产生的效果。而且,自下而上的过程也在发挥作用。绿色浙江的两个例子可以说明如何利用党政国家体制内部的机会结构,开展自下而上改善环境的项目。第一个案例如下,2012年,温州一名商人出资20万元,邀请环保局局长来当地一条污染严重的河流游泳。另一位商人甚至出价30万元人民币。此番行为的目的是引起公众对该地区河流严峻形势的关注。尽管环保局局长并未来此河游泳,但问题最终得到了解决。2013年,绿色浙江从中获得灵感,与当地电视台合作推出了一系列节目,在浙江寻找可游泳的河流。该方案引导公众关注该省受污染的河流。最初,某些部门试图进行干预,使其"改变方向"(I-1003)。然而,绿色浙江没有让步,而后该计划受到省长的赞扬(I-1003)。继最初的成功之后,受到1966年毛泽东横渡长江英勇事迹的启发,该组织于2013年8月3日提出在杭州集体横渡钱塘江的想法(距离大约1.2千米)这一提议具有潜在变革性意义。他们邀请省环保局和杭州市环保局加入,但没有得到回应,直到省委书记公开表示,他期待看到政府参与这项活动。在活动的前一天,杭州市环保局匆忙登记了一个由环保局副局长率领的12人代表团。共计有1800人参加了此次游泳活动。据绿色浙江的负责人说,毛主席的事迹以及与官方媒体的密切合作,是本次活动获得支持不可或缺的因素(I-1003)。这是政策企业家使用策略性话语框架和媒体来发掘政党国家体制内的机会结构,进而影响政策议程的典型事例(Mertha 2009)。

此外,绿色浙江还启动了一个名为"环境观察"的互动网络和移动平台,普通市民可以通过一个公开的应用程序来报告水污染事件,进而将此事件记录在一个专门网站的浙江地图上。其目的是向环境主管部门施加压力,加快此类事件的处理进度。[⑩]根据绿色浙江的说法,这种施压行为起到了作用,环境主管部门对报告案件的答复率非常高(I-1003)。

显然,党和国家倾向于采取自上而下的举措。但是,现阶段的重点是外部利益相关者的广泛社会参与,这是对党和国家治理方式某种程度的挑战(I-1007)。杭州市政府负责绩效评估的官员认为,这是当代中国社会对个人角色认知的一种典型转变。过去,人民被视为一个集体,培养了"我们"的共同身份,没有个人主义生存的空间,个人必须服从于集体。现在情况不同了,个人可以坚持自己的身份,同时有权通过"社会参与"来介入政治进程(Wu 2012)。绿色浙江事例证明,地方非政府组织可以利用这些机会,敦促地方政府承担更大的责任。

讨论与结论

本文探析了杭州的气候政治对治理创新的作用,讨论了碎片化威权主义理论能否解释党和国家的气候政治路径。首先,党和政府的做法是努力将科学知识渗透到具体的政策和行动计划中,科学知识为城市一级政策的制定提供了大量实质性的帮助,使城市政策同国家政策保持一致。其次,杭州政府明白体制的碎片化可能是气候政治的一个重大挑战,因而将重点放在两种主要的整合机制上,以确保应对气候变化工作的连贯性。杭州市成立了两个领导小组,由市委书记担任组长,这表明该市政府对这一新的、复杂的政策舞台给予了高度的政治关注。同时,将社会评估和气候变化相关目标纳入绩效评估体系中也发挥了重要作用,这能够确保了党和国家组织及其领导干部会投入更多精力在这些关键绩效指标的实现上,杭州在这方面的进展值得关注。并且笔者认同(Qi 2013)的观点,即作为党政国家体制内自上而下的整合机制,在绩效评估中纳入与气候变化相关的关键绩效指标是一项重大的制度创新。

杭州应对气候变化的计划和方案包括部分由党政国家体制推动的自上而下的命令式倡议和项目,这有时需要大量资金。如今,市场手段被广泛应用,例如外包给第三方中介机构和社会组织,以及一般性的社会参与。这表明中国正谨慎地、有选择性地转向新的治理方法,参与到社会活动中。尽管这些治理工具可能有助于特定目标的实现,但还需要全面衡量公众参与的构想和计划。

目前这种治理方式仍处于初级阶段,迄今为止也还没有对这一方式有效性的研究。但初步结果表明,杭州政府在执行气候政策方面不再满足于闭门造车、自上而下的管理办法。增设的非政府组织"绿色浙江"就是一个成功的例子,证明了社会组织可以参与到议程的制定过程中,敦促地方政府参与解决关键的环境问题。绿色浙江表明新型、更具包容性的国家与社会间的互动模式可以容纳自下而上的倡议,但也表明,政党体系的碎片化及类法团主义的社会管理方式共同为政党国家体制开辟了新的道路。将社会参与作为新标语,赋予了社会一定的力量。

尽管国家不断加强其整合机制,以平衡碎片化的态势,确保气候政策顺利实施,但杭州的社会参与反映了一种创新的、民主的、更具包容性的方式,这不由法团主义等论点所解释。因此,笔者认为碎片化威权主义理论对于分析中国党政国家体系的内部张力,以及从国家中心的角度分析党和国家同社会的互动,某种意义上仍然适用。

作者单位：丹麦哥本哈根大学
译者单位：北京第二外国语学院

注释

① 本研究由北京中丹研究与教育中心(SDC)资助。感谢浙江大学郁建兴教授和吴宗杰教授对我在杭州组织项目活动的支持,感谢张立言(硕士生)和关婷(博士生)的研究帮助。
② 本文将"气候政治"作为一个通用术语,囊括了气候变化、环境和(可再生)能源/能源安全等领域内的政治。且本文的重点是减缓气候变化,而非适应气候变化。
③ 访谈开展于2012—2014年,并予以连续编号。编号方式：I(＝采访)-××××(连续编号)。本文末尾提供了所涉及的访谈列表。L－2001指其中一位受访者的公开演讲。
④ 关于杭州的部分内容借鉴了Delman(2014)。
⑤ 杭州市政府工作人员表明,"政策冲刺"对政策审查过程造成了严重制约,政策审查本应确保当地政府通过的政策法规符合法律规定并具有一致性。
⑥ 本项调查开展于2012年夏季。从统计学上讲,该样本不具有代表性(访谈：N＝86;调查表：N＝96;目标来自不同群体)。资料来源：百通奇观网,社区居民低碳行为意识调查研究。网址：www.qikan5.com/mianfeilunwen/qita/11611.html(访问于2013年4月24日)。
⑦ 利伯索尔和奥森伯格(Lieberthal and Oksenberg 1988)称其为"条与块指令"(areas and lines dictates)。
⑧ 评估公开的例子在市政府各部门的网站上比比皆是。2014年10月24日,笔者观看了杭州电视台的一个节目,该节目播出了当地大运河管理办公室的公共绩效评估。领导干部到场,向受邀的听众做了工作汇报。
⑨ "绿色浙江"董事会主席将该组织定义为非政府组织(Ruan 2013)。
⑩ www.pollutionwatch.net/(查阅于2013年11月6日)。

参考文献

1. ADB (2008) *Managing Asian Cities*. Manilla：ADB.
2. Bäckstrand, K. (2008) "Accountability of Networked Climate Governance：The Rise of Transnational Climate Partnerships." *Global Environmental Politics* 8(3)：74–102.
3. Baeumler, A., Ijjasz-Vasquez, E. and Mehndiratta, S. (eds) (2012) *Sustainable Low-Carbon City Development in China*. Washington, DC：World Bank.
4. Blichfeldt, N. V. (2013) Det CO2-lette liv i Dongpingxiang. Diskursive forbindelser og forbilleder i en klimakampagne i et kinesisk boligkvarter ["The CO_2-easy life in Dong-

pingxiang. Discursive Relationships and Models in a Climate Campaign in a Chinese Residential Community". In M. Sørensen, and M. F. Eskjær (eds) *Klima og mennesker* [*Climate and People*] (pp. 191 – 211). København: Museum Tuscalanum.

5. Brødsgaard, K. E. (2012) "Cadres and Personnel Management in the CCP." *China: An International Journal* 10(2): 69 – 83.

6. Bulkeley, H. (2010) "Climate Policy and Governance: An Editorial Essay." *Wiley Interdisciplinary Reviews: Climate Change* 1(3): 311 – 313.

7. Bulkeley, H. and Newell, P. (2010) *Governing Climate Change*. London: Routledge.

8. Central People's Government (2011) 两部门要求开展节能减排财政政策综合示范工作 (Two Organisations Demand that Comprehensive Demonstration Work for Financial Policies for Energy Saving and Reduction of Emissions are Initiated). [Online] 28 June. Available at: www. gov. cn/gzdt/2011-06/28/content_1895327. htme (accessed 9 March 2013).

9. Chen, Z. (2010)50 亿基金撬动低碳杭州(5 Bill Shall Open Up Low-Carbon Hangzhou). 经济观察网. [Online] 19 March. Available at: www. eeo. com. cn/eeo/jjgcb/2010/03/22/165669. shtml (accessed 2 July 2013).

10. China Daily (2007) *Ecological Civilization*. [Online] 24 October. Available at: www. chinadaily. com. cn/opinion/2007-10/24/content_6201964. htm (accessed 17 January 2013).

11. Delman, J. (1993) *Agricultural Extension in Renshou County, China — A Case-study of Bureaucratic Intervention for Agricultural Innovation and Change*. Hamburg: Institut für Asienkunde.

12. Delman, J. (2005) "China's Party-state and the Private Business Sector: 'Dog Wags Tail' or 'Tail Wags Dog'?" *Norwegian Journal of Geography* 59(3) (September) (Special Issue China): 207 – 216.

13. Delman, J. (2011) "China's 'Radicalism at the Center': Regime Legitimation Through Climate Politics and Climate Governance." *Journal of Chinese Political Science* 16(2): 183 – 205.

14. Delman, J. (2014) "Climate Change Politics and Hangzhou's Green City Making." In E. Björner and P. O. Berg (eds) *Branding Chinese Mega-Cities: Policies, Practices, and Positioning* (pp. 249 – 261). Cheltenham: Edward Elgar.

15. Dickson, B. J. (2003) *The Party, Private Entrepreneurs, and Prospects for Political Change*. Cambridge: Cambridge University Press.

16. Dickson, B. (2006) "Cooptation and Corporatism." In L. Dittmer and G. Liu (eds) *China's Deep Reform. Domestic Politics in Transition* (pp. 119 – 143). Lanham: Rowman & Littlefield.

17. Eaton, S. and Kostka, G. (2012) *Does Cadre Turnover Help or Hinder China's Green Rise? Evidence from Shanxi Province*. Frankfurt School-Working Paper Series *184* (January): Frankfurt: Frankfurt School of Management, Bankakademie Hfb.

18. Edmonds, R. L (2011) "The Evolution of Environmental Policy in China." *Journal of Current Chinese Affairs* 3: 13 – 35.

19. Foster, K. W. (2006) "Improving Municipal Governance in China: Yantai's Pathbreaking Experiment in Administrative Reform." *Modern China* 32: 221 – 50.

20. Gilley, B. (2011) "Paradigms of Chinese Politics: Kicking Society Back Out." *Journal of Contemporary China* 20(70): 517 – 533.

21. Guo, S. (2013) *Chinese Politics and Government: Power, Ideology and Organization*, London and New York: Routledge.

22. 杭州议事厅（2011）杭州开展全市节能减排专项整治行动（Hangzhou Initiates Political Activities Regarding Special Energy Savings and Emissions Reduction Projects）．［Online］12 December. Available at: http://hwyst.hangzhou.com.cn/zck/content/2011-12/12/content_3993447.htm (accessed 26 October 2013).

23. 杭州市（2010）杭州市 2010 年节能目标责任书（征求意见稿）［Hangzhou 2010 Responsibility Contract for Energy Saving (draft for comments)］．［Online］. Available at: hzjingwei.gov.cn/hzjingwei2/ew/UploadFile/2010120154750747.doc (accessed 26 October 2013).

24. 杭州市发改委［Hangzhou City Development and Reform Commission］（2010）杭州市发改委能源和环境资源处处长徐东敏述职报告［Report on the Work of Xu Dongmei, Head of Division for Resource Saving and Environmental Protection, Hangzhou Development and Reform Commission］．公述民评专栏．［Online］20 October. Available at: www.hzlz.gov.cn/lzjj/ztxx/gsmp/pycn/201010/t20101020_135376.htm (accessed 24 April 2013).

25. 杭州市发改委（2012）杭州市"十二五"低碳城市发展规划［Hangzhou City 12th Five-Year Plan for Low-Carbon City Development］．［Online］12 May. Available at: www.google.dk/url?sa＝t&rct＝j&q＝&esrc＝s&frm＝1&source＝web&cd＝1&ved＝0CCwQFjAA&url＝http％3A％2F％2Fwww.hangzhou.gov.cn％2Fupload％2F20111229％2F20111229_1325141612601.doc&ei＝mpU6UcTFKMmPa6ugZgM&usg＝AFQjCNE43bpDHnG-1UFjj0QrXpvVqY2AUQ&sig2＝yzGOZpdqSa29tHmCaeyLwA&bvm＝bv.43287494,d.ZWU (accessed 9 March 2013).

26. 杭州市（2013）关于印发"杭州市 2013 年生态文明建设目标责任书"的通知［Notice Regarding the Publication of the "2013 Target Contract for Hangzhou City for Eco-civilization Construction"］．杭州省办 146．［Online］18 June. Available at: www.hzepb.gov.cn/zwxx/gkml/17/1703/201310/t20131011_24478.htm (accessed 28 October

2013).

27. 杭州市环保局（2012）2012年"公述公评"工作方案［Hangzhou EPB's Work Program for Special 'People's Supervisors' in 2012］，公述民评专栏．［Online］16 November. Available at：www. hzepb. gov. cn/hbzx/ztzl/gsmp/gzjh/201209/20120911_17085. html （accessed 5 November 2013）．

28. 杭州市考评办（n. d.）考评体系［The Performance Assessment System］．杭州考评网． Available at：http://kpb. hz. gov. cn/showpage. aspx? id＝223（accessed 26 October 2013）．

29. 杭州考评办（2013）2012年杭州市市直单位综合考评社会评价意见报告［Hangzhou City's 2012 Report on the Comprehensive Assessment of Opinions From Society on Units Directly Under the City］．［Online］杭州考评网．Available at：http://kpb. hangzhou. gov. cn/showpage. aspx? nid＝9028＆id＝194（accessed 16 October 2013）．

30. 杭州市能源监察网（2010）．杭州被国家列为低碳试点城市［Hangzhou Has Been Classified as a Low-Carbon Pilot by the State］，杭州市能源监察网．［Online］26 July. Available at：www. hzecs. gov. cn/custome/newsAction! getOneNews. do? id＝4acb5a022a056812012a0d9113860005（accessed 22 October 2013）．

31. 杭州市人大（2011）杭州市国民经济和社会发展第十二个五年规划纲要［The Outline Program of Hangzhou City for the 12th Five-Year Plan for the National Economy and Social Development］．十一届人大六次会［passed by the 6th meeting of the 11th People's Congress］．［Online］28 January. Available at：http://hznews. hangzhou. com. cn/xinzheng/xzyl/content/2011-02/10/content_3616736_17. htm.（accessed 16 March 2013）．

32. 杭州市人民政府（2011）杭州市生态文明建设规划 *(2010 - 2020)*［Hangzhou City Plan for Eco-civilization Construction (2010 - 2020)］．杭州：杭州市人民政府．

33. 杭州市人民政府（2012）杭州市人民政府办公厅关于印发杭州市绿色创建行动方案的通知［Notification From the Office of Hangzhou City Government Regarding the Publication of an Action Plan for Green Creation］．杭州办函190.

34. 杭州市统计局（2013）杭州统计年鉴［Hangzhou Statistical Yearbook 2013］．北京：中国统计出版社．

35. He，B. and Warren，M. E.（2011）"Authoritarian Deliberation：The Deliberative Turn in Chinese Political Development." *Political Perspective* 9(2)：269 - 89.

36. He，B. and Thøgersen，S.（2010）"Giving the People a Voice? Experiments with Consultative Authoritarian Institutions in China." *Journal of Contemporary China* 19 (66)：675 - 92.

37. Heberer，T. and Senz，A.（2011）"Streamlining Local Behaviour through Communication，Incentives and Control：A Case Study of Local Environmental Policies in

China." *Journal of Current Chinese Affairs* 3: 77-112.

38. Heilmann, S. and Melton, O. (2013) "The Reinvention of Development Planning in China, 1993-2012." *Modern China* 39(6): 580-628.

39. Heilmann, S. and Perry, E. J. (eds) (2011) *Mao's Invisible Hand. The Foundations of Adaptive Governance in China*. Cambridge, MA: Harvard University Asia Centre.

40. Huang, P. C. C. (1993) "'Public Sphere'/'Civil Society' in China?: The Third Realm between State and Society." *Modern China* 19(2): 216-40.

41. 纪检组 [Discipline Inspection Committee, Office for Inspections] (2010) 处长们的"特殊考试" [The 'Special Examinations' of the Heads of Division]. Available at: www.hzda.gov.cn/hzda/website/news/326/20101113182789191.html (accessed 18 October 2013).

42. Kennedy, S. (2005) *The Business of Lobbying in China*. Cambridge, MA: Harvard University Press.

43. Kern, K. and Alber, G. (2008) "Governing Climate Change in Cities: Modes of Urban Climate Governance in Multi-Level Systems." In *Competitive Cities and Climate Change*, OECD Conference Proceedings, Milan, 9-10 October.

44. Lieberthal, K. and Oksenberg, M. (1988) *Policy Making in China: Leaders, Structures, and Processes*. Princeton, NJ: Princeton University Press.

45. Mai, Q. and Francesch-Huidobro, M. (2015) *Climate Change Governance in Chinese Cities*. London and New York: Routledge.

46. Malone, E. L. (2009) *Debating Climate Change: Pathways through Argument to Agreement*. London and Sterling, VA: Earthscan.

47. Mertha, A. (2009) "Fragmented Authoritarianism 2.0: Political Pluralization in the Chinese Policy Process." *The China Quarterly* 200: 995-1012.

48. Miller, A. (2008) "The CCP Central Committee's Leading Small Groups." *China Leadership Monitor* 26: 1-21.

49. MOCA [Ministry of Civil Affairs (民政部)] (2012) 民政部关于印发2013年中央财政支持社会组织参与社会服务项目实施方案的通知 [Notification from Ministry of Civil Affairs on the Promulgation of '2013 Implementation Plan for Financial Support to Participation by Social Organisations and Social Service Projects']. 民政部门户网站 [Online] 13 December. Available at: www.mca.gov.cn/article/zwgk/tzl/201212/20121200392561.shtml (accessed 17 October 2013).

50. Nathan, A. J. (2003) "China's Changing of the Guard. Authoritarian Resilience." *Journal of Democracy* 14: 6-17.

51. O'Brien, K. J., Lianjiang, L. (1999) "Selective Policy Implementation in Rural China." *Comparative Politics* 31(2): 167-86.

52. Qi, Y. (ed.) (2013) *Annual Review of Low-Carbon Development in China* (2013).

Policy Implementation and Institutional Innovation, abbreviated version. Climate Policy Initiative at Tsinghua University.

53. Qi, Y. and Wu, T. (2013) "The Politics of Climate Change in China." *WIREs Climate Change* 4 (July/August): 301-13.

54. Rhodes, R. A. W. (1996) The New Governance: Governing Without Government. *Political Studies* XLIV: 652-67.

55. Ruan, J. (2013) 因为梦想,所以坚持 [Persistence due to a Dream]. 彩虹民生 [Human Life under the Rainbow]. [Online] 18 May. Available at: http://blog.sina.com.cn/s/blog_6b84aa070102e5qt.html (accessed 15 June 2013).

56. Saich, T. (2000) "Negotiating the State: The Development of Social organizations in China." *The China Quarterly* 161 (March): 124-61.

57. Schmitter, P. C. (1974) Still the Century of Corporatism? *The Review of Politics* 36 (1): 85-131.

58. Schröder, M. (2012) *Local Climate Governance in China: Hybrid Actors and Market Mechanisms*. Basingstoke: Palgrave Macmillan.

59. Shi, H. (2011) "Experiences and Lessons from China's Early Practice in Environmental Performance Assessment." In M. M. Liu, D. Ness and H. Huang (eds) *The Green Economy and Its Implementation in China* (pp. 38-56). Singapore: Enrich Professional.

60. Sigley, G. (2006) "From 'Jihua' to 'Guihua': A Preliminary Critique of Approaches to Understanding 'Governance' in the Chinese Context." Paper presented at the 16th Biennial Conference of the Asian Studies Association of Australia, Wollongong, 26-29 June. [Online]. Available at: http://uwa.academia.edu/GarySigley/Papers/335368/From_Jihua_to_Guihua_A_Preliminary_Critique_of_Approaches_to_Understanding_Governance_in_the_Chinese_Context (accessed 23 October 2014).

61. Spires, A. J. (2011) "Contingent Symbiosis and Civil Society in an Authoritarian State: Understanding the Survival of China's Grassroots NGOs." *American Journal of Sociology* 117(1) (July): 1-45.

62. Toly, N. J. (2008) "Transnational Municipal Networks in Climate Politics: From Global Governance to Global Politics." *Globalizations* 5(3): 341-356.

63. Wang, A. (2013) "The Search for Sustainable Legitimacy Environmental Law and Bureaucracy in China." *Harvard Environmental Law Review* 37: 367-440.

64. White, G., Howell, J. and Xiaoyuan, S. (1996) *In Search of Civil Society. Market Reform and Social Change in Contemporary China*. Oxford: Clarendon.

65. Wright, T. (2010) *Accepting Authoritarianism. State-society Relations in China's Reform Area*. Stanford, CA: Stanford University Press.

66. Wu, B. (2012) 公民参与和重塑"我们"的价值观 [Participation of the Ordinary People and the Remoulding of the Values of "We"]. 中共杭州市委机关刊物（杭州我们）11 (November). [Online]. Available at: http://kpb.hangzhou.gov.cn/showpage.aspx? id=264&nid=7313 (accessed 16 October 2013).

67. Xiang, Z. (2012) 杭州低碳城市建设对策研究 [Research on Responses to the Construction of Hangzhou as a Low-carbon City]. 环境科学与管理 [Environmental Science and Management] 37(9): 157–62.

68. Yang, Z. (2013) *Fragmented Authoritarianism — The Facilitator Behind the Chinese Reform Miracle: A Case Study in central China*. China Journal of Social Work 6(1): 4–13.

69. Yu, J. and He, Z. (2011) "The Tension between Governance and State Building." *Journal of Chinese Political Studies* 16(1): 1–17.

70. Yu, J and Wang, S. (2011) The Applicability of Governance Theory in China. In Z. Deng and G. Sujian (eds) *China's Search for Good Governance* (pp. 35–48). New York: Palgrave Macmillan.

71. Zheng, Y. (2006) Explaining the Sources of de facto Federalism in Reform China: Intergovernmental Decentralization, Globalization, and Central-Local Relations. *Japanese Journal of Political Science* 7(2): 101–26.

72. 中国 (2011). 中国应对气候变化的政策与行动 (*2011*). [Policies and Actions Regarding China's Response to Climate Change]. 白皮书 [White Paper]. 北京: 中华人民共和国国务院办公室. [Online]. Available at: www.gov.cn/jrzg/2011-11/22/content_2000047.htm (accessed 23 August, 2014).

73. 中国杭州 (n.d.) *Guiding Principles and Main Goals of Twelfth Five-year Plan*. [Online]. Available at: http://eng.hangzhou.gov.cn/main/zpd/English/goal/gov/T379230.shtml (accessed 3 June 2013).

74. 中国零点 (2009) 应对气候变化：中国公众怎么看？(Mitigation of Climate Change: What Do Ordinary Chinese People Think About It?). 金融时报 (Financial Times). (Online) 21 November. Available at: www.ftchinese.com/story/001030390/?print=y (accessed 16 July 2013).

75. 中兴网 (2013) 温州环保局应对"请局长下河游泳"将清理垃圾河 [Wenzhou EPB Should Address 'The Invitation to the Head of Department to Jump into the River and Swim' by Cleaning the Garbage Rivers]. *www.chinanews.com*. [Online] 26 February. Available at: www.chinanews.com/sh/2013/02-26/4594879.shtml (accessed 5 November 2013).

采访

I–1001(15/05/2013) 3 researchers, Hangzhou International Urbanology Research Centre.

I-1002（15/10/2013）Chairman of Board of Green Zhejiang Environmental Protection Organisation.

I-1003（15/10/2013）Head of Secretariat, Green Zhejiang Environmental Protection Organisation.

I-1004（20/10/2013）Director, Hangzhou Low-carbon Science and Technology Museum.

I-1007（18/10/2013）Head of Division for Resource Saving and Environmental Protection, Division for Climate Change Response, Hangzhou Development and Reform Commission.

I-1008（21/10/2013）2 researchers, Hangzhou International Urbanology Research Centre.

I-1009（22/10/2013）Director and Senior Researcher, Hangzhou Environmental Group Ltd. Co., S&T Development Centre.

I-1010（08/06/2012）Leader of community and staff member, Dongpingxiang Community Committee, Hangzhou.

I-1011（08/05/2013）Vice-Director, Hangzhou Academy of Environmental Science.

I-1012（14/05/2013）Director and staff, Hangzhou Qianjiang Economic Development Area (QJEDA).

I-1013（14/05/2013）Business Manager, China Energy (Hangzhou) Conservation and Environmental Protection Group.

I-1015（22/10/2014）Head of Division for Resource Saving and Environmental Protection, Division for Climate Change Response, Hangzhou Development and Reform Commission.

I-1016（21/10/2014）Head of Office of Hangzhou Comprehensive Performance Assessment Committee; Office of Hangzhou Performance Management Committee.

报告

L-2001（21/10/2013）Sun Xiaoming, resident in Dongpingxiang Community in Hangzhou, at Green Drinks Hangzhou, Beifei Café.

[原文刊载于 Brødsgaard, Kjeld Erik (ed.). *Chinese Politics as Fragmented Authoritarianism. Earthquakes, Energy and Environment*, Routledge, pp.156-180]

重塑中国城乡边界

——例外是获得发展的标准*

叶思博(Jesper Willaing Zeuthen)/著　余沁/译

"这条街要拆除。政府计划在此修建一条古街。"在中国最大的内陆城市之一成都市的郊区，一位老人如是说。那时，附近的产业园区以佛塔建筑为特色，并以遥远的西藏少数民族地区命名，一座崭新如公园般的卫星城预计可容纳500万居民。划定为特别地区似乎已成为一种套路——但讽刺的是，那些没有被划为特别地区的村镇将面临不同的命运。2017年，在距离成都市约300千米的南充市南部县，某村党支部书记为自己的村庄未被划进特别地区而惋惜不已："除了7个村，其他村几乎都被纳入革命老区振兴发展规划，13号村和19号村甚至被认定为贫困村。"除了这七个被忽视的村庄外，由于被归为特例，其他所有村庄却有更多机会获得公共资金。打造"特别区"是中国规划的一大特色。[①]本文认为，这种例外主义目前在中国十分普遍，它已成为城镇化新发展的模式。

王爱华认为，"大都市……仍是被广阔腹地环绕的特殊之地"。[②]这种关于城镇化的观点——内陆地区城镇化发展，即可能在某一时刻，乡村就被归入城市地区——可以说在东亚城市研究中占主导地位。在东亚，传统治理形式在绝大多数情况下依旧盛行。各种形式的特区被看作是传统治理形式之外的特别地区。[③]资本主义扩张的前提是资源的不断积累以及资本主义制度下对资源的价值占有。[④]因此，城市就像它们所表达的城市逻辑一样，原则上不断向外扩张，而这个过程通常会引发财产侵占。在中国，经济规划与政治决策体制历来存在明显的城乡差异，它允许将丰富的农村土地与劳动力资源以低于城市市场价值的价格向城市转移。当户籍（户口登记）制度赋予城乡主体不同的公民身份时，计划体制则赋予城乡土地不同形式的产权。[⑤]这两种制度使城市在利益上占据上风，改革后实行的各种特区划分更凸显了城市与区域间的不平等，在政治经济上,排名靠前的大都市更引人注目。[6]在中国,城市处于中心地位,农村和小城镇衬托中心城市的发展。

由于中国现在半数以上人口是城市人口,因此将城市视为例外可能显得有悖常理。本文认为,至少在中国西南地区,不只是大都市能成为城镇化进程中的特别地区。城镇化建设也给这里的村镇带来在政治上被划分为大都市及其腹地的机遇。当然,这些地区获得的机会截然不同,有些机会甚至比其他因素更具吸引力。可以说,尽管地区间有不同合作,但区分地区的机制非常相似。这些特殊机会有助于维持和强化区划体制。

本文主要探讨的是不同特权设置下的政治分配过程。全球化背景下各地区的经济一体化主要依靠市场这双"无形之手"发挥作用,这似乎不是一个明智的选择。[7]但是,笔者侧重这一点是因为认识到国家这双"有形之手"在中国城镇化进程中起着非常重要的作用。[8]在中国,国家从许多层面垄断农村用地(集体所有,未正式商品化)向城市用地(国有,通过长期租赁正式商品化)的转化,大城市的地方政府从中收益颇丰。[9]在大城市,尤其是在产业较少的中国内陆城市,其很大一部分财政收入来自土地出让。[10]与此同时,自然资源部实行耕地保护制度,规定最低限度的耕地并限制可转为城市用地的土地数量。[11]

通过简要回顾有关中国城市规划中区划与尺度重组的文献,首先本文讨论如何应用查尔斯·蒂利(Charles Tilly)的边界理论来理解成都市的行政区划问题。然后再对实地情况及其数据选取进行介绍。之后,本文将分析政策转变背后的不同区划逻辑,以及尺度重组给那些被纳入(或拟纳入)新区的县城带来的机会。

例外情况、尺度重组与发展机会

把一些情况视为"特事特办"是中国从高到低决策过程中的惯用手段。欧博文(Kevin O'Brien)与李连江提出"正当抗争(rightful resistance)"概念,本质上是主张将个别情况定为公正治理的普遍规范的例外情况。[13]同样,韩博天(Sebastian Heilmann)将"政策试验(policy experiments)"当作引进新政策的重要途径,是借鉴了为引进新的治理形式创造特定空间的想法。[14]在城市规划中,例外情况也发挥着核心作用。建立特殊的新自由主义空间就是这一情况,当时中国在计划经济体制内开始试验以市场经济为特色的经济特区。[15]纵观近期的案例可知,作为解决产业创新、城乡发展不均衡、环境问题等较大政策问题的一部分,城市区域已成为产业发展政策和耕地保护政策议程之间的重要折中方案。[16]

建立新区域是一种尺度重组形式。它重新定义了领土及其使用权。在中国以外的地区,尺度重组通常被视为"针对'民族—国家'为中心的发展主义或发展国家的挑战而进行的选择性自由化"的过程。[17]王爱华对中国新自由主义例外空间的研究体现这种尺度重组的观点,即使选择的过程并非纯粹的自上而下,由于恰好符合中国经济特区在早期经济改革中的发展情况,选定区域的周边地区依赖于经济特区的建立。在这里,仅仅是"不规范"的城市发展就导致了大面积城市扩张,使"城中村"有机会与产业集群一起出现,形成了新的组织逻辑。[18]尽管设立特区是中国共产党最高层的战略决策,但特区周边地区发生的事情很大程度上是地方官员灵活运用规则,让市场力量决定城市发展的结果。

那时中国迫切希望赶超世界、摆脱贫困,经济特区由此应运而生。通常,出现危机或紧迫感时会进行尺度重组:的确,当时情况特殊。[19]改革开放初期,地方官员灵活运用规则,吸纳资本入场,通过成功行使新型资源的决定权扩大了自身权力,这些资源包括劳动力、外来资本以及具有城市与工业发展潜力的土地。[20]克里斯蒂安·隆德(Christian Lund)通过对没有明确规定的资源行使权利以建立权威的现象进行研究后认为,城市间对资源的争夺往往是对谁有权力决定使用权的争夺,也是对资源的实际使用价值的争夺。[21]因此,也就不难理解一个或多个政府机关往往试图通过重组来获得影响。[22]他们声称自己是构成例外空间的一部分,这既能吸引政治上的特权,又能建立并维持权威以决定谁应该获得哪些资源。基恩·梵·利姆(Kean Fan Lim)认为,与其说尺度重组是一种自由化的技巧,不如说它是政策试验中经常使用的工具,其目的在于对根植于威权政治制度中已经建立起来的制度进行新的利用。但尺度重组并不总是意味着"去中心化"。吴缚龙认为,目前跨地级市和省界建立城市群表明了一种"再中心化"而非自由化的尝试。利姆认为,城市与次区域在这些城市群中扮演着不同角色。因此,区划逻辑不仅扩展至大都市中的特别地区及其周边地区,而且扩展至广大内陆地区,这些地区在新区域中被赋予特殊作用。利姆的分析虽然未能覆盖全国,但与中国早期的城市区域研究相比,尚未触及或未区划的区域要少得多。过去,自上而下的分区使得相对较小的经济特区成为新自由主义的例外,但现在这种干预方式似乎涵盖了更大的区域。

通过研究位于大都市特别地区边缘的地区,本文关注的区域并不是最高政治优先事项,因此它或许能代表整个中国西部及内陆地区中的其他相似地区。而在研究这些地区还可以在多大程度上利用其特殊地位以获取城镇化发展带来的机会时,可参考蒂利有关边界的著作以及他提出的"机会阻隔"(opportunity hoarding)概念。蒂利认为,当"一个有明确界线的网络的成员保留对资源的使用权时,机会阻隔便发生了……它有价值、可再生、受垄断、支持网络活动,并且通过网络的运作方式得到加强"⑤。最重要的是那些产生剥削的边界。边界受剥削方的子类可能会发现自己处于有利地位,因为如果没有边界,他们就得不到这些机会优势。中国城乡边界无论是在计划经济时期,还是在早期市场化改革时期均是如此。尽管具有绝对的剥削性,但它仍可通过土地为城市周边乡村提供特殊机会。⑥

根据上述蒂利的思路,农村用地向城市用地转化是中国农村城镇化背景下体现了土地受垄断(机会阻隔的对象)。在快速城镇化发展进程中,地级市和县级市政府将长期在边远地区持续推进此类工作。他们通过土地出让赋予土地价值。地方政府能够通过参与决定谁能获得哪类资源以及为何获得这些资源来体现其权威。虽然他们本身不是受剥削方,但代表的是农村及其他贫困地区。

下文中,笔者将研究的尺度重组形式只适用于特定区域(少数民族地区和灾区),或可能蔓延到广大内陆地区(城乡新区和贫困地区)。通过选择不同形式的排他性,可以比较各种通过尺度重组来获得权威。

实地、数据与资料

本文主要聚焦天府新区卫星城外围的两个地区:成都市邛崃市羊安镇(地理位置刚好在天府新区外),以及眉山市仁寿县视高镇(其部分区域正好在天府新区内)(见图1)。它们均临近成都市区。在目前中国城市快速发展进程中,中国很大一部分人口居住在正逐渐实现城镇化的农村地区。

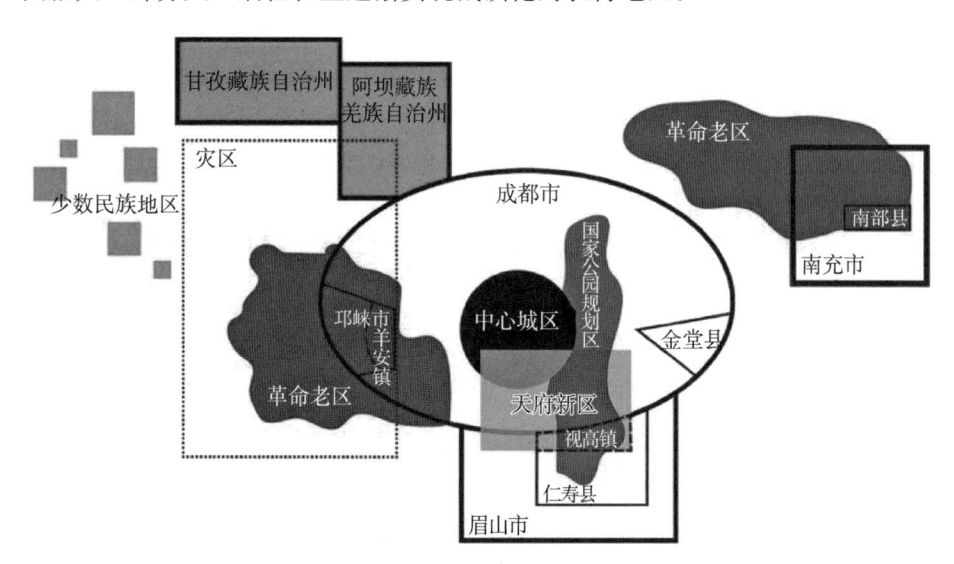

图1　四川省选定区域类型及本文研究地点
注:此图由叶思博绘制。

在 2016 年推进经济发达镇行政管理体制改革设立新的县级市之前,邛崃市是成都辖区内最贫困的县级单位(人口 1 600 万,面积 14 312 平方千米)。[27]因它过去为中国革命和社会建设作出了巨大贡献但现在"相对落后",四川省人民政府将之认定为"革命老区"[28],由此加大对它各项事业的扶持力度,让它可享受到针对落后农村地区的政策福利。与此同时,羊安镇作为邛崃市最靠近成都市区的地方,在招商引资方面占据得天独厚的地理优势。此外,邛崃市在 2008 年汶川地震和 2013 年芦山地震中遭到破坏,因此它成为指定灾区之一。图 1 显示了四川省不同类型的区域,表 1 则列举了不同的行政等级。

表 1　中国行政等级

层级		人口
国家	中华人民共和国	14 亿
省级	四川省	8 300 万
地市级	地级市/自治州	100 万—1 600 万
县区级	区/县/县级市	10 万—130 万
乡镇	街道/镇/乡	2 万—15 万
基层	社区/村	1 500—6 000

注:省级及以下人口根据四川省实地考察得出。

仁寿县是眉山市最贫困、人口最多的县,它比邛崃市规模稍小一些。[29]视高镇作为眉山市两镇之一(仅仁寿县部分),属于天府新区。表 2 显示了包括天府新区在内的县级单位的财政状况。从表中数据可知,地方政府从土地出让中收益的机会存在巨大差异。

表 2　人均国内生产总值(2016/2017 年)和不同来源的县级单位平均收入(单位:万元)

	天府新区	仁寿县	邛崃市	金堂县	南部县	甘孜州石渠县
调查年份	2014—2018	2012 2014 2016—2018	2011—2013 2015—2018	2015—2018	2013 2015—2017	2017
国内生产总值	46 488	30 089	36 926	44 896	30 864	8 338
地方税费等收入	4 133	1 623	2 113	3 817	662	574

续 表

	天府新区	仁寿县	邛崃市	金堂县	南部县	甘孜州石渠县
从以上级别转移	2 700	2 860	2 993	3 577	3 702	1 673
土地使用权出让收入	13 343	4 165	2 512	571	465	0
土地收入占财政收入的比重	61%	47%	25%	7%	9%	0%

注：表中阴影越深，说明该地区离成都市区越近。一些县级单位的收入在此并未列出。百分比根据总收入计算得出。县级收入根据各单位财政预算执行情况计算得出。所调查年份的变化是信息可用性的结果。不同来源构成的公共收入份额年度差异很大，但在任一县级单位中，任何特定形式收入均未有明显增加或减少的趋势。2018 年实行财政预算草案。当出现无法确定土地使用权出让收入的情况时，则会根据报告的政府资金收入以及前一年或后一年土地出让收入情况进行估算。2016 年的国内生产总值数据来自熊建中等编的《四川统计年鉴 2017》（详情参见熊建中等编《四川统计年鉴 2017》，中国统计出版社 2017 年版，第 287—291 页）。此外，天府新区人均国内生产总值根据天府新区成都直管区（详情参见 https://baike.baidu.com/item/天府新区成都直管区，2018 年 12 月 16 日访问）上发布的 2014 年数据计算得出。

笔者相继于 2007 年、2015 年和 2018 年前往邛崃市，2018 年前往视高镇及其周边地区进行实地考察。2015 年和 2017 年，笔者还对四川省其他选定区域进行了短期考察。当时笔者仅被允许在每个考察点进行短期访问，且每个地点允许进行访谈的次数有限。笔者在多地实地考察都必须履行类似的审批流程，由此发现了这些流程处置的相似性与差异性，但频繁更换考察地点限制了笔者对每个地方的研究深度。虽然某些情况下乡村村民的诉求可能影响土地使用政策的最终落实程度，但很明显，乡镇政府执行的是上级县政府对土地处置的决定——正是如此，笔者未将乡镇政府作为独立的实体进行研究。总而言之，笔者对地级市至村级干部，以及受城镇化进程影响的当地精英和居民进行了 200 多次半结构化访谈。其目的在于了解信息提供者的背景，并验证笔者对这一背景的理解。整个过程不允许问卷调查。

邛崃市城市规划：2007—2017 年从城乡一体化示范区到灾区

本节旨在讨论邛崃市在两次大地震后如何通过城乡一体化政策和灾害救助政策实现区域重新划分，以维持并进一步开发土地出让收益的机会。政府认为中国最重要的问题是农村问题，之后 2007 年，成都市和重庆市获批设立全国统筹城乡综合配套改革试验区。那时，邛崃市已成为成都城乡一体化试验区好几年了。"三个集中"是成都城乡一体化的核心，即农民向城镇集中、工业向集中发展区集中、土地向规模经营集中，从而实现各种更有效的集中。[30]邛崃市的案例便是通过农村拆迁让农民搬至占用较少空间的安置点，从而扩大耕地面积。这样即可通过土地配额制度在其他地方开发新的城市用地。自由主义经济学家周其仁根据2007年对羊安镇的研究认为，用指标转让宅基地的方式来减少住宅占地面积，"成都模式"实际上是将形式上不能出售的农村宅基地商品化。他还在关于邛崃市的报告中指出，这一策略可将个体农民从依赖土地耕作的农村中解放出来。[31]然而，能否有机会出售住宅取决于大多数村民是否愿意加入这一宅基地流转商品房计划。该计划先合并可耕地，然后允许将其作为地方发展用地进行配额出售。虽然这种土地增减挂钩的方式是邛崃市城市发展的创新举措，但在计划管理更加严格的情况下，大多只是占补平衡。[32]

作为成都市最贫困的县级单位，邛崃市在成都推行城乡一体化之初就被视为需要帮扶的地区。大量投资新农村建设，体现了"三个集中"政策。但是，邛崃市新增耕地面积与临近城市的新城镇规划建设用地之间并非一对一的关系，提出城镇发展是作为支持邛崃市发展的一种道德义务。2007年热议的焦点是地方政府应与当地以商业开发为导向的乡村振兴计划精英合作，双方共同为经济增长做出贡献。[33]那时，先进模范村的领头羊都是那些格外具有创业精神的农村党支部书记。其中一位村党支部书记一手组织修建了连接山村与平坦低地的乡镇公路；另一位村党支部书记则建立了农业合作社，由于该合作社全面发展，县级政府将整个村庄作为一个合作生产单位进行对外推广；第三位村党支部书记更是辞掉自己家具公司主管的工作，回到农村发展。通过她在行业内的关系，帮助建立当地产业，为村民提供了就业机会。报道还称她英勇救起溺水儿童，并驱车将幸存者送至医院。这些乡村振兴工作得到了邛崃市的大力支持，并作为典型进行宣传。而村干部的创业成功则促使邛崃市成为成都市（全国统筹城乡综合配套改革试验区）实施乡村振兴战略、推进城乡融合发展的先进区（市）县，他们展示了乡村创业发展与政府指导相结合可帮助消除城乡差距。

随着中国大城市周边过度用地受到日益关注，捍卫成都模式变得更加困难。[34]汶川地震引发了迫切的安置需求，更重要的是，它要求成都市出资重建。其中重建资金的一个来源是允许成都辖区内灾区继续通过征用农村建设用地、开发新的耕地产生的指标。随后这些指标被指定用于项目开发——要么是邛崃市内的项目（相对容易），要么是临近邛崃市的项目（指标管理更加严格）。2010年正式实施该制度。[35]地级市政府为每个县级单位设置指标，然后再分配给具体项目。2005—2017年,为扩大耕地面积,成都市600万农村人口中有近100万农民被重新安置,这些耕地随后被转化为土地开发指标。㊱虽然规划的变化使得邛崃市能够继续从土地上收益,但这为日后乡村发展留下了一定隐患。2015年笔者再次来到邛崃市考察,8年过去了,3个示范村中有2个远未达标。尽管由一位村党支部书记经营的公司因涉嫌欺诈已经倒闭,书记儿子也已入狱,但另一位党支部书记仍起着模范带头作用。她开着奔驰车,并把儿子安排在一家根据当地生产指标开发项目的公司工作。她所在村庄的操场、图书馆等基础设施完善,来往游客纷纷在此拍照留念。与其他村不同,她领导的村庄一直能与时俱进。虽然这位党支部书记被要求拆除一栋邛崃市政府认为的违规工业建筑——取而代之的建设一个资源丰富藏式休闲区——但村内一片繁荣,瓜果丰收。她领导的村庄之所以成功,是因为她明白只有保持乡村样貌才能获得国家用地计划指标与灾害救助政策,而不是像她最初想的那样乡村工业化。这一过程中权力的"中心化"也意味着邛崃市的地方经济归类发生了变化:从无特殊政策照顾(贫困与农业)地区变为具有专项性政策补贴地区(从认定它为灾区那一刻起)。与之相应的是中央政府越来越重视土地利用问题。

吴缚龙认为,城乡一体化政策是解决国土资源部(现为自然资源部)因维持城市发展需要而加大对耕地利用限制的一种手段。㊲土地配额制度通过正式将城乡发展相连,很好适应了这一要求。虽然都说成都地区发生的土地转换——从像邛崃市这样的乡村向城市转移——独一无二,但事实上类似情况在重庆地票制度中也有体现。㊳这两种土地转让制度的共同点在于它们都以独特的方式呈现。至少继邛崃市成为推行城乡一体化政策的典范之后,它的特区身份使土地收益合理化。其他县级市对此纷纷效仿。

田野调查过程中经常会出现这样一个观点,即国家组织大规模移民安置以促进城镇化与农业更有效发展是国家确保经济发展的一种方式,无论如何它都会以更有序的方式实现。周其仁认为,尽管政府极力反对土地配额制度,但它有望实现农村土地自由化。㊴按照这一思路,邛崃市区划过程中地方政府会从土地交易中剥离。也就是说,从改善村民生活到更专注于准确把控土地转化指标、土地流失补偿以及土地指标交易,乡村行政管理的影响力逐渐减弱。但县级层面的行政管理并未受到影响。邛崃市拥有不同的区域身份(先是城乡一体化试验区,后是灾区)。虽然这些区域通过尺度重组让邛崃市被纳入更大的区域,但县级政府加强了其权威性,因为它在土地指标交易与确定新区划意义方面发挥了核心作用。所以,尺度重组不仅带来了权力"中心化",也带来了新发展机遇,尤其对县级政府来说。

国家级新区：以城市秩序为发展目标

截至 2018 年，邛崃市被认为取得了阶段性胜利。2016 年，四川省内允许像邛崃市与成都市中心城区之间那样进行土地指标转让（2017 年后甚至可以省际间进行土地转让）。[40] 正因为如此，邛崃市作为曾经少数几个可向成都市中心城区出售开发用地指标的地方，最终失去了其独特地位。它不再享受特殊优惠政策，新发展必须有新建设发展框架。过去，邛崃市被允许用其土地来解决自身急迫的农村问题（这在成都属于特殊问题）；然后允许它利用土地收益来解决震后重建的紧迫问题；自从被重新划定为灾区，邛崃市更试图利用自己的土地开发成都天府新区"国家级新区"以从中获益。

中国 19 个国家级新区中，最早获批的是上海浦东新区和天津滨海新区，它们分别成立于 1992 年和 1994 年。[41] 虽然浦东新区和滨海新区在名义上与 18 年后设立的其他国家级新区地位相当，但从功能上来看它们更像是中国经济改革初期建立的经济特区。这两个区检验了国家如何在对剩余的国有企业进行现代化改造时淡化对部分国有产业的重视。它们是新自由主义例外的典范。[42] 随着其他国家级新区的发展，如重庆两江新区（2010 年设立，滨海新区之后设立的第一个新区）和北京附近的雄安新区（2017 年设立），天府新区被划定为国家重点工程（2010 年提出规划，2014 年获批设立国家级新区）。与浦东新区和滨海新区不同，这些新区多为规划区，而非行政区。这使得它们的管理权限模糊不清，且使各规划区不同片区有机会将自己定义为重叠区各主管部门政策实施的一部分[43]。2018 年 2 月，习近平在视察天府新区时指出，天府新区"一定要规划好建设好，特别是要突出公园城市特点，把生态价值考虑进去发展"。[44] 与全国其他绿化区一样，成功规划解决生态可持续发展需求本身就是一个目标。[45] 当毗邻的重庆市获批为国家级新区时，感觉被绕开了的四川省政府向天府新区施压，最终促使这一国家级新区成立。但成都市政府并未对获批这一国家级新区付出太多努力，事实上当时它正忙于开发另一个繁荣的高新区。部分双流县地区被划出双流县（现为双流区），其地位发生实质性变化，名字更彰显出官方参与了这次尺度重组：四川天府新区成都直管区。但为了特定的统计目的，双流区仍是双流县的一部分。笔者选择将天府新区成都直管区作为核心区进行分析。据新成立的天府新区成都直管区一位实习生说，获悉计划将天府新区打造为国家级新区，但尚未实行行政管辖变更的 4 年时间里，双流县忽视了向处于天府新区规划范围内的部分县城地区投入公共资金。根据这位前实习生的说法，忽视这一资金投入背后的原因是成功开发即将失去的领地不能作为双流县政府的政绩。除天府新区成都直管区外,成都市内几个县的部分地区、眉山市两个乡镇(含视高镇)、简阳市(2016年之前属于资阳市)部分地区均划入了天府新区。那时天府新区面积为1578平方千米,2014年人口约200万人。计划到2030年人口将增至500万人。据天府新区成都直管区行政管理部门负责人(由四川省政府任命)介绍,政府曾计划授予天府新区成都片区管理委员会对天府新区成都片区(总面积1578平方千米中的1484平方千米)行使整体规划权,但最后只获得了天府新区成都直管区(面积564平方千米)的规划权。对县级政府来说,天府新区主要负责统筹各项统计报告和制定政策措施。城市发展用地配额则通过各级行政机关分配给个别县级单位。2016—2018年,天府新区成都直管区斥资81亿元购买了成都市外减少乡(镇)村建设用地所产生的19平方千米开发用地指标。[46]

天府新区成都直管区成立时,其人均国内生产总值与四川省平均水平相近。尽管国内生产总值相对较低,但约有10万名应届大学毕业生利用现有的特殊机会在该区落户。排名靠前的国企对天府新区的巨额投资预期将使那里比成都范围内的其他地方更具发展前景。2017年上半年,其国内生产总值增长近50％。[47]一位毕业生说:"众所周知政府着力发展天府新区,所以我知道天府新区未来一定能发展成功。"将天府新区从农村转型为一线城市是不能失败的战略目标。它的成立彰显了中央的权力,管辖天府新区部分区域的县级单位试图通过隶属新区而获得更多机会。天府新区并非新自由主义的例外。它并非想试图削弱国家权力,也不是因该地区落后或有任何其他特殊情况而被选为特区。选择它的理由是因为它的发展可以向世人展示在中国西南地区创建一个更加绿色、规划更加完善的中国的最佳方案。通过招商引资、政府精准施策、修建巨大的人工湖、成立北京大学分校、修建多条地铁线路,甚至讨论发射"人造月亮"卫星,天府新区正逐渐成为一个发展机遇明显的区域。

一、视高:取天下英才而用之

研究期间,天府新区眉山片区的视高镇【译者注:2019年12月,四川省人民政府关于同意眉山市调整部分乡镇行政区划的批复(川府民政〔2019〕13号)。撤销视高镇、清水镇、兴盛镇、里仁镇,设立视高街道。】房地产业蓬勃发展。成都日趋严格的住房限购政策令视高镇周边房地产价格节节攀升,因为归属天府新区的视高镇并未受到成都住房限购政策的影响。目前可容纳2万名学生的大学城已落成,仁寿县城乡规划局一名领导干部预计,其余乡镇(2014年人口为5万)将面临拆迁。这些空地一半主要用于房地产开发;另一半则用于规划建设国家公园以吸引大量旅游投资。视高镇是天府新区眉山管理委员会所在地,直属眉山县。根据四川省规划,眉山片区由眉山市境内两个镇组成:一个在仁寿县;另一个在其他县。眉山市又有10个乡镇新增至眉山片区协调管控区。在眉山市试图对其特区尺度重组时,仁寿县也在努力借助天府新区提升自己的地位。它把自己视为视高镇规划的主导者,把整个县城作为"国家级天府新区重点县"和"中小城市综合改革试点县"来展示。[48]据一名规划部门干部介绍,仁寿县希望通过与天府新区之间的松散隶属关系,将已人口众多的县城改成地级市(见图2)。原本在成都市境外的简阳市与仁寿县一样,部分地区被纳入天府新区,但为符合在简阳市新建成都天府国际机场的规划,2016年简阳市划归成都市。该机场投资额仅次于北京新机场。此特殊情况,根据社交媒体上的辩论以及同一规划部门干部所说,将避免把眉山市和仁寿县划入成都市,保留它们对天府新区小部分地区的管理权,从而正式提供给它们天府新区的权益。

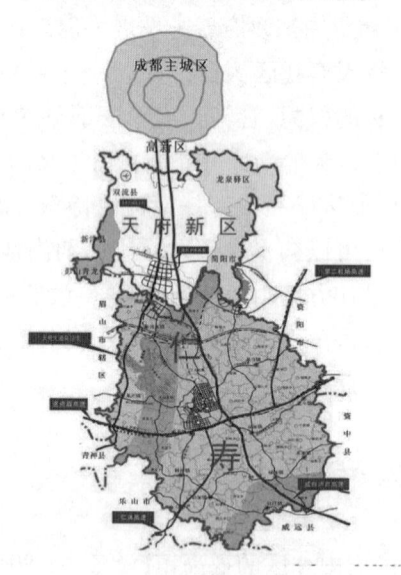

图 2　仁寿县与成都市关系的 2011 年设想
注:此图由仁寿县提供。

　　2017—2021年仁寿县规划批准新增城镇用地6.7平方千米,其中2.5平方千米分配给视高片区,3.4平方千米分配给县城区。[49]2016—2018年,仁寿县斥资 42 亿元从眉山市以外购买了 10 平方千米的开发用地指标。[50]据仁寿县国土资源局一名领导干部介绍,这些指标是在该县已分配的 6.7 平方千米用地基础上增加的。购买这种用地指标需得到省政府的批准,他们尤其鼓励贫富县之间进行指标交易。这类手续得到了仁寿县国土资源局的认可。仁寿县国土资源局一名官员解释说,他个人更希望县里能自制配额,让当地农民受益,以此改善农民的住房问题。虽然仁寿县人均国内生产总值在眉山市县级单位中排名最低,但因为有出让土地的机会,它获得了诸多收入,所以是富裕县(见表 2)。现在,该县需以开发用地配额进行投资,以最终帮助另一个拥有多个国家级贫困县的地级市。

天府新区的设立使地方政府在土地利用、人口增长指标及相关问题上有了一套具体的政策目标。天府新区的高层干部晋升,以及成都市和四川省领导的地位升迁,都取决于这一令人瞩目项目的成果。与此同时,这也是相邻地区获得政策优先权、筹资机会以及参与该项目预期带来的新发展形式的权利的机会。许多县级单位仅部分地区划归天府新区,他们从这部分归属新区的地区中获益良多;同时,他们又享受到了不被天府新区管辖的好处。笔者在实地考察过程中,由于天府新区没有严格的边界,因此远离核心区的地区和总面积为 1578 平方千米的天府新区均可从天府新区中受益。但是,允许哪些地区受益仍由政策决定,而是否能获得受益机会则取决于在众多重叠地区中自我主张所地区属于政策特定的受益范围。尽管天府新区中 564 平方千米的核心区极具排他性,但核心区以外的县级单位都声称自己隶属于天府新区。批准发展计划可为或多或少具有众多人口、需要社会经济发展的地区提供一个盈利投资的平台。

二、邛崃:助贫致富

笔者实地考察时了解到,政府批准在天府新区建立产业前需要一笔可观的最低投资额。此外,昂贵的房地产价格和日益增长的生态环境保护需求使得越来越多的工业无法入驻城市。于是,他们开始将目光投向监管不那么严格的邛崃市羊安镇,邛崃市政府甚至规划出羊安工业园区以实现产业的进一步扩张。工厂老板与工业园区管理部门工作人员都解释说,园区的每个区名都不同,或许是为了享受不同政策,但实际上没什么区别。工业园区由两大部分组成,并设有管委会:成都甘孜工业园区和天府新区邛崃产业园区。园区(含成都甘孜工业园区和天府新区邛崃产业园区)还计划从最初的 14 平方千米扩大至第一阶段的 36 平方千米,随后再扩大至 100 平方千米。[51]

从成都甘孜工业园区和天府新区邛崃产业园区的名称可知,园区建设是与非本地合作伙伴共同进行的。天府新区邛崃产业园区是与著名的天府新区合作建设,而成都甘孜工业园区是成都市对甘孜藏族自治州实施扶贫计划的成果。据两地领导干部介绍,羊安工业园区之所以更名为天府新区邛崃产业园区是因为邛崃市和天府新区希望将其纳入天府新区统筹规划。这意味着园区由邛崃市和天府新区共同管理。由于笔者无法确定的原因,这次合并未得到批准。有位与当地多名干部关系密切的商人解释说,这种大范围合作可能会使得那些不打算在天府新区投入足够资金的企业或因污染严重不允许在天府新区落地的工厂来到邛崃市。尽管工业园区并未正式并入天府新区,但天府新区的干部并不认为天府新区邛崃产业园区与天府新区核心区外的工业园区在自治上有什么区别。

据当地官员介绍,成都甘孜工业园区相当于与成都市距离相似的已有的工业园区,只是它在成都市的另一边。城东金堂县是成都市与阿坝藏族羌族自治州共建区。据一名省级行政部门干部介绍,金堂县地区的规划是在汶川地震后酝酿的。由于成都东部未受到汶川地震波及,所以无法获得任何灾区配额。2008年汶川地震震中在阿坝州,但鉴于阿坝州地理位置偏僻,授予阿坝州更多自有土地开发权并不能带来多少资本。因此,阿坝州与金堂县两地的党委书记将新工业园区确立为成都市与阿坝州之间的抗震救灾合作项目。阿坝州与成都市对园区实行共同管理,所得部分税收归阿坝州所有。成都甘孜工业园区建设与此类同,但允许园区成为扶贫计划中的一部分是因为抗震救灾计划不再是确定土地使用权出让的可行方法。羊安工业园区扩建本是被寄予很高期望的工程,但由于地价上涨和污染等多方面原因,仅几年时间这一工程就停摆了。产业尽可能转移到了还能接受它们的成都市附近。工业园区在这方面的建设工作类似于其他市场经济活动中的城市扩张。但为了建设园区,仅仅表明产业需要发展空间是不够的,还必须在某种程度上对邛崃市进行综合规划以扩大园区建设范围。在这里,重要的是要重组现有机构并分工明确。就像之前邛崃市通过扩大耕地面积出让开发用地指标,将自己的农业用地让位给其他地区发展产业一样,现在邛崃市借用其他地区的一些属性使自己变得更加城市化。换句话说,它是利用指定给甘孜州的贫困身份和天府新区的城市名义来实现社会经济发展的。于是邛崃市重新自我定位,以便能继续从土地出让中收益。这一过程需要平行以及更高层次的国家行政机构参与,这既保护了邛崃市的发展方法,又强化了国家权力。

结论

区划可将不同机会引向不同区域。这有利于一定程度上保持对土地利用的控制,更重要的是控制城市用地供应,防止这一重要公共财政来源贬值。如本文所示,地方政府对此作出了很多努力,主张特定机会与区域发展相联系。区划制度下一个地方是否被列入例外地区决定了其享有特权地区与非特权地区的社会发展机会。为争取机会不断讨价还价促使各地努力争取特殊地位,因此区划变成了分配公共资金和特殊机会的有效工具。由于有关区划及其功能的决策始终是由所在政府的上一级政府做出,因此这种治理体系最终强化的是(中央)国家权力。虽然区划加强了中国自上而下的治理,但它并不是纯粹自上而下的运作。过去我们看到,经济特区附近的地方官员和政府适应了来自特区的资本主义逻辑。因此在现行体制下,当通过改变政策措施来确定区域边界时,各地区就有机会调整采用任何享有特权区域所推广的政策。在这方面,自身积极界定的区域——像天府新区这样将利益扩散到它们边界以外的广阔腹地——与消极界定的区域(如灾区和落后的少数民族地区)之间的差异小得惊人。但是,积极界定区域带来的机会要可取得多。然而,地区城市发展机制(如天府新区)必须是绿色发展,且它与作为震后救灾工作一部分的城市发展机制之间差异不大。他们都需要得到上级政府批准,都需要积极考虑如何让潜在失地受益的问题。看来,对于理解中国的城镇发展而言,根植于威权政治体制的政策试验和分类技术与更具普遍性的城市扩张和区划理论同样重要。一些具有权威地位的机构甚至又重新焕发了活力。

扩大区划——将全国划分成不同区域,在城市网络中实现不同功能——一方面是满足市场需求的极端方式,正如王爱华和周其仁所言,它最终使整个国家服从于以城市为中心的规划逻辑。但另一方面,政府仍控制着开发利用农村贫困地区的范围。国家最贫困、最难管理的地区变成了城市逻辑中的一部分,因为国家允许他们从城镇一体化政策中获益。这些政策允许他们出售开发用地指标或以其他方式实现城市繁荣。所有边界(如贫富区、城乡之间、环境保护区和工业区之间的边界)都为这些界定的区域提供了机会。这种通过管理获得机会的方式强化了边界与运用这些边界来管理以获得社会经济发展机会的政府之间的关系。

作者单位:丹麦奥尔堡大学
译者单位:上海大学

注释

* 本文由丹麦社会科学研究委员会(the Danish Social Science Research Council)资助,编号为 5052-00126B。衷心感谢我的家人,与我一起进行田野调查的伙伴[杨明洪、涂开均和克里斯蒂·伦德(Christian Lund)],以及参加我们在丹麦斯卡恩举办的中国农村城镇化研讨会的与会者。

① Aihwa Ong. *Neoliberalism as Exception: Mutations in Citizenship and Sovereignty*. Durham, NC: Duke University Press, 2006.

② Aihwa Ong. "Introduction: Worlding cities, or the art of being global", in Ananya Roy and Aihwa Ong (eds). *Worlding Cities: Asian Experiments and the Art of Being Global*. Malden, MA: Blackwell Publishing, 2011, 24.

③ Ong. *Neoliberalism as Exception*; Fulong Wu. *Planning for Growth: Urban and Regional Planning in China*. Abingdon, UK and New York: Routledge, 2015.

④ Anna Lowenhaupt Tsing. "Natural resources and capitalist frontiers". *Economic and Political Weekly* 38(48), 2003: 5100; David Harvey. "The 'new' imperialism: Accumulation by dispossession". *Socialist Register* 40, 2004: 63-87.

⑤ Peter Ho. *Institutions in Transition: Land Ownership, Property Rights, and Social Conflict in China*. Oxford: Oxford University Press, 2005; George C. S. Lin. *Developing China: Land, Politics and Social Conditions*. Abingdon, UK and New York: Routledge, 2009; Fei-ling Wang. *Organizing Through Division and Exclusion: China's Hukou System*. Stanford, CA: Stanford University Press, 2005; Wu, *Planning for Growth*.

⑥ Ong. *Neoliberalism as Exception*; Wu. *Planning for Growth*.

⑦ 基于西方的市场主导整合研究有 Neil Brenner. "Beyond state-centrism?: Space, territoriality, and geographical scale in globalization studies". *Theory and Society* 28(1), 1999: 39-78;许多研究者放弃了将市场力量和国家作用的观点应用于中国研究,而是以《"新"帝国主义》(*The "new" imperialism*)为出发点。如: Ong. *Neoliberalism as Exception*; Lin. *Developing China*; You-tien Hsing. *The Great Urban Transformation: Politics of Land and Property in China*. Oxford: Oxford University Press, 2010; Kean Fan Lim. *On Shifting Foundations: State Rescaling, Policy Experimentation and Economic Restructuring in Post-1949 China*. Hoboken, NJ: Wiley, 2019。有关经济地理一体化指标的研究表明各地区已实现了一体化,但有关这种一体化如何发生的研究尚不多见。参见 Liwei Wang and Pengjun Zhao. "From dispersed to clustered: New trend of spatial restructuring in China's metropolitan region of Yangtze River Delta". *Habitat International* 80, 2018: 70-80.

⑧ Wu. *Planning for Growth*; Lim. *On Shifting Foundations*; Hsing. *The Great Urban Transformation*; Lin. *Developing China*.

⑨ George C. S. Lin. "China's landed urbanization: Neoliberalizing politics, land commodification, and municipal finance in the growth of metropolises". *Environment and Planning A: Economy and Space* 46(8), 2014: 1814 – 35; Sumei Zhang. "Land-centered urban politics in transitional China-Can they be explained by growth machine theory?". *Cities* 41(B), 2014: 179 – 86.

⑩ Canfei He, Zhiji Huang, and Weikai Wang. "Land use changes and economic growth in China". *Land Lines* 24(4), 2012: 14 – 19.

⑪ Lin. *Developing China*.

⑫ Charles Tilly. *Durable Inequality*. Berkeley: University of California Press, 1998, 109.

⑬ Kevin J. O'Brien and Lianjiang Li. *Rightful Resistance in Rural China*. Cambridge: Cambridge University Press, 2006.

⑭ Sebastian Heilmann. "Policy experimentation in China's economic rise". *Studies in Comparative International Development* 43(1), 2008: 1 – 26. 有关城市发展的试验，参见 Lim. *On Shifting Foundations*.

⑮ Ong. *Neoliberalism as Exception*.

⑯ Wu. *Planning for Growth*.

⑰ 引自 Bae-Gyoon Park. "State rescaling in non-Western contexts". *International Journal of Urban and Regional Research* 37(4), 2013: 1115 – 1122; Fulong Wu. "China's emergent city-region governance: A new form of state spatial selectivity through state-orchestrated rescaling". *International Journal of Urban and Regional Research* 40(6), 2016: 1135.

⑱ Hsing. *The Great Urban Transformation*.

⑲ Park. "State rescaling in non-Western contexts".

⑳ Hsing. *The Great Urban Transformation*.

㉑ Christian Lund. "Rule and rupture: State formation through the production of property and citizenship". *Development and Change* 47(6), 2016: 1199 – 228.

㉒ Wu. *Planning for Growth*.

㉓ Lim. *On Shifting Foundations*.

㉔ 同上。

㉕ Tilly. *Durable Inequality*. 109.

㉖ Jesper Willaing Zeuthen. "Rule through difference on China's urban-rural boundary". *Third World Quarterly* 33(4), 2012: 685 – 704.

㉗ 熊建中等编，《四川统计年鉴 2017》，北京：中国统计出版社，2017，第 287 页。

㉘ 四川省人民政府办公厅关于印发四川省'十二五'革命老区发展规划的通知，2011 年 10 月 28 日发布，详情参见 https://www.sc.gov.cn/10462/10883/11066/2011/10/28/10187793.shtml, 2020 年 2 月 27 日访问。

㉙ 熊建中等编，《四川统计年鉴 2017》，第 289 页。

㉚ 参见 Elena Meyer-Clement. "Rural urbanization under Xi Jinping: From rapid community building to steady urbanization?". *China Information* 34(2), 2020: 187-207.

㉛ 周其仁,《城乡中国(下)》,北京:中信出版社,2014,第 28-29 页。

㉜ 有关土地指标交易计划如何在成都周边发展的问题,参见 Qian Forrest Zhang and Jianling Wu. "Political dynamics in land commodification: Commodifying rural land development rights in Chengdu, China". *Geoforum* 78, 2017: 98-109.

㉝ 笔者对中国学术期刊数据库中 2005—2009 年(讨论城乡一体化达到顶峰时共有 140 篇文章发表)以及 2013—2017 年[震后建设方案(见下文)实施时共有 191 篇文章发表]发表的所有主题为"邛崃"的文章进行了分析。"农民""农村""公司"等表示地方主动性和关心当地人民的词语,其前期出现频率是后期的 2 倍。

㉞ Jesper Willaing Zeuthen. "Whose urban development?: Changing credibilities, forms and functions of urbanization in Chengdu, China". *Land Use Policy* 79, 2018: 942-51.

㉟ Zhang and Wu. "Political dynamics in land commodification".

㊱ Zeuthen. "Whose urban development?". 946.

㊲ Wu. *Planning for Growth*. 58.

㊳ Ray Yep. "Local alliances in rural urbanization: Land transfer in contemporary China". *China Information* 34(2), 2020: 168-86.

㊴ 周其仁,《城乡中国(下)》,北京:中信出版社,2014。

㊵ 寇敏芳. 四川城乡建设用地增减挂钩节余指标首次跨省域流转,2017 年 12 月 30 日发布,详情参见 http://www.sc.gov.cn/10462/10464/10797/2017/12/30/10441893.shtml, 2018 年 10 月 10 日访问。

㊶ Wu. *Planning for Growth*. 140 and 173.

㊷ Ong. *Neoliberalism as Exception*.

㊸ 关于其他新区域,参见 Lim. *On Shifting Foundations*.

㊹ 习近平 2 月 11 日考察天府新区,2019 年 6 月 18 日发布,详情参见 http://www.cdtf.gov.cn/cdtf/c130668/2019-06/18/content_b0eed2e7c4ae491c90a321d2cf91c7ed.shtml, 2020 年 2 月 27 日访问。

㊺ Wu. *Planning for Growth*. 143-189.

㊻ 四川省城乡建设用地增减挂钩节余指标流转信息平台,详情参见 http://www.scgtxxzx.org.cn:800/FlowInfo/Home/Index, 2018 年 12 月 21 日最后一次访问[不再可用]。

㊼ 天府新区开挂,上半年 GDP 超千亿元! 未来发展更是逆天,2017 年 9 月 17 日发布,详情参见 http://k.sina.com.cn/article_2660967957_9e9b26150190024e0.html, 2020 年 2 月 27 日访问。

㊽ 走进仁寿,详情参见 http://www.rs.gov.cn/zjrs.htm, 2018 年 12 月 21 日最后一次访问[不再可用]。

㊾ 仁寿县住宅用地三年(2017—2019 年)滚动计划和中期(2017—2021 年)规划,2017 年 8 月

25 日发布,详情参见 http://www.rs.gov.cn/info/1650/38252.htm,2018 年 12 月 21 日访问.
㊾ 四川省城乡建设用地增减挂钩节余指标流转信息平台.
㊿ 成都市产业发展白皮书,天府新区邛崃产业园,2017 年 6 月 29 日发布,详情参见 http://www.cddrc.gov.cn/cyfz/detail.action?id=851221,2018 年 11 月 12 日最后一次访问[不再可用].

参考文献

1. Brenner, Neil (1999). "Beyond state-centrism?: Space, territoriality, and geographical scale in globalization studies". *Theory and Society* 28(1): 39-78.

2. 成都市产业发展白皮书(2017)天府新区邛崃产业园,6 月 29 日发布,详情参见 http://www.cddrc.gov.cn/cyfz/detail.action?id=851221,2018 年 11 月 12 日最后一次访问[不再可用].

3. 走进仁寿,详情参见 http://www.rs.gov.cn/zjrs.htm,2018 年 12 月 21 日最后一次访问[不再可用].

4. Harvey, David (2004). "The 'new' imperialism: Accumulation by dispossession". *Socialist Register* 40: 63-87.

5. He, Canfei, Huang, Zhiji, and Wang, Weikai (2012). "Land use changes and economic growth in China". *Land Lines* 24(4): 14-19.

6. Heilmann, Sebastian (2008). "Policy experimentation in China's economic rise". *Studies in Comparative International Development* 43(1): 1-26.

7. Ho, Peter (2005). *Institutions in Transition: Land Ownership, Property Rights, and Social Conflict in China*. Oxford: Oxford University Press.

8. Hsing, You-tien (2010). *The Great Urban Transformation: Politics of Land and Property in China*. Oxford: Oxford University Press.

9. 四川省城乡建设用地增减挂钩节余指标流转信息平台,详情参见 http://www.scgtxxzx.org.cn:800/FlowInfo/Home/Index,2018 年 12 月 21 日最后一次访问[不再可用].

10. 寇敏芳(2017).四川城乡建设用地增减挂钩节余指标首次跨省域流转,12 月 30 日发布,详情参见 http://www.sc.gov.cn/10462/10464/10797/2017/12/30/10441893.shtml,2018 年 10 月 10 日访问.

11. Lim, Kean Fan (2019). *On Shifting Foundations: State Rescaling, Policy Experimentation and Economic Restructuring in Post-1949 China*. Hoboken, NJ: Wiley.

12. Lin, George C. S. (2009). *Developing China: Land, Politics and Social Conditions*. Abingdon, UK and New York: Routledge.

13. Lin, George C. S. (2014). "China's landed urbanization: Neoliberalizing politics, land commodification, and municipal finance in the growth of metropolises". *Environment and Planning A: Economy and Space* 46(8): 1814 – 35.

14. Lund, Christian (2016). "Rule and rupture: State formation through the production of property and citizenship". *Development and Change* 47(6): 1199 – 228.

15. Meyer-Clement, Elena (2020). "Rural urbanization under Xi Jinping: From rapid community building to steady urbanization?". *China Information* 34(2): 187 – 207.

16. 四川省人民政府办公厅关于印发四川省'十二五'革命老区发展规划的通知(2011), 10 月 28 日发布, 详情参见 https://www. sc. gov. cn/10462/10883/11066/2011/10/28/10187793. shtml, 2020 年 2 月 27 日访问.

17. O'Brien, Kevin J. and Li, Lianjiang (2006). *Rightful Resistance in Rural China*. Cambridge: Cambridge University Press.

18. Ong, Aihwa (2006). *Neoliberalism as Exception: Mutations in Citizenship and Sovereignty*. Durham, NC: Duke University Press.

19. Ong, Aihwa (2011). "Introduction: Worlding cities, or the art of being global". In Roy, Ananya and Ong, Aihwa (eds). *Worlding Cities: Asian Experiments and the Art of Being Global*. Malden, MA: Blackwell Publishing, 1 – 26.

20. Park, Bae-Gyoon (2013). "State rescaling in non-Western contexts". *International Journal of Urban and Regional Research* 37(4): 1115 – 22.

21. 仁寿县住宅用地三年(2017—2019 年)滚动计划和中期(2017—2021 年)规划(2017), 8 月 25 日发布, 详情参见 http://www. rs. gov. cn/info/1650/38252. htm, 2018 年 12 月 21 日访问.

22. 天府新区开挂, 上半年 GDP 超千亿元! 未来发展更是逆天(2017), 9 月 17 日发布, 详情参见 http://k. sina. com. cn/article_2660967957_9e9b26150190024e0. html, 2020 年 2 月 27 日访问.

23. 天府新区成都直管区, 详情参见 https://baike. baidu. com/item/天府新区成都直管区, 2018 年 12 月 16 日访问.

24. Tilly, Charles (1998). *Durable Inequality*. Berkeley: University of California Press.

25. Tsing, Anna Lowenhaupt (2003). "Natural resources and capitalist frontiers". *Economic and Political Weekly* 38(48): 5100 – 6.

26. Wang, Fei-ling (2005). *Organizing Through Division and Exclusion: China's Hukou System*. Stanford, CA: Stanford University Press.

27. Wang, Liwei and Zhao, Pengjun (2018). "From dispersed to clustered: New trend of spatial restructuring in China's metropolitan region of Yangtze River Delta". *Habitat International* 80: 70 – 80.

28. Wu, Fulong (2015). *Planning for Growth: Urban and Regional Planning in China*.

Abingdon, UK and New York: Routledge.

29. Wu, Fulong (2016). "China's emergent city-region governance: A new form of state spatial selectivity through state-orchestrated rescaling". *International Journal of Urban and Regional Research* 40(6): 1134 - 51.

30. 习近平 2 月 11 日考察天府新区(2019),6 月 18 日发布,详情参见 http://www.cdtf.gov.cn/cdtf/c130668/2019-06/18/content_ b0eed2e7c4ae491c90a321d2cf91c7ed.shtml,2020 年 2 月 27 日访问。

31. 熊建中等编,《四川统计年鉴 2017》,北京:中国统计出版社,2017。

32. Yep, Ray (2020). "Local alliances in rural urbanization: Land transfer in contemporary China". *China Information* 34(2): 168 - 86.

33. Zeuthen, Jesper Willaing (2012). "Rule through difference on China's urban-rural boundary". *Third World Quarterly* 33(4): 685 - 704.

34. Zeuthen, Jesper Willaing (2018). "Whose urban development?: Changing credibilities, forms and functions of urbanization in Chengdu, China". *Land Use Policy* 79: 942 - 51.

35. Zhang, Qian Forrest and Wu, Jianling (2017). "Political dynamics in land commodification: Commodifying rural land development rights in Chengdu, China". *Geoforum* 78: 98 - 109.

36. Zhang, Sumei (2014). "Land-centered urban politics in transitional China-Can they be explained by growth machine theory?". *Cities* 41(B): 179 - 86.

37. 周其仁,《城乡中国(下)》,北京:中信出版社,2014。

[原文刊载于 China Information,Vol. 34(2)208 - 228]

让中国走向世界,让世界走进中国
——陈衡哲与早期的全球化计划

丹尼斯·金普尔(Denise Gimpel)/著　曹洪瑞/译

引言

1917年,北京大学校长蔡元培①在一次对中国学术界的演讲中提到:在西方社会,对科学的探索早已取代对宗教的追求。②宗教在过去能够回答一些人类智力尚未能及的基本问题,所以在当时,科学显得有些多余(Denton 1996:183)。通过宗教解答未知的方法已是过去式,所以中国要明白不能重蹈西方的老路。

但在许多人看来,中国需要融入世界未来进程,或者融入知识分子所认为的全球趋势。1912年,中国掀起了一场所谓的政治革命,但是这场革命没能建立一个新的现代共和政体,反而国家迅速走向分裂,军阀主义盛行。在这之后,中国的知识分子比以往任何时候都更像贾祖麟(Jerome Grieder)所说的"处于正统之间"(Grieder 1981,289)。传统的世界观几乎崩塌,这样的政局显然无法为融入全球趋势打下稳定的基础,也无法让当时的中国在国际社会中赢得应有的地位与尊重。(中国特色的)社会主义制度在中国虽然是1949年以后才凸显优势并居主导地位,但早在20世纪初,各大阶级竞相开展了各种"全球化计划"。比如,毛泽东认为,中国需要加入世界革命,改变之前的文化习惯:

> 自世界革命的呼声大倡,人类解放的运动猛进,从前吾人所不置疑的问题,所不遽取的方法,多所畏缩的说话,于今都要一改旧观,不疑者疑,不取者取,多畏缩者不畏缩了。③

精英群体富有影响力,不断推进全球化进程。对他们来说,世界革命与"科学"以及科学方法密切相关。科学这一概念对像蔡元培这样的精英来说,是构成全新正统观念的基础。这种全新的正统观念会使中国更加国际化,摆脱旧文化理念与社会认知,转变原有态度和方法,更新词汇,甚至改变原本的生活与观念,从而使中国融入世界的体系与规律之中。尽管物理学、化学、气象学等学科是全球化计划的重要组成部分,但是这种科学方法并不局限于研究与学习自然科学,人们认为科学原理与生活活动息息相关。

显然,本文所说的"全球化"或者"全球的"这个限定词并不涉及市场或经济领域,也不涉及在中国的直接外国投资,更不涉及与该术语普遍相关的其他因素。在本文,全球化可以理解为一种冲动与需要,一种能从20世纪初的许多中国人身上感受到的冲动与需要。他们希望看到中国融入世界,并在世界舞台上发挥作用。因此,使用"全球的"这个形容词修饰中国向往的思维方式、写作方式和生存方式。该词往往标志一个目标,而不是一个已经实现的状态或处境。虽然从地理学的角度看,中国确实一直是世界的一部分,但自19世纪末闭关锁国以来,中国的知识分子越来越感觉到中国逐渐脱离世界强国之列,越来越感到无论是当时的共产主义革命,还是欧美模式的资本主义改革,统统都有与世界进程格格不入的局外感和违和感。在当时,像日本这样的弹丸小国都已经实现了"全球化",这更加深了中国的局外感。自19世纪中叶明治维新以来,日本尽管在这次改革中也有强烈的局外感[④],但却成功地融入世界体系,得到国际上的认可,增强国力,甚至有底气于1919年在凡尔赛宫中提出特别要求[⑤]。本文旨在介绍中国当时众多全球化计划中的其中一个,并说明计划的背景信息,介绍对制度化的尝试。

本文将结合陈衡哲的全球化计划,说明普遍认知的"科学"态度、精神是如何输入中国文化背景之中,从而使中国走向世界舞台,并在中式思想与行为上确立强大的世界原则。知识虽然需要借助于如媒体等特定的媒介进行传播,但也可以通过个人、团体或网络,在新的文化背景中进行翻译和加工后,有目的地进行传播。长期以来,传教士、商人、军队等其他外国人把他们的"知识"和技能带入中国,使中国实现现代化。但从20世纪初开始,一批中国知识分子也参与到这股浪潮之中,开始在国内传播他们主观认为对中国有用的知识。这种从主流文化中有选择、有创造地传播物质与思想的过程,通常统称为"跨文化交际",这一过程很大程度上伴随着殖民统治[⑥]。然而,殖民统治不是本文研究重点,本文的主要研究对象是陈衡哲(1890—1976)——1920年成为中国第一位在北京大学任教的西洋史女教授,她与当时的其他中国知识分子一同,想尽办法用各种方法将世界知识带入国内。本文将重点放在她的生平、参与的活动、著作与实践上。人们可能会有这样的疑问：这些人是如何获得并树立他们的权威的？他们是怎么对历史、西方和生活进行全新的、权威的说明的？

1914—1920 年,陈衡哲在美国瓦萨和芝加哥学习历史与文学。[7]她既是西洋史和欧洲文艺复兴的历史学家,又是杰出的短篇小说、散文、诗歌和寓言作家,是 20 世纪初许多中国知识分子构想的那种跨文化交际的卓越代表。当时的城市知识分子大多都在海外留过学,他们渴望将中国转变为一个符合与他们主观上具有全球普遍适用的价值观念、具体想法、思维模式、存在方式和社会组织形式的国家。她的生活经历和著作均表明,她就是城市知识分子。时势造英雄,她与其他人一样,是重大历史变革的产物。变革促进吸取跨文化的经验,激发对所居住文化环境的全新想象。他们认为,这也要求中国在认识论上发生深刻的变化：新的写作方式、思维模式和行动方式。然而,她的人生轨迹也表明,他们尽管都自认为是自主、开明的新一代领头羊,但却甘愿沦为文化帝国主义、自我殖民和狂妄自大的牺牲品。尽管他们的计划以失败而告终,但无论是他们所拥护的思想、协助建立的组织还是他们自己,在 1949 年中华人民共和国成立前,都影响深远。这种影响自 20 世纪 70 年代末邓小平实行改革开放以来,迎来了复兴。

海外留学及影响

1914 年 8 月 15 日,陈衡哲(或她美国朋友所熟知的 Sophia H. Chen Zen)与"一百多名清华大学的男学子和十四名女学子(其中九名为清华奖学金小组成员)"[8]一同乘"中国号"邮轮(S. S. China)驶离中国。大约 20 年后,她在撰写《一个中国女人的自传》时,把此事记为中国历史上的重大事件,她认为此事对中国的意义就像第一次世界大战爆发对欧洲的意义一样,同样重大：

> 重要的是,世界正等着这场巨大的武装冲突带来改变。与此同时,中国也正准备从根本上改变国民生活,即政府首次派遣年轻女性出国留学。这些年轻女性并不像之前青年和特别专员那样,被派到国外与西方国家进行军事或政治接触,政府派遣她们出国,研究西方文化。(Chen n. d., 188)

因此,她向着广阔的世界出发,向着光明的未来出发。在她看来,这会给中国及中国妇女的生活带来重要意义。用她自己的话来说,此行建立东西方"无形而又牢固的联盟","(这个联盟)不在战争的土地上,在广大人民心中"(Chen n.

d.,188)。

她认为,此行是一影响中国发展之重大事件,是影响公众对年轻女性态度之重大事件,是影响中国国际地位之重大事件。显然,这是她事后对她的生活做的较为夸张的诠释,但却体现了她在求学期间和后来写作中的那份使命感。布莱恩·罗伯茨(Brian Roberts)在评论传记和自传中指出:"人们对往事的回忆,往往与当前生活现状、群体中所属地位和所处(更广阔的)环境位置有着千丝万缕的联系"(Roberts 2002:104)。而我们也应该以此为基础,了解她叙述此行的目的:一方面,从她到达美国的那刻起,甚至在回国后,她的生活与活动密不可分。这些活动低估"中国"知识的价值,且认为其被"文明世界"中较为先进的思想与制度所取代;另一方面,她坚持在自己的传记中(再)塑造(中国所需的)模范现代女性形象,即自决的、能主宰自己命运的、受过教育的成功女性。

留美中国学生成立科学社就是他们早期参加众多活动的其中一个例子。1914年,康奈尔大学的一群学生成立了非正式科学社,一年后,这个学社变成了中国科学社。同年1月份发行的《科学》杂志则是科学社的喉舌。[9]从第一期的社论中能清晰看出,他们想法子让中国与他们所理解的全球进程保持一致。该刊的创刊词为:"是科学,也只有科学,才能重振中国学问之林,才能拯救民生。"[10]创刊人任鸿隽(1886—1961)在创刊号上发表文章,解释了中国为什么没有科学,没有科学对中国意味着什么。[11]主编杨杏佛(1893—1933)明确地将科学社的成立与全球普遍进程联系起来,写道:"所有文明国家建立科学社,促进学习。"[12]

然而,杂志背后的学生认为,若想跻身于文明国家的行列,中国需要在内容和方法上进行不同的学术研究,也很有必要提出一种全新的表现方式。因此,《科学》从一开始就采用西式标点符号,这可能是中国期刊史上的首例。任鸿隽认为中国人尤其需要引号(Fan 2004:9)。使用引号本身就是一种了不起的进步,因为引号承认个人陈述(即引用一个人的观点或发现)是有价值的、合法的且可客观验证的,这与通常视为正当化的、最终(道德)正统的(中国)古典典籍引用不同。[13]因此,人们清楚地意识到,一个具有民族文化特色的引用正由一个(使用)更广泛且"普遍"的引用所替代。

参加了科学社会议的不仅只有理科专业的学生。实际上,提出标点符号相关问题的是一位名叫胡适的青年学生,他最初在美国专攻农业,但很快转修哲学专业,后来成为中国一位伟大的思想家和作家。当时,历史专业的陈衡哲也出席了会议。

当时,人文科学与自然科学的联系十分紧密。无论学生在学什么,他们的目的都是"救中国",在社会各方各面引入他们主观认为的中国同胞缺少的科学精神。⑭因此,1917年,化学家任鸿隽在《科学》杂志上撰文,将中国在文化与政治上的保守主义与中国发展停滞联系起来。⑮1922年,生物学家秉志(1886—1965)探讨生物学与女性教育的关联,他认为妇女必须接受教育,并坚信女性学习生物学是破除封建迷信的关键步骤。同样,气象学家竺可桢也批评了中国采用不科学的方法应对天气问题。应对"灾难性干旱或洪涝的正确方法是'未雨绸缪',比如植树造林、兴修水利、修建气象站等,而不是进行祈祷或牲畜祭祀"(Wang 2002:307-308)。落后的文化习俗成为阻碍发展的桎梏。20世纪30年代,胡适曾撰文指出,西方科学家研究自然现象,而中国科学家研究书籍和文字,两者的研究对象截然不同。他认为这就导致中国"创新了三百年的文书学问",而西方则"开创了新科学和开辟了新世界"。⑯

显然,这些学者不仅传播自然科学的新思想,还直接将对知识的理解与社会进步、变革联系在一起。这种线性的进步、变革促进改良,使中国在"文明国家"中占有一席之地。因此,任鸿隽将科学世界的先进知识与先进的"人生观"联系在一起。他认为,科学社影响人们看待生活、安排生活的方式。这一想法也在历史进程中得到了印证:生活在中世纪的百姓对生活的看法与现在受进化论影响的百姓持有的想法大不相同。这点在社会进步中表现明显,在世界其他地区中表现尤其明显。⑰中国在精神、态度、学习模式、表现方式、和写作方法上的变化会使中国也有可能取得类似的进步。事实上,这些学者认为,这样的变化会不可避免地发生他们提及的各种改变,例如他们已经找到了翻译公式,可以推进中国遵循的"现代"规律。

我们有必要阅读陈衡哲的著作,了解她参与的活动。虽然这从表面上看听起来很合理,但是我们也可以把她和她的同事看作是文化帝国主义的狂热分子。1961年萨特在为弗朗茨·法农(Franz Fanon)的《全世界受苦的人》(*Wretched of Earth*)所撰写的序言中,激烈地指出:

> 欧洲的精英着手制造优秀的殖民地土著;他们选择一些青年,用烙铁在他们的额上印上西方文化的原则,在他们大打哈欠的嘴里塞进一些黏糊糊的豪言壮语,把他们的牙粘住了;在宗主国短暂逗留后,把他们遣回他们自己的老家,弄虚作假。他们的弟兄们对这些生动的谎言再也没什么兴趣了;谎言四处回荡,从巴黎、伦敦、阿姆斯特丹,我们喊出"帕台农神庙!博爱!"之类字眼,在非洲和亚洲某些地方,一些人张口就是"帕台农……博爱!"这是黄金时代。⑱

20世纪初,羞耻感和文化自卑感(信心不足的正统思想)驱使像陈衡哲一样的知识分子随时积极应对西方。关于科学和民主、现代教育和平等的话语显然是建立在这样一种社会的基础之上:在这种社会中,民族文化力量使这些知识分子成为中国不断实现国家富强,获得世界认可的典范。陈衡哲和其他人一样都是通过书籍报刊、学校教育或口耳相传,接触到新思想。同时,西方列强(指美国)也积极以自己的形象培养中国民族精英。

和当时其他年轻人一样,陈衡哲在阅读新近出现的报刊后,深受上面对现代西方奇妙世界介绍的影响。[19]她解释到,她之所以在生活中能够认识不同的、新的可能性,一方面是因为受梁启超和谭嗣同等杰出人物的影响(前者是当时颇有影响力的学者和新闻记者,后者是1898年命运悲惨但雄心勃勃的百日维新烈士)[20];另一方面是因为她非常喜欢罗兰夫人和圣女贞德。然而,她却选择用实现以及用塑造自己"造命"的形象代表自己的人生和作品。[21]她写道,这个概念是她舅舅告诉她的,暗含了对活跃西方女性的敬畏之心。她用这一形象恰当地构筑她的自传,开篇就用一则寓言,将长江穿山入海、复杂蜿蜒的河道与运河人为挖凿的、极不险峻的航道进行比较。[22]她事后看来,她的人生犹如一条艰难险路,这条路通往能自己做主的美好未来,她与传统、愚昧等一切障碍作斗争,宛如雄伟的长江一般,冲破一切阻碍,注入太平洋,拥抱自由(Chen n.d.:189)。尽管她这是在庆祝她的自主权,但在事后看来,这却有很明显的异质性:她希望为自己塑造的身份(包括在公众场合自由行动、环游世界、接受教育、拥有工作和获得权威等方面)本身就与中国传统妇女观相悖。她在自传中这样记录:

> 那年我十三岁,可以说在这一年里,我发现了自我,开始自主选择。后来发现,这段旅程到处都是湍急险恶的激流,人迹罕至、崎岖不平的山路,危险重重;但这是我自己选择的旅程,尽管历经千辛万苦,经历日晒雨淋,我都坚持了下来;直到今天,我仍保持清醒的头脑,拥有一颗甘愿的心。(Chen n.d.:47)

我们不能忽视她的人生旅途与长江艰难历程很相似。她像长江一样:"我就是我与群山斗争的证明。"(Chen n.d.:2)[23] 20世纪20年代末或30年代初,她逐渐肯定自己的成就。带着为祖国未来奋斗的目标,她背井离乡,赴美留学,饱经世故。这是一种自我殖民,她的生活(至少她对生活的理解和诠释)是建立在西方理想之上的,即女性自决、女性平等和女性独立。她摒弃了过去在个人、政治、社会生活上的组织原则,转而与"全球"计划联系在一起。[24]

中美两国政府均为思想殖民提供了物质、文化发展空间。与自我殖民相似,在自我创造的发展空间中,为支撑新的参考框架,有意贬低中国本土文化的价值。这促使庚子赔款奖学金成立。奖学金于1908年正式达成协议,旨在为一代年轻学者提供赴美留学深造的机会,保证他们能够亲身体验国外生活,从学术活动中学习与中国传统课程完全不同的知识。罗斯福政府企图强加条件,要求赔偿金只用于教育活动,但此举受到中方的抵制——中方认为这是对中国价值观的全面抨击,是美国进一步干涉中国政治和经济的企图,是培养对美国怀有感激之心并会接受其各种要求的精英阶层的计划。伊利诺伊大学的校长在当时的备忘录中指出,这些用在教育方面的资金会"在思想和精神上控制(中国的)领导人"。1907年美国第三助理国务卿亨廷顿·威尔逊(Huntington Wilson)评论说,归还的赔款"应该用来让中国做一些我们想要做的事。否则,我会觉得她(中国)的感激之情就会很空"。⑤从一开始返还赔款,美国政府就有意算错数额⑥,尽管许多历史教科书(有意)颂扬这是美国对中国的慷慨之举,但实际却是一种有预谋的侵略行为,企图对中国进行知识殖民和控制。我们不可否认,这虽然振奋当时不少中国青年的精神,拓宽了他们的知识视野,但也导致他们无法再从中国本土文化中汲取营养,提出解决中国本土问题的办法。

讽刺的是,美国大学的其他奖学金可以通过中国政府奖助获得,其中许多奖助似乎专门用于资助那些对1911年"辛亥革命"有贡献的人,培养他们成为各个领域的专家。这些政府奖助资助了任鸿隽海外留学。⑦他在美国学习化学,是成立科学社的主心骨。⑧回国之后,在中国科学研究和教育领域享有重要地位。庚子赔款奖学金为陈衡哲渴望已久的"现代教育"打开希望之窗。后来,她不仅在1920年成为中国第一位在北京大学任教的西洋史女教授,还为新国立学校体系编撰了西洋史教科书。任鸿隽既是他的丈夫也是她的亲信,所以她不可避免地在书中大力弘扬他的科学精神。

对写作的影响

陈衡哲撰写的历史教科书是受上海商务印书馆委托出版的系列丛书。该丛书是在另一位留美学生何炳松(1890—1946)⑨的主持下,应出版家王云五的邀请而撰写的。⑩何炳松的职业生涯很好地说明了留美学生之间的强大关系网,也说明了他们回国后是如何继续处在传播知识中心的。1917年,他回国后,曾任督学、北京大学历史系教授、北京高等师范学校英语系主任等职;1924年,应聘任商务印书馆百科全书历史部主任;1927年,开始主管颇具影响力的教育期刊

《教育杂志》。陈衡哲也从这密切的关系网中获益。蔡元培在民国初年曾任教育部长,当时是全国一流大学的校长,为她提供了在北京大学的工作机会。在她的丈夫任鸿隽赴美留学之前,也曾与他打过交道。[31]

陈衡哲1920年回国时,与其他人一样,完全处在变革的体制之中。我们虽然无法重现她当时在北京大学的演讲,但知道她对历史进程的全新理解和传播有两大贡献:一个是她分别于1924年和1926年出版的两卷本《西方史》,这是中国历史学家首次出版的此类刊物,涵盖了从史前到第一次世界大战的西方史;另一个就是她于1930年出版的《欧洲文艺复兴小史》。[32]

在《西方史》的序言中,她一开始就明确表示,作为一个史学家,她的任务是研究、释解西方历史,完善中文资料。在几本书的"引言"中,她又对此作了一些阐述:

> 即使这是一本高等中学的教科书,但作者还是希望能够让所有人了解西方历史的常识。

她希望"培养读者分析当代社会各种现象的能力"[33]。她想"帮助年轻人培养国际视野,减少人与人之间的误解,增加对彼此的理解"[34]。换句话说,她的《西方史》旨在将引导广大学生和大众读者走向世界、了解世界。从当前的意义上讲,将中国融入世界,使中国成为世界的一部分,并赢得尊重,这样的全球化才是她计划的核心。她在《西方史》的结语中也一再强调这一点,科学、历史、全球包容和世界发展齐头并进。在她对"文化欧洲"包括"欧洲化的美国"[35]的历史的理解中,自文艺复兴以来,欧洲历史的全球化("世界化")对科学发展影响最大,使欧洲文明成为世界的共同财富,开辟了近代文化的全新形势。[36]这里,"现代文化"似乎是来源于西方历史文化的同义词。但是她并没有忽视——政治和资本都能够滥用这一现象,以民族主义和帝国主义的形式追求一己私利。正如她在《西方史》中一再坚持的那样,这尽管最终会导致战争,但是她仍然宣扬国际主义,因为国际主义最终会使世界互相理解,使每个民族的文化成为世界的共同财富。她认为,民族主义和国际主义的斗争预示未来人类大限将至。[37]在她那个时代,全球包容性包括西方历史知识的传播,但是在未来,全球包容性则将包括以国际主义为形式的对世界文化的理解。

很显然,她想要让中国读者了解这个构成"现代文化"的"世界共同财富",以便中国读者能够衡量当代中国的状况。同样,她认为,世界历史很显然取决于欧洲文艺复兴的鼎盛时期。[38]她讨论和介绍过1930年的欧洲文艺复兴,我们发现在她短短 50 页的讨论与介绍中,清楚地表达了她所认为的历史"行之有效"的原则,说明了中国如何向这些原则看齐、如何成为"世界历史"的一部分。中国传统的历史观遭到低估,并由进化论和历史进步观所取代。当下,应该将过去与现在联系起来。只有这样,中国才极有可能与其他国家一样,走上现代化的道路。

《欧洲文艺复兴小史》于 1930 年由商务印书馆出版。光是选题就一目了然。在她看来,文艺复兴是中世纪混乱之后的秩序回归,是黑暗时期之后的迎接光明的入口,是发现人和人的个性的时代,是摆脱关注过去世俗而关注此时此地观点的转折点。她写道,这个从混乱走向秩序,从黑暗走向光明的过程虽遭简化,但仍是"通向新文化的捷径",萌发了调查精神的种子,迎来了文本批评的发展、图书馆和学院的建立、教育的系统性改革,迎来了能够与男性自由交流的女性学者的崛起。这些都曾是科学社及其成员担心的核心问题,他们担心"科学力量"可能不足以"扫除遍布全国的邪气"。这种担忧也强调了当代问题,那些困扰着学生也困扰着许多专业人士的问题:妇女解放与就业、个体与创造自己命运的个人能力、内容和形式上的文字正确、教育课程的改革和对民众公开信息。换句话说,这是政治、社会改革与新的参考框架并驾齐驱。

该书不仅在选题上反映了他们对希望改变同胞思考方式的担忧,而且在构架历史原则上也反映了将全球趋势带入中国、理解"世界共同财富"的方法。在书中,她多次向读者介绍了一些普遍的"历史规律"。这些都向读者暗示,欧洲历史发展的经验也适用于其他地区其中也包括中国。因此,现代新文化"自然"源于对自己古代文化的反思。她说,"很快就会老根发新芽,迎新芽"。只要摒弃过去的思维模式,新文化诞生就是一种"普遍现象"。

她通过文艺复兴说明了:人类真正精神的复兴是"自然法则"。她解释说,人类的理性可能会暂时受阻,但不会永远受制。她与蔡元培一致断言,这是一种破除迷信的精神,破除过去宗教(误)导大家相信的迷信。最后,在结论部分,她总结了任何历史发展的三个重要时期。用她的话来说,就是"萌芽时期、开花时期和凋零时期"。我们这里所提及的只是一些简单的知识,学生可以学习知识,并可将所学知识应用到历史事件与历史进步之中。走出黑暗军阀时期的中国,仅仅才是"萌芽时期"的开始!

如果我们考虑她做描述和解释时的常用语,则可以进一步证实以历史和国家发展为基础的基本规律的影响。这是自然科学的语言,也是季节更迭、增长与衰退的必然性的语言。她将历史现象比作适当季节下芽苗的自然生长:开花、结果、叶落,这肯定了自然界发展规律与生活在大自然中居民的人生轨迹相似这一事实。她确实在撰写中国历史时使用了一种常见的话语,但结合中国传统历

史观,芮沃寿(Arthur Wright)指出:

> 从表面上看,这是一个生命周期的比喻,即政体与人一样,皆会经历出生、成长、成熟、衰老和死亡。然而,这些连续的阶段从未被视作是自然规律或天命。它们背后是道德,是从历代王朝兴衰的研究中得到的道德教训。(Wright 1965:3)

尽管我们不能排除她在史学中的某种道德成分,如对战争的反对,尽管她提出的自然类比源于古典,但是她的自然类比却包含科学发现与研究,并朝着全新的、改进的人类生活状况发展:国际主义与和平[39]。在这个过渡时期,新旧话语融合交织,不足为奇。然而,她的文章却是新的(当然也与最近在北京大学进行的关于新历史研究的讨论相符)[40],文本本身是用清晰的且非古典的语言撰成,但文中却使用了现代标点符号和脚注。

你可以把这当作是进化论历史,因为纵使人类的基本本能会通过战争和剥削而占上风,但人类会朝着一个更美好的世界发展、进步。在当时,人们可能认为进化论就像是普遍的病毒,但却是她历史著作以及她的自然科学家同事努力成果的指导原则之一。这也影响了她和她的同事对中国走向世界、走向富强的态度:他们提出的想法和参与成立的组织(如科学社、学术和大众期刊、出版社、图书馆、国立学校和大学等)对在世界范围内建立强国十分必要、十分有用。他们尽余力,制订计划,改变思维模式,只为国家富强。这些想法和组织都发挥了重要作用。(外国)新历史研究和分析可以说明全球发展的基本原则,可以协助中国青年的思想适应国家不同的发展轨迹。科学可以成为他们实施变革的工具,新的科学人生观激发个人能力,在精神上赋予他们完成任务的能力。

普遍性原则不仅仅只在她的历史著作中提及和说明。我们能够看出,她的自传明确表示,现代人要对自己的造命负有积极责任。寓言《运河与扬子江》就以这一原则为基础,在她散文中的传记里也有体现。就像个人陈述通过使用引号变得更重要一样,我们现在也十分看重融入普遍适用的新正统的个人生活。1930年,胡适写道:"传记虽然是中国文学中最不发达的一个分支"[41],但为正、反派人物写传却并不新鲜,因为,中国历史的各朝各代在编撰史书时早已涉及大量的正、反派历史人物。然而,从传统意义上讲,"传记最终是为了指导官员学习正统,而不是描绘易犯错的人类形象"(Boorman 1962:453)。这种模式在20世纪初发生了转变,当时强调"开发个人潜能本身就是有效目标"(Boorman 1962:454)。换句话说,个体正在接受全球正统观念的指导。生命的意义用不同的标准定义,尽管机制没有发生改变,但是样本和目标群体却早已改变!大家逐渐对"建立新国家或新'主义'的"外国人以及"现代"中国革命领袖兴趣浓厚。[42]

陈衡哲的散文集载有许多杰出女性的传记:居里夫人、简·亚当斯(Jane Adams)、她的姑姑(姑姑的能力和勤勉一直鼓舞着她)、她本人、阿伯拉(Abelard)与哀绿绮思(Eloise),也载有格布生(Wilfrid Wilson Gibson)、但丁和彼特拉克的传记。[43] 也许有人会认为这些人相互不干,虽然也确实如此,但是这些人都有她和她的教育家和科学家同事所强调的共同特征:坚强的意志、探索的精神、与现实世界的密切联系、人文主义和诗歌。[44]

陈衡哲作的历史书和散文旨在将广大学生和大众读者带入世界,与此同时也让世界了解中国。她的全球化活动与她对国际主义的渴望和对世界文化的认可相呼应,虽然只能在这里简要提及,但是她和她的同事不仅为中国读者介绍和描绘世界,他们还向世界介绍和描绘中国。在 1927—1933 年,她曾 4 次代表中国参加太平洋国际学会的会议。(该组织的历史可以追溯至 1919 年[45])事实上,一位记录该研究所活动的作家提到,1929 年在京都举行的圆桌会议后,陈衡哲编辑的一卷《中国文化论集》(Zen 1931)[46]在 20 世纪 80 年代仍作为美国大学教材(Hooper 1988 106)!此外,此书一开始列出了详细的撰稿人名单,这读起来很像科学社、留美或留英学生的名人录,他们几乎都在政府或教育部门担任要职:胡适撰写有关宗教、哲学和文学方面的;任鸿隽撰写科学方面的;秉志撰写一章关于生物科学的内容。该书以她的"中国文化问题概述"结尾。

结论

陈衡哲和她的同事将会成为新全球组织和思想的国家代表,成为著名大学教授,开设新的大学院系和研究中心,改善国家结构,提高中国在世界舞台上的地位。正是他们的著作,向中国介绍了世界,也向世界介绍了中国。他们几乎是大学中各个学科的领军人物,他们不再专注于中国传统古代文学典籍,将这些"经典"留在过去。他们在组织形式、内容、语言表达方式和写作方式进行改革。[47]他们这样的做法至少可以持续到 1949 年。从理论和部分实践上看,中国社会各阶级几乎都进行改革实践。

美国教育界、政界都实施具有强针对性的"智力和精神统治",这些人都或多或少地易受这种影响。但如果当时的中国历史状况有所不同,(不再软弱无能,任由西方列强宰割)他们就不会成为这段历史的受害者,还满怀热情。在正统之间,中国的知识分子迫切寻求解决国家问题的良方。过去,国际社会小看他们。

现在，他们为自己和同胞寻求出路，加入国际社会中去。马克思的一句话常被引用：羞耻是一种革命。如果说陈衡哲和她的同伴所做之事具有革命项目的所有条件，这并不夸张：通过他们的写作和作品，自我认知和自我定义接连发生变化，中国逐渐向好的方向改变、发展。的确，他们带入中国的众多观念和思想之中，有瓦尔特·本雅明（Walter Benjamin）所说的"来世"（afterlife）[8]，即翻译可能与原作略有出入，但翻译取决于特定历史时期的文化认知需求。传统（地方）各级国家组织模式遭批判，由国际理念和制度所取代。（至少在1949年之前）个体取得了更高的地位，科学作为一种普遍有效的原则，一直存在于中国；以西方模式为基础的大学早已司空见惯，课程用"通用"知识代替了中文学习。在后殖民主义的世界中，我们很难不对陈衡哲等人的学说报以怀疑，（应该）很难接受她关于欧洲经验、欧洲知识普遍性和全球有效性的主张。然而，她和其他像她一样的人生活在历史偶然空间之中，他们成为被翻译的对象，成为做翻译工作的主体。他们的任务虽然是拯救人民，但是却往往没有征求人民的意见。他们的权力仅仅来自他们曾在国外留学这一事实，这就是他们的傲慢。

作者单位：丹麦哥本哈根大学
译者单位：北京第二外国语学院

注释

① 有关蔡元培的职位和相关活动，请参见 Chow 1960。

② 演讲《以美育代宗教说》原文请参见（Gao 1984，30-34）。英语译文版本请参见 Denton 1996，182-189。

③ 该译文摘自 Schram 1992，318。该段中文摘自黄峰、姚桓：《抓落实的优良作风》，《北京日报》，http://dangshi.people.com.cn/n1/2019/0701/c85037-31204550.html，2019-07-01。

④ 许多改革旨在获得西方强国的尊重。这里引用了日本外相井上馨的话，1885年他写道："我们必须改革我们的帝国、改变我们的人民[……]换句话说，我们必须在亚洲建立一个新的欧式帝国"。（Mackerras 1997，196-197）

⑤ 关于凡尔赛和会事件的简要说明 Clements 2008，53-108。

⑥ Pratt 2009，7。

⑦ 有关陈衡哲的传记简介 Yang 1991。

⑧ 《一个中国女人的自传》（Chen n.d.，187-188）。感谢美国瓦萨学院的图书馆员向我提供该文本。

⑨ 有关该刊扉页的信息 Fan and Zhang 2002，15。

⑩《科学》发刊词, Fan and Zhang 2002, 14 - 18, 18。该译文摘自 Wang 2002, 302。

⑪ 标题为《说中国之无科学的原因》的文章转载于 Fan and Zhang 2002, 19 - 23。

⑫ Wang 2002, 301。

⑬ 当然,中国人一直有自己的方式标识引文,但是由于读者基本受过教育且引用一般出自《诗经》或源于孔子,所以读者一般能识别出参考文献和典故,故从未有确切的引用出处。

⑭ 类似项目可以从大众文学的角度进行讨论: Gimpel 2001, 尤其是第二章部分。

⑮ 转引自 Fan 2004, 18。

⑯ Hu 1934, 70 - 71。这里的三百年是指从 17 世纪到 20 世纪的这段时期, 胡适正是比较了这段时期东西方的学术活动。

⑰ Fan 2004, 19 - 20。另请参阅胡适对"中国人的人生观从未与科学有直接联系!"这个观点所涉及的问题的评论;《胡适, 科学与人生观序》, Wang 2002, 308 - 309。

⑱ 萨特为法农的《全世界受苦的人》所撰写的序言(Sartre 1961, 1)。此段中文翻译摘自弗朗兹·法农著, 万冰译,《全世界受苦的人》,译林出版社 2005 年版, 第 14 页。

⑲ 在这样一篇简短的文章中, 详述当时的中国报刊及报刊上对"外国事物"的介绍, 就是敲冰求火, 很难实现。有关涉及问题的初探和一些详细的书目: Gimpel 2001; Vittinghoff 2002; Lackner and Vittinghoff 2004。

⑳ Chen n. d.。关于梁启超的基本信息: Boorman 1967, vol. Ⅱ, 346 - 351。关于谭嗣同的基本信息: Spence 1987, 51 - 53。

㉑ 关于她的自传文章《我幼时求学的经过》: Chen 1995, 314 - 326, 315, 325; Chen n. d., 151。

㉒ 有关中文文本: Chen 2004, 1 - 3。有关陈衡哲本人撰写的英文文本: Chen nd, 1 - 4。

㉓ 有关中文文本: Chen 2004, 1。

㉔ 从塞缪尔·斯迈尔斯(Samuel Smiles)1859 年出版的《自己拯救自己》一书拥有较高人气与诸多译本看出, 大家普遍认为做一个自决的人十分重要: Gimpel 2001, 127 - 128。

㉕ 两种语录均摘自 Hunt 1972, 引文分别在第 550 页和第 549 页。

㉖ 关于谈判的详细内容与庚子赔款奖学金免除的背景信息: Hunt 1972。

㉗ 有关任鸿隽对获得补助金涉及的问题的相关描述: Fan and Zhang 2002, 712 - 713。

㉘ 这九位创始成员包括七名义和团成员和两名非义和团成员(指任鸿隽与杨杏佛)。

㉙ Wang 2001, 70 - 73。

㉚ 请参见《西方史》的序言(Chen 2007, 3)。有关王云武的更多信息: Boorman 1967, vol. Ⅲ, 400 - 402。

㉛ 请参见任鸿隽的自传(Fan and Zhang, 2002, 712)。

㉜ 陈衡哲的《西方史》最近以单卷的形式重新出版(Chen 2007)。《欧洲文艺复兴小史》尚未再版(Chen 1930)。本文采用的是王五云主编的《万有文库》丛书中 1930 年的重印本。作者序文日期是民国十四年, 即 1925 年。

㉝ Chen 2007, 3, 5。

㉞ Chen 2007，6。

㉟ Chen 2007，7。陈衡哲表示，因为此书篇幅有限，没有办法涉及美国历史，所以她计划额外出版一本关于美国历史的书。

㊱ Chen 2007，363。

㊲ Chen 2007，364。

㊳ 当然，文艺复兴在当时是一个十分重要的术语。中国要以一种可行的正统观念进行更新整修。也可参见胡适 20 世纪 30 年代以《中国的文艺复兴》为题收集的关于中国的系列讲座。讲座集的序言写到，此标题"是他特意选的，以描述所述文化转型的性质"（Hu 1934，vii）。

㊴ 尤其在陈衡哲的《西方史》中，经常提及科学研究及其成果。

㊵ 关于辩论的讨论：Sang 2008，134–136。

㊶ 转引自 Howard 1962，465。

㊷ Howard 1962，467。

㊸ Chen 1995，275–363。

㊹ 这里讨论的所有人几乎都曾自己作诗发表。诗歌上的改革（尤其是白话诗的出现）也是改革国家的关键一步。胡适写下中国第一首白话诗，陈衡哲创作出中国第一篇白话短篇小说。关于"文学革命"的讨论：Chow 1960，269–288。可另见 Idema and Haft 1997，259–266。

㊺ 关于该研究所历史和意义的有趣总结：Hooper 1988，98–121。

㊻ 该书最初出版于 1931 年。

㊼ 引述了萨特为法农《全世界受苦的人》一书所撰写的序言中的内容，请参见 http：//www.marxists.org/reference/archive/sartre/1961/preface.htm。

㊽ 虽然本雅明指的是狭义层面上的翻译，但是他"来世"这一概念当然同样适用于文化翻译计划，将中国带上世界舞台：Benjamin 2002，16。

参考文献

1. Benjamin，W.（2002）. The Task of the Translator. In L. Venuti（Ed.），*The Translation Studies Reader*，pp. 15–25. London：Routledge.

2. Boorman，H. L.（1962）. The Biographical Approach to Chinese History：A Symposium. Preliminary Reflections. *Journal of Asian Studies* 21(4)，453–455.

3. Boorman，H. L.（1967）. *Biographical Dictionary of Republican China*，Volume 1–4. New York：Columbia University Press

4. Chen，H.（1930）. *Ouzhou wenyi fuxing xiaoshi* [*A Short History of the European Renaissance*]. Wanyou Wenku. Shanghai：Shangwu yinshuguan.

5. Chen，H.（1995）. *Hengzhe sanwen* [*Chen Hengzhe's Prose Writings*]. Shijiazhuang：

Hebie jiaoyu chubanshe.
6. Chen, H. (2004). *Chen Hengzhe sanwen xuanji* [*Selected Prose Writings of Chen Hengzhe*]. Tianjin: Baihua wenyi chubanshe.
7. Chen, H. (2007). *Xiyangshi* [*History of the West*]. Beijing: Dongfang chubanshe.
8. Chen, H. (n. d.). *The Autobiography of a Young Chinese Girl*. Undated publication without bibliographical information.
9. Chow, T. (1960). *The May Fourth Movement and Intellectual Revolution in Modern China*. Cambridge, MA: Harvard University Press.
10. Clements, J. (2008). *Wellington Koo: China*. London: Haus Histories.
11. Denton, K. A. (Ed.) (1996). *Modern Chinese Literary Thought: Writings on Literature, 1893-1945*. Stanford, CA: Stanford University Press.
12. Fan, H. (2004). The Association Between Ren Hongjun and Hu Shi. *Chinese Studies in History* 37(3), 3-33.
13. Fan, H. and J. Zhang (Eds.) (2002). *Kexue jiuguo zhi meng: Ren Hongjun wencun* [*The Ideal of a Patriotic Scientist: The Collected Works of H. C. Zen (1886-1961)*]. Shanghai: Shanghai kejijiaoyu chubanshe.
14. Gao, P. (Ed.) (1984). *Cai Yuanpei quanji, disan juan* [*The Complete Works of Cai Yuanpei*], Volume 3. Beijing: Zhonghua shuju.
15. Gimpel, D. (2001). *Lost Voices of Modernity: A Chinese Popular Fiction Magazine in Context*. Honolulu: University of Hawai'i Press.
16. Grieder, J. B. (1981). *Intellectuals and the State in Modern China: A Narrative History*. New York: The Free Press.
17. Hooper, P. F. (1988). The Institute of Pacific Relations and the Origins of Asian Pacific Studies. *Pacific Affairs* 61(1), 98-121.
18. Howard, R. C. (1962). Modern Chinese Biographical Writing. *Journal of Asian Studies* 21(4), 465-475.
19. Hu, S. (1934). *The Chinese Renaissance: The Heskell Lectures 1933*. Chicago: The University of Chicago Press.
20. Hunt, M. H. (1972). The American Remission of the Boxer Indemnity: A Reappraisal. *Journal of Asian Studies* 31(3), 539-559.
21. Idema, W. L. and L. Haft (Eds.) (1997). *A Guide to Chinese Literature*. Ann Arbor, Mich.: Center for Chinese Studies.
22. Lackner, M. and N. Vittinghoff (Eds.) (2004). *Mapping Meanings: The Field of New Learning in Late Qing China*. Leiden: Brill.
23. Mackerras, C. (Ed.) (1997). *Eastern Asia: An Introductory History*. Melbourne: Longman.

24. Pratt, M. L. (2009). *Imperial Eyes: Travel Writing and Transculturation* (2. ed.). New York: Routledge.

25. Roberts, B. (2002). *Biographical Research*. Buckingham: Open University Press.

26. Sang, Q. (2008). *Wan-Qing minguo de xueren yu xueshu* [*Late Qing and Republican Scholars and Scholarship*]. Beijing: Zhonghua shuju.

27. Sartre, J.-P. (1961). Preface to Franz Fanon's Wretched of the Earth. http://www.marxists.org/reference/archive/sartre/1961/preface.htm: Marxists Internet Archive.

28. Schram, S. R. (Ed.) (1992). *Mao's Road to Power: Revolutionary Writings 1912 – 1949*, Volume 1. Armonk, NY: M. E. Sharpe.

29. Spence, J. D. (1987). *The Gate of Heavenly Peace: The Chinese and Their Revolution, 1895 – 1980*. Harmondsworth: Penguin.

30. Vittinghoff, N. (2002). *Die Anfänge des Journalismus in China* (1860 – 1911). Wiesbaden: Harrassowitz Verlag.

31. Wang, Q. E. (2001). *Inventing China Through History: The May Fourth Approach to Historiography*. Albany, NY: SUNY Press.

32. Wang, Z. (2002). Saving China Through Science: The Science Society of China, Scientific Nationalism and Civil Society in Republican China. *Osiris 17*, 291 – 322.

33. Wright, A. F. (1965). Comment on Early Chinese Views. In J. Meskill (Ed.), *The Pattern of Chinese History: Cycles, Development, or Stagnation?*, pp. 3 – 4. Lexington, Mass.: D. C. Heath and Company.

34. Yang, T. (1991). Chen Hengzhe nianpu. Zhongguo kexue yanjiu. *Research into Chinese Culture* (3), 108 – 114.

35. Zen, S. H. C. (Ed.) (1931). *Symposium on Chinese Culture*. Shanghai: China Institute of Pacific Relations.

[原文刊载于 Renn, Jürgen (ed.): "The Globalization of Knowledge in History", Max Planck Research Library for the History of the Development of Knowledge, Max Planck Institute for the History of Science under Creative Commons, pp. 399 – 416.]

我要用我自己的小方式来改变中国学前教育

——中国留学生、"西方"价值与学前教育改革

曹诗弟(Stig Bjarka Thøgersen)/著 蒋芳芳/译

前言

社会上存在一种普遍认识：中国留学生并不关心政治和社会改革。笔者则以在丹麦攻读学前教育双学士学位的 21 名中国留学生(大学第四年入丹)为对象，对他们进行了为期 3 年的跟踪调查与采访，本论文就是该调研的理论成果。[1]当前流行的"中国留学生不关心政治和社会改革"的观点不正确，实际上，他们对如何实现中国学前教育改革和如何引导中国儿童健康成长已有十分清晰且深刻的洞见。一般情况下，他们并不关心西方国家根本政治改革或民主选举制度，但是对他们儿童早期教育的核心价值观——自由、个人权利、平等和创造力——却是完全的认同。美国著名中国教育问题研究专家冯文(Vanessa L. Fong)认为，"孝道的民族主义"("filial nationalism")在这个群体中表现得淋漓尽致，但这并不妨碍他们对中国学前教育及其传统权威体制进行根本性改革的诉求。

在此背景下，本文的研究脉络如下：一是探讨中国留学生海外求学期间为何较少关注政治层面这方面的文献较少；二是阐明本研究之方法；三是介绍本研究的调查样本(调查/采访对象)——在大学的第四年前往丹麦攻读学前教育双学士学位的 21 名中国留学生；四是通过考察中国的幼儿教育话语体系以明确样本对象的思想和学术背景；五是探讨了该学生群体是如何看待中国和丹麦的学前教育、如何处理所谓的"西方"核心价值观，以及如何运用所学形成符合中国实际的改革策略，这也是本文论的主体。当然，这并不意味着中国留学生这个青年群体就可自命或他命为"宏观政治改革的先锋"，但是其留学经历却指引着他们

学成归去、豪情满怀、欲以专业之视角为中国学前教育的改革尽一份力。

一、不关心政治的一代？

关于中国留学生主题的文章层出不穷，但涉及政治和意识形态问题的却寥寥无几。即便偶有讨论，其焦点也只是聚集在留学生的爱国情怀上。冯文曾采访中国留学生，问及他们是如何在认清中国社会的诸多痼疾之后仍然强烈地认同、热爱自己的国家的，并最终用"孝道的民族主义"一词描述她的结论。"孝道的民族主义"概念的产生是"基于这样一种信念，即便不再是'中国人'，但'我'与中国的联系依然如孩子与父母一般，永远血脉相连"[②]。美国加州大学尔湾分校社会学系博士梁怀超（Henry Chiu Hail）也发现了类似的爱国主义，他表示，当美国学生批评西藏或其他敏感复杂的中国内政问题时，当地的中国留学生对此是持批评否定态度的。[③]

如今，关于中国留学生群体的研究基本上是去政治化的，因为研究者均率先给这一群体贴上了"不关心政治和社会改革"的标签。美国加州大学洛杉矶分校中国研究中心主任、文化人类学教授阎云翔对中国个体化的研究中，他曾强调中国的"个人自治和自由"在某种程度上还存在一定的桎梏，这就意味着"努力奋斗的个人越来越不关心政治，以至于公民应尽的义务也开始丧失"[④]。与此同时，美国南加州大学政治系教授骆思典（Stanley Rosen）根据中国学者的调查表明："当今的中国青年人……是务实的和物质主义的，他们对生活的富足和金钱的赚取等物质追求更感兴趣。"[⑤]因此，他总结：

> 中国青年似乎不太可能对政权构成任何直接的威胁。"80后"一代追求以成功为导向的务实生活方式，这决定了他们在公共生活领域也是为实现个人理想抱负服务的。[⑥]

当然，笔者的受访者也认为自己不会对政权构成威胁，但这并不等同于他们就不关心政治或只醉心于实现自己的物质理想。相反，这些青年留学生极力在自己的专业造诣和中国改革两者的现实中获得平衡，努力在国家发展之洪流中精准的找到自己的位置。谈何容易！就如阎云翔所言，当代中国青年被迫成为"奋斗的个体"，"必须勤奋、自律、精明、务实"[⑦]才能获得成功。然而，国家却希望他们为实现中国从"世界工厂"向高科技经济转型的道路上发挥原动力和创造力。这似乎是一个悖论，也导致了一种较为紧张的局面。挪威奥斯陆大学贺美德(Mette Halskov Hansen)教授恰如其分地描述了该局面：

> 一方面,学校正朝着培养服从中国共产党的领导、培养新社会主义接班人、接受官方主流行为规范的方向努力;另一方面,学校正努力培养学生成为具有创新能力和创造经济价值的方向。[8]

可见,既服从又改变,既遵守纪律又富有创造力,并且能够精准辨别创新力和创造力的内在限度已成为当代学生的重要素养。

当代大学生处于一个前所未有的时代,他们有机会通过广泛的途径和多维的联系接触中国以外的世界。就像一个国家必须以适应、改变、搁置等方式去应对国际规范和标准,中国青年留学生学习世界"先进"国家的经验同样是适应和改变的表现,并非不爱国。与此同时,他们也要表现出爱国主义,并意识到党和政府强调的中国特色国情。

然而,对于那些留学海外的中国学生来说,达到这种"理性的平衡"是十分困难的,因为他们每天面对的行为规范和社会实践均是外国的,这就可能导致三种截然不同的结果:一是拒绝外国的价值体系;二是忽视外国的价值体系;三是融入现有的价值体系。笔者的受访者表示,他们会尽最大的努力渡过这些困难的深水区;也许他们无意从根本上改变中国的政治制度,但绝大多数人十分认同西方的某些价值观,并希望这些价值观能引导中国的学前教育在渐进式改革中朝着进步的方向发展。

二、研究方法、步骤与受访者

本论文采用定性的纵向研究法,对 2009—2011 级来自江苏省学前学院(化名)全日制四年制学前教育专业的 21 名本科学生进行了调查和采访。为了保护受访者的隐私,学院的名称和学生的姓名均采用化名。这些学生均来自"中外合作班",大学前三年部分课程由丹麦客座教授英语授课,如果英语技能达到所要求的水平和标准,就可以申请去丹麦度过大学第四年的时光,从而获得双学士学位。该学前学院选择前往丹麦的学生有：2009 级 7 名、2010 级 5 名、2011 级 9 名,其中男生 4 名、女生 17 名。他们均是本课题研究的受访者。

笔者对受访者的采访分为三轮。第一轮是在受访者大三的后期(他们离开中国前的几个月内),采用的是半结构化访谈的方式。访谈的内容是粗线条式的,主要聚焦于：(一)在中国教育体系中的经历,时间跨度从幼儿园到大学;

(二)对中西学前教育的看法;(三)出国留学的动机。第二轮采访是在他们结束丹麦学年时进行,采访的主题主要涉及他们在丹麦的学术活动、社会文化经历以及职业规划。第三轮则选择在他们回国一年后进行,例如2009级的毕业生在回国一年后的2014年再次接受了采访,主要了解两个方面:(一)他们是如何被中国的学前教育机构(例如幼儿园)选中并雇用的;(二)他们在学前教育机构中是如何顺利应用在国外所学的知识。采访或访谈基本上是采用一对一的方式,但在第一轮访谈中,应部分学生要求,有两个人一起接受访谈的情况,因为学生认为两个人一起面试舒适感会更强、访谈效果也会更好。本研究中的所有访谈均以普通话沟通,并允许录音和转述。

  笔者决定跟踪采访这群学生主要是因为他们研究领域的特殊性,这也是学前教育意义所在。形象地说,学前教育是国家对未来公民的美好愿景与家庭培育孩子的习惯相碰撞、相契合的场域,而这两者的行为都是根植于本国文化的。因此,文化属性之差异直接构成了学前教育的国别性。正如美国儿童教育专家大卫·吴(David. YH. Wu)、约瑟夫·托宾(Joseph J. Tobin)和戴纳·戴维森(Dana H. Davidson)在20世纪80年代中期所展开的一项关于美国、中国、日本幼儿园的跨文化研究,即便是20年之后的再次审视,其结果均表明——国家差异在学前教育的认知层面和实践层面都表现得十分鲜明。[9]基于此,本研究的受访者在丹麦的大学继续深造或幼儿园实习时,他们所接触的教学方法是与他们在中国所习惯的完全不同的。笔者感兴趣的是,这是否会影响他们自身的教育价值观——或更宽泛地说,是否会改变他们对社会层级和权威的看法。

  在第一轮访谈中,有不少受访者表示他们在高中阶段就关注了中国教育问题,对有些问题也会持批判的态度。他们都是艺术生,在学术上的要求要比一般的自然科学和人文科学专业的学生更低。其中有些学生来自农村,他们小学或初中的学习成绩都比较好,但到了高中第一年结束时,由于考试成绩很低,老师建议并鼓励他们转为艺术生,这给他们造成了很大打击。这也是他们对中国高中繁重的学习任务和激烈的竞争持批评态度的原因所在。但就另一个层面而言,受访者表示他们作为艺术生要比"书呆子"更加纯真、活泼。如此种种,可能阴差阳错地促成了他们对丹麦学前教育教学方法的接受度——不墨守成规的个性让他们更易支持西方所强调的"创造力"和"个人自由"的教学方法,而非沉浸于对"纪律意识"和"理论技能"的追求。[10]

  除了采访上述21名中国留学生之外,笔者在中国大学做客座教授,并以此为契机观察了学生在课堂上的表现,适时与授课教师(包括丹麦教师与中国本土教师)展开了非正式的沟通,以便获取该课程开设的背景信息以及专业导论。

三、中国学前教育的话语体系

为了还原受访者回顾留学经历的语境,本部分将简要概述中国学前教育的最新发展趋势。目前,中国话语体系中的学前教育和儿童已经转向了"进步主义教育"(progressive education),本研究将该术语理解为"以儿童为中心的教育理念和实践"。该理念实则承续了瑞典教育家裴斯塔洛齐(Pestalozzi)、德国教育家福禄贝尔(Frobel)、意大利幼儿教育学家蒙特梭利(Montessori)等人的传统,注重在做中学、解决问题、儿童的权力及儿童的感官发展。实际上,自20世纪80年代以来,这种观念在中国逐渐从教育专家渗透到了普通教师,及至2003年,幼儿教师找到了一条引导儿童自我发展之路:

> 直接指导要减少,游戏学习好处多;学科学习勿单一,跨科综合少不了;专题探究勤出现,活动教学趣味多;课堂主体在儿童,教师辅助帮引导。[11]

诸如此类的学前教育改革与中国当前提升全球经济地位的雄心壮志是一致的。有目共睹的是,随着中国领导层从"中国制造"转向"中国创造",对创新力和创造力的需求远远超过了20世纪80年代福特主义学前教育模式。为了确保幼儿从小就养成竞争意识,中国政府愈加关注幼儿群体的社会化,并制定了学前教育的新目标:到2020年,普及学前一年教育,基本普及学前两年教育,有条件的地区普及三年学前教育。[12]

为了最大化地吸纳适龄幼儿入园,实现全面普及学前教育的目标,国务院提出,幼儿园不应该追求幼儿的学术技能而导致学前教育的"小学化",应以还孩子一个快乐的童年为价值目标。[13]同样,2011年的《中国儿童发展纲要》也强调,儿童应该拥有某些确切的权利,"儿童权利"这个术语也已成为近年来中国政府关注的高频词和流行语。[14]由此可见,中国政府对儿童的发展正朝着"进步主义教育"的模式展开。

本论文所涉及的这所学前学院的丹麦教师在中国国内对学前教育专业的学生授课也倡导"进步主义教育"的基本原则,其他教师对此也是认同和支持的。西方学前教育在某些方面优于中国传统教育的共识似乎已经在教师群体中达成。基于该背景,受访者对自身有了新的认识,他们认为在中国幼儿教育现代化的进程中他们理应扮演至关重要的角色。

诚然,也有一些学者和学生家长认为,幼儿教育应强调文化的特殊性。他们坚持引本土的教育传统入当代的幼儿教育，而非西方的教育理念。[15]中国学前教育改革的另一个更大的障碍是幼儿教育的日常实践与先进理念之间的矛盾，即日常实践仍然难以适应"进步主义教育"的基本原则。例如，香港大学李辉教授等人发现，即便是走在学前教育改革前列的深圳，其幼儿园识字教育仍存在显著的"理念—实践差距"和"政策—实践差距"。导致这种差距的原因有二：一是教师对"以儿童为中心"的教学理念和教学方式深信不疑，但在具体的教学场景中却无法改变传统的教学方法；二是家长更倾向于"以教师为中心"的教育方式，他们认为孩子对学校的意识和对学习的认知均始于幼儿园时期，教师为主导的学前教育则有利于养成这样的意识和认知。[16]另一项针对农村幼儿园的调查研究得出同样的结论：现实教学中，教师很少践行政府教学计划中所建议的自由游戏、开展以儿童为中心的活动或情境教学等方法。[17]显然，在以"死记硬背"为基础、以学业考试（期末考试、中考、高考等）为目标——甚至是在决定孩子命运的中国教育体系中，这些"进步主义教育"的原则、口号和导向确实容易流于虚设。

因此，中国的学前教育正处于政治、文化、教育理念和个人价值观互相交织、充满活力、一体化发展的大变革时期，未来幼儿教师对个人的职业规划更应具有前瞻性。国家领导层和教育家所关注的学前教育话语体系正朝着"西方"进步主义教育的方向稳步向前，但需注意的是——就如澳大利亚国立大学教育人类学家任柯安（Andrew Kipnis）教授指出的——"素质教育"的概念及以其为内核的理念成为当前学前教育改革诸多矛盾滋长的中心。[18]然而，对于受访者，笔者发现他们是以开放和包容的心态去面对进步主义教育理念的，因为这些理念从原则上早已被中国的教育学术领域和政治领域接受。在丹麦一年的学习和实习过程中，学生逐渐意识到丹麦学前教育的态度和价值直接反映了该国的文化和政治原则。毋庸置疑，文化和政治的原则作为一个基础原则，也会在其他类型的社会关系（代际关系、上下级关系等）中呈现。

四、学生体验"西方"价值

本文采用"西方"这个术语是为了反映受访者在丹麦的经历和体验，用以区别"中国"。在第一轮采访中，学生讨论文化差异时，就很明显地把"中国"和"西方"当作两个截然不同的实体来讨论，中西文化的差异由此表现出来。学生用"西方"这个词语来涵盖欧洲和北美的工业强国，并未区分具体是哪个国家或地区。在这个基础上，有学生甚至用"外国"这个更宽泛的概念来与"中国"对比。

在中国官方表述中，"西方"通常是一个笼统的术语，它宏观地概括了中西不同的传统,实则模糊了实质性区别。原中国教育部长袁贵仁曾直截了当地公开强调:"加强对西方原版教材的使用管理,绝不能让传播西方价值观的教材进入我们的课堂。"⑲该言论在国外引起了轩然大波,因为它特别直截了当。后来新华通讯社的一篇评论作为官方回应,则是关于中国对"西方"价值观更为典型的立场:

> 中国不反对以"自由、民主、平等、人权"等为核心的西方价值观。事实上,这些概念都包含在中国《宪法》之中。我们论争的根本在于,对这些价值观的理解中西方是存在明显差异的。⑳

这表明,学生向西方获取知识,但涉及价值观,应由中方把关、决定应该学习什么以及如何在中国应用。

在第一轮采访中,学生就表示在丹麦的一年要全面学习西方教育领域的知识和理念,因为中国传统的教育模式过于注重考试、教学方式也存在僵化和桎梏,西方学校开放、活泼、自由、鼓励培养个人创造力和发展空间的教育理念是值得中方学习和引入的。他们还认为,在西方,儿童与成年人、学生与教师的关系更轻松、平等,儿童也更加独立且富有创造力。㉑在丹留学的一年,这些留学生会有几个月的实习期,这让他们有机会更直接地接触到丹麦幼儿园的教育实践。身临其境地观察和参与,让他们能够更切实地思考并证实中西教育的差异。

在第二轮采访中,大部分受访学生在阐述丹麦的学前教育理念时均强调4个核心概念:自由、平等、个人权利和创造力。这些概念同时又与西方积极的价值观紧密相连,这些学生也在不同程度上期待这些进步教育观的"中国化"。

(一)自由

"你认为丹麦儿童的生活有什么特点?"针对这一问题,大部分受访学生都使用了"自由"一词。他们结合中国幼儿园的实习经历表示,丹麦儿童在时间、空间和社交互动等方面都比中国更加宽松。例如,兰英(受访学生化名)特别注意到,丹麦儿童可以自由决定自己想做什么活动,甚至可以自由进出教室、与其他年龄段的孩子玩耍。

> 我刚来丹麦就发现,这儿的学前教育比中国更自由……这里的幼儿园是按照孩子的兴趣来组织小组活动,而非其他。更令我惊讶的是,不同年龄的孩子居然可以混合教学、混合活动、混合玩耍。虽然此前我是无法想象

的,但这确实太棒了！就像在一个大家庭里,你可以和兄弟姐妹或比你大一点的邻居一起玩耍。㉒

儿童可以自由决定做什么、和谁一起玩,这作为一种最基本的价值观渗透在丹麦学校和幼儿园的各个方面。受访学生也把这种儿童的行为自由与中国对比。在中国幼儿园,学龄前儿童是班级体的一部分,班级的组织形式构成了他们所有活动的稳定框架——每个孩子都必须遵循统一的规范和作息,甚至在同一时间吃饭或睡觉。丹丹(受访学生化名)甚至把他们比喻成"囚徒":

> 在某种意义上可以这样说,中国的学龄前儿童总是被"锁在"那里。当然,他们已经习惯了,所以没人想要"离开"……他们觉得去哪里不重要,因为无论身在何处,都有老师告诉他们"应该这样""不准那样"。㉓

丹麦孩子享受的自由,还在于他们可以爬树、吃沙坑里的沙子,或者做其他任何他们想做的事——而这些,在中国往往会被认为是太危险的事,会招致老师和父母的不满或责骂。

受访学生认为:丹麦的孩子能够全方位地享受自由,最主要的原因是他们没有任何压力。而在中国,儿童在很小的时候就被家长、老师和整个社会灌输了"成功观",这种观念驱使着孩子走向成功。受访学生还认为,这种成功观给儿童带来了很大的压力——中国是人口大国,强调通过死记硬背和考试来选择人才——已成为整个民族的共同命运。受访学生表示自己也亲身经历过这种压力,也深知摆脱这种压力何其困难！因此,他们对中国父母以时刻督促孩子学习文化知识的方式来实现望子成龙的愿望是非常理解的。然而,毋庸置疑的是,从长远来看,将更多的自由还给孩子会让他们更独立、更富于创造力、更受益终身。

(二) 权利

与"自由"密切相关的另一个概念是"权利",这是留丹学生在实习期间普遍感受到的对儿童个人权利的尊重。开明(受访学生化名)认为"丹麦的老师真的很尊重孩子!"他解释道:

> 当孩子不想做某件事的时候,她会拒绝、会说"不",这时老师也就会允许她不去做。我的导师多次提醒我,当一个孩子说"不"的时候,我们不应该强迫她。这令我十分惊讶,因为在中国,更多的老师会要求儿童去做他们计

划孩子去做的事,而不会考虑或关心每一个孩子的感受,他们是否愿意去做。[24]

春涛(受访者化名)和丹丹对此也表示十分震惊。他们认为中国缺乏这种"允许孩子说'不'的权利",其根源可能在于中国儿童容易服从权威和传统以及缺乏对个人权利的认识和关注。结合自身在中国的教育经历,春涛和丹丹甚至觉得老师也缺乏对学生隐私权的尊重。例如,老师经常会在全班同学面前报读学生的个人成绩、朗读学生卷面上书写的答题,或者更有甚者,把学生的个人信息告诉他人,这在中国都很常见。由此可见,按照西方价值观中的"权利",中国教师普遍忽略了学生所拥有的某些个人权利,比如隐私权。

另外,有几名受访学生还讨论了学前教育之外的个人权利。那在这个维度上,什么是权利?他们给出了一种实用主义的解读:公开反对长辈或上级的权利,以及不必遵守集体准则而仅从个人意愿出发作出决定的权利。只有两名受访学生明确直接用了"人权"这个饱受争议的术语,当然,他们将中国人权相对薄弱的原因解释为"传统文化"使然,而非政治制度。

(三) 平等

"平等"是受访学生在阐述丹麦的学前教育理念时反复出现的第三个特征。尽管存在语言的鸿沟,但受访者依然很敏锐地感受到丹麦的社会等级与中国大为不同。留丹学生对丹麦倡导并践行的人与人之间鲜明的平等性(教师—儿童、教师—家长、老师—老师)印象深刻。惠芬(受访者化名)和大部分受访者一样,认为丹麦的儿童与教师之间的社会距离比中国小很多。她说道:

> 在中国,我只能看孩子们玩,不能和他们一起玩。这可能是在中国的教育语境下,我作为老师,是不允许和学生一起玩。而在这里,在丹麦,我可以,所以我很开心。[25]

还有不少受访者认为,丹麦学校里的成年人和儿童之间的关系几乎是平等的朋友关系。据丹丹说,她幼儿园的孩子们"非常像成年人",习惯了被人平等地对待,而无需作任何"特殊的处理"。

> 在中国,当我和一个孩子说话时,我会用非常可爱的声音说:"你想穿上这条漂亮的裙子吗?"……很显然,我们和他们说话时需要模仿他们、假装自

己是孩子；但在丹麦,我们像成年人一样互相交流。[25]

在丹麦幼儿园实习期间,几名受访学生还仔细观察了所在幼儿园的等级体制。有受访学生表示,在中国的任何工作场所,你总能知道谁是"一把手",如果某人级别更高,你就必须服从他。丹麦则不同,即使是实习生也被同事平等对待,也有权自由表达自己的意见。由此可见,丹麦教育体系中的社会等级没那么明显,每个教师都拥有最大限度的主动权和决策权。

对此,小红(受访者化名)甚至认为自己回国后可能会不适应了,要再次接受并融入中国学前教育机构的等级制度,是一件难事。

> 我认为,中国幼儿园里很多老师都比较守旧。比如,你的课程计划必须服从上级教学主管部门的计划,不能随意更改。这真是太严格了,也太乏味了![27]

在她看来,一成不变的教学计划所反映的就是自由和平等权利的弱化,无论对孩子还是对老师,这样的幼儿园可能不再迷人、不再具有吸引力。

(四) 创造力

丹麦学前教育的第四个价值理念是"创造力"。中国学生在课堂上接受的一切均根源于教师的教育理念,基于该理念,学生从小就被严格管教,导致自由的缺失和创造力的滞后。这种因果关系不难推出。受访学生发现,中国儿童常常被家长和老师告知要"模仿"而不是自己"想要"才去行动。[28]例如,在丹麦,儿童被鼓励用勺子、盘子、鞋子以及他们能找到的任何东西来演奏音乐,而中国大部分儿童则被灌输演奏音乐需要用特定的乐器;丹麦的孩子随时随地跟着音乐起舞,而中国只偶有漂亮的孩子才会被老师选中去表演精心编排的舞蹈;孩子画完一幅画之后,丹麦的老师会立即把孩子们的画挂在墙上,而中国的老师则会首先指出画上的不足或错误。一位受访学生认为,由于没有得到大人的评价或指导,丹麦孩子可能少了些许雄心壮志,因此他们艺术技能的发展比同龄的中国儿童滞后一点。但几乎所有的受访学生都不约而同地强调:正是这种不受大人评价和排名的自由,才能培养出有创造力的人。

对于中西方的这种文化差异,开明举了一个他导师的例子——导师在黑板上画了一个天使,然后让大家在纸上画出他们自己的天使。他说:

我也想画一个。你知道,我在中国长大,所以我不自觉地复制了黑板上的天使。于是其中一个孩子说,"嘿,你不能这么做。你得发挥你的想象力,画出你自己的天使"。所以我想,哇,这太棒了!他们从这么小的年纪就开始意识到不能有固定的想法,而是要从不同的角度去看问题,并找到最合适的解决方案。㉓

显然,与"自由"与"权利"相比,"创造力"引起的争议最少。受访学生充分意识到,创造力已成为中国领导者在国家顶层设计中高度赞扬的价值选择,他们能在这股洪流中搏击出彩,为中国的发展做出力所能及的贡献。

当然,仅凭受访者之词而呈现出的丹麦学前教育形态是高度理想化的。丹麦儿童的社会属性所依托的并非是一个无限自由和绝对平等的完美空间,例如幼儿园中的等级体制会以一种更隐性的方式表现出来,这是外部观察难以发现的。受访者所在实习幼儿园的丹麦教师发现,中国留学生在界定领导和被领导之间的和谐关系时,几乎很难认识到自己。那么,笔者的核心论点就是中国留学生通过接触国外学前教育的理论和社会实践,得以开始重新思考本质上是政治性的一般问题:自由地运用自己的时间、自由地表现艺术、隐私权得到保障,处理好工作中的层级关系。作为幼儿园教师,在幼儿园课堂上观察和描述社会关系是他们专业素养的一部分,大部分受访学生能够将这种技能运用到他们自己的生活情境中——过去、现在和未来。他们的言行举止是"去政治"的,但显然的是,他们在海外留学后回国的经历中体验到了一个政治社会化的过程,并期待在两个方面做出一定的成绩:一是回国后如何改革中国的学前教育;二是如何实现以平等为核心价值的社会关系。笔者将在下文讨论采访者对中国学前教育改革的可行性策略及其潜在的困难。

五、在丹麦所学的可以在中国应用吗?

第二轮采访时,受访学生毕业在即,他们愈加专注于思考如何把在丹麦所学的学前教育理念应用到中国。诚然,照搬西方的做法是不可行的,但对西方教学理念持完全反对态度的只有付涵(受访者化名)。他认为教育的发展应顺其自然,无需借鉴,因为一国的教育理念和教学方法都是基于该国自身发展的水平的。虽然以目前的教育体系中国可能培养不出"爱因斯坦",但大量"技能型人才"的培养是十分成功的,这为中国经济的发展提供了坚实的人才基础。中国的基本国情让人们没有充分的时间来等待孩子在自由的环境中自然发展,因此,

"照本宣科""死记硬背"是这一代人为国家的发展所做的牺牲。㉚

除付涵之外的 20 名受访学生或多或少都推崇"以儿童为中心"和"自由游戏"的教育理念,并开始着手制定如何在中国实施这些理念和原则。他们得出的结论是:基于自由、平等、个人权利和创造力等理念的学前教育在丹麦的确践行得非常顺利,这有赖于丹麦儿童在一个竞争意识较少的环境中长大。中国引进或借鉴这些理念,首先要考虑如何因地制宜,因为中国幼儿园所基于的经济基础与丹麦幼儿园是不同的。尽管如此,受访学生表示,即使中丹经济基础相似,他们也更希望将丹麦的理念与中国的方法相结合,而不是简单地照搬照抄或简单模仿,以此实现学前教育进步主义理念的"中国化"。

这些留学生回国后应该如何最大限度地发挥自己所学的、渐进式的学前教育技能?因此,在哪儿工作成为他们首要考虑的问题。部分受访者表示他们要在上海、深圳等"发达城市"就业,因为这些城市是中国的"一线城市",无论是经济发展还是进步思想的接受都处于最领先的水平。受访学生认为在这些城市里,更多的中上阶层父母正在迎接最新的国际发展趋势,自己的海外经历和双学士学位刚好符合这类需求。

另一个潜在的求职意愿是进入双语或国际幼儿园——近几年,中国大城市的双语或国际幼儿园如雨后春笋般出现,为留学生回国择业提供了良好的机遇。受访者表示,他们希望这些幼儿园能够更好地接受西方的教学理念,同时期待自己能够因良好的口语能力而被高分录用。而现实总是事与愿违的。一些在双语学校实习的学生发现,即使在双语学校也无法逃避家长的各种要求。丹丹回忆了一家国际幼儿园的情况,描述这家幼儿园虽然强调英语训练,但其他方面依然停留在中国传统的教学方式上。

> 其实双语幼儿园的孩子可能并不会说英语。而当他们回家时,父母问及:"你今天学了什么?"时,他们会回答:"我学会了'狗',D-O-G,dog!"所以,中国的父母不会问孩子今天是否快乐,每天必问的就是"宝贝,你今天学到了什么?"这无疑给师生都带来了巨大的压力……所以,我们每天都为了要教会他们一些"可量化"的知识,而不得不强迫他们。㉛

考虑到即使是在国际知名幼儿园,死记硬背的学习方式也是难以彻底摆脱的,一些受访学生退而求其次择业时选择普通幼儿园也就不足为奇了。为了应对国内学前教育传统理念的挑战,受访学生计划在日常教学实践中做出不被人发现、潜移默化的改变,美慧是这样表达她的策略:

中国的教育制度是高度组织化和体系化的，身处中国体制之内，我无法改变。我会深入我们这个国之大体，了解它、遵循它，然后用我自己的小方式来改变。我尽其所能教会一些孩子，让他们继承他们老师的理念再传递给下一辈，代代相传，终有成效。㉜

例如，她提到，上课的时候她会建议孩子们坐在地板上而不是桌子前，她会弹吉他而不是钢琴，因为这样师生可以更近距离的接触。甚至有几名"西方"学前教育理念的推崇者有更长远的计划——在普通幼儿园积累几年经验之后，建立自己的幼儿园，届时再向思想进步的家长传递真正的、地道的欧洲教育理念。

这就是第二轮采访。受访学生在回国前夕尽情展望未来，并积极规划如何切实有效地将西方进步主义学前教育观介绍到中国及促进其中国化。

六、改革的阻力

受访者回到中国后，即使是最乐观的学生也发现，他们雄心勃勃的改革计划面临着重重障碍。

第一个阻力是编制考试，它严格控制着专业人员进入幼儿园等公共机构的职位。编制考试的主要形式是以《心理学》《教育学》《学科知识与教学能力》等为科目的笔试，以及以唱歌、跳舞、手工艺、艺术创作等为实践技能的面试/口试。留学回国的学生在这种标准化考试制度中并没有什么优势，因为所考核的内容都是以国内的课程标准和专业教育知识为基础构建的。尽管中国的学前教育话语体系是进步发展的，但这种选拔性考试的最终目的还是测试应聘者再现课本知识的能力。笔者所跟踪采访的学生甚至认为，他们从国外带回来的教育思想在编制考试中是毫无价值，甚至是有害的。但是，就算如愿通过了编制考试成为了一名人民教师，也并不意味着测验、考试和评估的结束。实际上，被访学生在工作最初的两年，学校会对他们的教学能力和艺术技能进行每两个月一次的评估。毋庸置疑，这种性质的评估标准依据的是中国主流标准——这也恰恰是海外回国学生不得不遵守的，实则成为他们工作中无形的压力之一。

第二个阻力是父母的保守思想严重掣肘着学前教育的改革。尽管中国官方教育主管部门强调幼儿园教育要"去学校化"，但大多数家长仍然希望他们的孩子尽可能多地学习到文化知识。在这个目的的驱使下，中国的家长更喜欢严格的老师和有序的教室。例如，如果儿童参加了丹麦幼儿园里常见的体力比拼活动，如爬树、在篱笆上保持平衡等，中国的家长可能会觉得不可思议或者怨声载道。

第二个阻力来源于学校的等级制度。据春涛所言,她所在幼儿园的全部活动都是按照中央发布的课程大纲编排的,日程紧凑,几乎没有即兴发挥的空间。

> 领导会随时来检查课堂,他对何时应该教授什么了如指掌。如果你没遵守或违反了,他不会扣你的工资,而是给你的班级减少一颗星。"星级评估"是我们幼儿园班级与班级之间评估的主要模式。和其他幼儿园相比,我们幼儿园其实很放松的。如果你在一个非常好的幼儿园工作,可能孩子父母很有涵养,或者教育水平也很高,如果你脱离了官方编订的课程大纲,他们便会对你诟病不已。㉝

这让受访学生对自己能否保持初心产生了怀疑。用桂英(受访者化名)的话说,她的思维方式极有可能"再中国化"。

> 幼儿园的领导可能不会支持我所认可的西方教育理念……所以也许过不了多久,我的授课方式还是会回到中国模式,而我在国外所学所获也将被慢慢蚕食、消解。这就是我为什么打心底里不希望我的思维方式"再中国化"的原因。㉞

对桂英而言,"再中国化"意味着放弃她所欣赏和认可的西方核心教育观——自由、平等、个人权利和创造力。也许其他受访者认为自己会前途无量,但却没有任何人承认这种变化会轻易发生或来得很快。奇怪的是,认清中国学前教育的现状之后,一些人开始计划在编制之外谋求幼儿园教师的职位,但更多的人依然期待在幼儿园的等级体系中获得晋升,以掌握更大的决定权。

结论

本研究中的受访对象在大学四年级离开中国前往丹麦,其目的是为了提升自己的个人能力和专业能力,同时也希望为中国学前教育的改革尽绵薄之力。在他们的专业领域里,与时俱进的中国话语体系有利于使其与西方的教育思想和价值观联系起来;而当他们身处丹麦,可以身临其境地观察和学习这些进步主义教育观是如何实现日常生活化的。基于此,再结合所学的专业理论知识和早期在中国的求学经历,这些留学生可以对中国社会提出更为综合性的批评。他们的愿望是：中国幼儿园能够博采众长，吸收西方进步主义教育理念，培养自信的、富有创造力的儿童。可以肯定的是，这一批执着于中国学前教育改革的青年人，并不是被批判的那类崇洋媚外的西学崇拜者，他们深知直接照搬外国模式是行不通的，所以一早就将"如何把留学期间的所学所获、所思所想转化为具体可行的中国方法"提上日程。

然而，事与愿违。一回到中国，他们就意识到三个方面的问题。第一，幼儿园教师像其他公务员一样，是在一个等级体系中受到持续的监督和评估，其他任何想法几乎毫无立足之地。[5]第二，中国幼儿园的日常活动和教学实践均是被"规则""大纲"和"指导方针"所规范的，因此，允许教师即兴发挥的空间压缩至无，更不用说实施任何重大的教学方法改革了。第三，中国的家长"望子成龙、望女成凤"心切，他们认为孩子在幼儿园应该做的就是为上小学做好充分的准备。因此，这些价值导向使得学前教育的现状在短期内很难得到改进。

"路漫漫其修远兮，吾将上下而求索。"中国学前教育改革之路荆棘丛生，但受访学生依然坚持要开辟一条坦途。一部分学生认为，人人都应尽一份力，若是每个人都在教育体制内做出微小的改变，便会聚沙成塔、积少成多，更彻底的改革自会水到渠成。另一部分学生则期望成立私人学前教育机构，以满足思想进步的中产阶级和上层阶级家长的需求。

由此可以推出，中国留学生的这些雄心壮志并非与政治无关，而是集中表达了一种长远战略，即他们在适应中国社会政治现实的同时，他们并不放弃改变中国权威教育实践的长期希望。从调查采访中可以看出，立志于对学前教育改革的虽然只是个别人的愿望，因为他们缺乏组织性和系统性，但可以肯定的是，这种致力于理念的高瞻远瞩已非狭隘的物质追求可以匹敌的。诚然，想要通过本课题的个案研究得出一个具有深远意义的结论是困难的，但该群体的经历足以印证一个事实：除了爱国主义情感之外，海外中国留学生的思想和行为还受国内其他政治因素的影响，这些影响激励着他们渴望改变社会——个人之一小步，却是国家教育之一大步，来自"海归派"的社会变革或许能够成为改善中国社会机构的重要力量。

作者单位：丹麦奥胡斯大学
译者单位：上海大学

注释

[1] 本课题的研究得到了丹麦奥胡斯大学研究基金会的资助。在此，我十分感谢劳拉·多布

克(Laura Dombernowsky)、吉特·舒克特(Günter Schucher)和三位匿名评审员对本文初稿的中肯评价。

② Fong, Vanessa (2004), "Filial Nationalism among Chinese Teenagers with Global Identities", in: *American Ethnologist*, 31, 4:645.

③ Hail, Henry Chiu (2015), "Patriotism Abroad: Overseas Chinese Students' Encounters with Criticisms of China", in: *Journal of Studies in International Education*. doi 查询码: 10.1177/1028315314567175.

④ Yan, Yunxiang (2013), "The Drive for Success and the Ethics of the Striving Individual", in: Charles Stafford (ed.), *Ordinary Ethics in China*, London: Bloomsbury, 283.

⑤ Rosen, Stanley (2009), "Contemporary Chinese Youth and the State", in: *Journal of Asian Studies*, 68, 2:361.

⑥ Rosen, Stanley (2009), "Contemporary Chinese Youth and the State", in: *Journal of Asian Studies*, 68, 2:368.

⑦ Yan, Yunxiang (2013), "The Drive for Success and the Ethics of the Striving Individual", in: Charles Stafford (ed.), *Ordinary Ethics in China*, London: Bloomsbury, 282.

⑧ Hansen, Mette Halskov (2013), "Learning Individualism. Hesse, Confucius, and Pep-Rallies in a Chinese Rural High School", in: *The China Quarterly*, 213:75.

⑨ Tobin, Joseph J., David Y. H. Wu, and Dana H. Davidson (1989), *Preschool in Three Cultures. Japan, China, and the United States*, New Haven: Yale University Press. & Tobin, Joseph, Yeh Hsueh, and Mayumi Karasawa (2009), *Preschool in Three Cultures Revisited: China, Japan, and the United States*, Chicago: The University of Chicago Press.

⑩ Thøgersen, Stig (2012), "Chinese Students' Great Expectations: Prospective Pre-school Teachers on the Move", in: *Learning and Teaching*, 5, 3, Winter, 75-93.

⑪ Tobin, Joseph, Yeh Hsueh, and Mayumi Karasawa (2009), *Preschool in Three Cultures Revisited: China, Japan, and the United States*, Chicago: The University of Chicago Press. 82.

⑫ 中华人民共和国国务院."国务院关于当前发展学前教育的若干意见"[OL], 2010:12. 详见: www.gov.cn/zwgk/2010-11/24/content_1752377.htm

⑬ 中华人民共和国国务院."国务院关于当前发展学前教育的若干意见"[OL], 2010:8. 详见: www.gov.cn/zwgk/2010-11/24/content_1752377.htm

⑭ Naftali, Orna (2009), "Empowering the Child: Children's Rights, Citizenship and the State in Contemporary China", in: *The China Journal*, 61, 79-103.

⑮ Zhang, Zhonghua (2007), "The Sinicization of Pedagogy for One Century", in: *Frontiers of Education in China*, 2, 2, 214-228.

⑯ Li, Hui, X. Christine Wang, and Jessie Ming Sin Wong (2011), " Early Childhood

Curriculum Reform in China. Perspectives from Examining Teachers' Beliefs and Practices in Chinese Literacy Teaching", in: *Chinese Education and Society*, 44, 6, 5 – 23.

⑰ Hu, Bi Ying, and Sherron Killingsworth Roberts (2013), "A Qualitative Study of the Current Transformation to Rural Village Early Childhood in China: Retrospect and Prospect", in: *International Journal of Educational Development*, 33, 4, 316 – 324.

⑱ Kipnis, Andrew B. (2011), "Subjectification and Education for Quality in China", in: *Economy and Society*, 40, 2, 289 – 306.

⑲ 袁贵仁,《"高校教师必须守好政治、法律、道德三条底线"》,2015 年 1 月 29 日。详见：http://news.xinhuanet.com/edu/2015 - 01/29/c_1114183715.htm.

⑳ 新华社"English"频道,"China Voice: Why Should China Say No to 'Wrong Western Values'？"[OL]. 详见：http://news.xinhuanet.com/english/indepth/2015 - 02/13/c_133993051.htm.

㉑ Thøgersen. "Chinese Students' Great Expectations: Prospective Pre-school Teachers on the Move", in: *Learning and Teaching*, 5, 3, Winter, 75 – 93.

㉒ Anonymous 1 (2013), pseudonym Lanying, interview, student, Denmark, 13 April.

㉓ Anonymous 2 (2013), pseudonym Dandan, interview, student, Denmark, 11 April.

㉔ Anonymous 3 (2015), pseudonym Kaiming, interview, student, Denmark, 28 April.

㉕ Anonymous 4 (2013), pseudonym Huifen, interview, student, Denmark, 13 April.

㉖ Anonymous 2 (2013), pseudonym Dandan, interview, student, Denmark, 11 April.

㉗ Anonymous 5 (2015), pseudonym Xiaohong, interview, student, Denmark, 28 April.

㉘ Bakken, Børge (2000), *The Exemplary Society. Human Improvement, Social Control, and the Dangers of Modernity in China*, Oxford: Oxford University Press.

㉙ Anonymous 3 (2015), pseudonym Kaiming, interview, student, Denmark, 28 April.

㉚ Anonymous 6 (2014), pseudonym Fuhan, interview, student, Denmark, 6 June.

㉛ Anonymous 2 (2013), pseudonym Dandan, interview, student, Denmark, 11 April.

㉜ Anonymous 7 (2013), pseudonym Meihui, interview, student, Denmark, 16 April.

㉝ Anonymous 8 (2014), pseudonym Chuntao, interview, preschool teacher (graduate from Denmark), Jiangsu, China, 24 May.

㉞ Anonymous 9 (2013), pseudonym Guiying, interview, student, Denmark, 12 April.

㉟ Kipnis, Andrew B. (2008), "Audit Cultures: Neoliberal Governmentality, Socialist Agency, or Technologies of Governing?", in: *American Ethnologist*, 35, 2, 275 – 289.

（原文刊载于 *Journal of Current Chinese Affairs*, 44, 3, 103 – 124.）

中国留学生问题研究

——一场基于软实力的公共外交?

毕安娜(Ane Bislev)/著 蒋芳芳/译

前言

> 加强"中国梦"海外宣传,聚集广大海外留学人员爱国能量,确立以人为媒介、以心口相传为手段的海外宣传模式,形成人人发挥辐射作用、个个争做民间大使、句句易于入脑入心的宣传效应。(教育部,2016)[①]

2016年2月,中华人民共和国教育部出台了《关于教育系统深入开展爱国主义教育的实施意见》(以下简称《意见》),该《意见》提出要建立一个整合国内外学生和学者的网络共同宣传祖国的发展,在这个意义上中国留学生都可能成为中外交流的"民间大使"。随着中国留学生和来华留学生数量的创纪录,学者从学生"走出去"和"引进来"的视角,研究公共外交手段与软实力资源的兴趣与日俱增。联合国教科文组织的数据显示,2014年来华留学生将近40万人[②],2015年中国留学生突破70万人。[③]

通过对外留学来宣传中国以打动外国公众的战略由来已久,原因有三点。首先,它清楚地表明,中国政府越来越倾向在公共外交中运用非政府因素,引导外国人正确认识中国,以消除潜在的误解。其次,虽然国际学生通常被视为增强软实力的源头活水,[④]但通常所关注的焦点是东道国而不是派遣国政府赋予的利益。再次,中国留学生正在全球范围内成为一个形象越来越鲜明的群体,因此成为热议的对象,而这些讨论多集中于该群体对全球的学术标准、校园生活和高校收益的潜在影响。

留学生不仅被中国政府视为软实力的构成,也被东道国视为软实力的一部分。例如，卡罗尔·阿特金森(Carol Atkinson)认为：

> 美国软实力倡导者、政策制定者以及诸多学者认为，美国主办的教育交流项目能够为本国提供一种战略思维，即从理念上有效评估对手。[5]

西方学者、政客和大学管理者经常提到，潜在软实力的增强是国际化教育参与度提升的原因之一。[6]然而，关于具体的留学生软实力效应研究，无论是对留学生还是对接受国（或两者）影响的研究，目前涉及的都比较少。现有的研究往往是基于调查，试图确证留洋是否会使学生更倾向于认同他们的东道国，而对是否存在更积极的态度使其转化为软实力的讨论仍十分有限。因此，无论是派遣国还是东道国，[7]均有必要对留学生作为软实力资源的作用作更详尽的阐释。

本论文将深入探讨国际留学生与软实力之间的关系，并对由这一群体所衍生出的关于软实力资源的命题提出质疑。虽然笔者所关注的重点是西方的中国留学生，但是为了运用比较的视野来发现问题，本论文的探究也稍有涉及中国的西方留学生。首先，本论文将批判分析"软实力"的概念，例如，笔者认为"软实力"运用在诸如国家形象等语境中可能会更加贴切，更能展现出对特定国家的友好态度。在此，"软实力"的含义有二点：广义的定义即简单的"吸引力的力量"(the power of attraction)；狭义的理解则视软实力为一种真正的权力形式，其指向的行为结果是增加对政府的支持。基于此，本论文通过概述"教育外交"的现有研究以及学生、教师和交流项目在公共外交中所发挥的作用发现，这些研究往往只关注留学生留学后对东道国态度的变化，并未阐释留学生与软实力之间有何关联。

因此，本论文对留学生与软实力之关系的研究分"三步走"。其一，留学之前，行前决策过程中对所选东道国的印象如何形成？其二，留学期间，东道国与国际留学生之间如何互动？其三，留学之后，留学生的世界观和价值观是否发生了深刻且长远的改变？尽管价值观的改变并不必然导致实际行为的改变，但我们至少能够考察到个体在留学期间对东道国价值观的适应程度以及对其世界观的牵引性行为。

本论文研究的文献与材料主要来源于现有的研究文献以及 2015 年和 2016 年在北京进行的"中丹学生系列小组访谈"。参与该访谈的既有中国学生也有外国学生，具体构成如下：中国学生来自北京的两所大学，准备在下一学年出国，而外国学生主要是丹麦学生，他们是在北京留学的硕士生。当然，这些丹麦学生未曾系统学习过中文，专业也并不与中国研究相关，他们共同的特点是参与了北京某综合性高校的自然科学或社会科学的国际项目。就如上文提及的,来华的丹麦留学生在本研究中的作用主要是为中国学生和西方学生之间的社会交互影响提供一个额外的参照视角。此外,关于访谈对象还需明确几点:(1)丹麦学生选择来华留学可能并非出于对中国的特殊兴趣,而是为了学术深造或个人发展,但他们确实提供了一些关于中国政府战略的独到见解。(2)该系列访谈根据学生自身的语言特点,运用了丹麦语、英语以及中文等三种语种沟通形式。(3)笔者先前从未联系过他们,仅有的关系是笔者所在的大学与访谈学生所在的两所大学存在交换合作协议。(4)关于小组访谈详细参见表1。

表1 小组访谈中被访学生信息表

组别	组员	特征
组1	3名丹麦女研究生	第一次在北京参加中丹联合项目
组2	4名中国女学生(3名本科生和1名研究生)	计划在下一学年前往韩国、日本、新西兰和奥地利留学
组3	3名中国本科生	计划在下一学年赴美国留学
组4	5名中国本科生(1名女性,4名男性)	计划在下一学年赴加拿大、欧洲、澳大利亚留学,但尚未敲定

基于该访谈,笔者认为,国际学术交流确实能促进跨文化的理解,但对一个留学生来说,实现从"喜欢"东道国到"积极支持"其政策的跨越的确大有人在,但更多的是身居国外却往往会有相反的效应或世界观的冲突。因此,无论是指向东道国抑或是派遣国,都迫切需要对国际学生与潜在软实力增长之关系进行更深入的剖析和阐述。

一、"软"与"吸引力":"软实力"概念研究综述

美国著名国际政治学者、哈佛大学肯尼迪政府学院教授约瑟夫·奈(Joseph Nye)是"软实力"概念的提出者,他将软实力定义为"通过吸引而不是强迫或交易而获得你想要的东西的能力"[⑧],并认为一国的文化、价值观和外交政策是软实力的来源。该定义的目的是要探索非强制性的权力形式,以维持冷战后美国在世界秩序中的影响力。他后来详细阐述了这个概念,即"影响他人的能力——通过制定议程、说服和激发积极吸引力等多样方式影响他人,以达到倾向性目的的能力"[⑨],并引入了软实力和硬实力相结合的"巧实力"(smart power)概念。

目前,"软实力"这一概念在决策层和学术界都是热门话题,但作为一种理论

建构,其议析上的模糊性却饱受诟病,质疑的声音集中表现在两个方面。

首先,软实力的定义与硬实力是否有本质区别。美国后建构主义学家珍妮丝·比亚利·马特恩(Janice Bially Mattern)在论及国际关系中的权力时提出,由于软实力依然离不开"最具代表性的力量",因此软实力之"力"并非源自软实力本身,而仅是硬实力的另一种表现形式而已。[10]而日美外交史专家松田武史(Takeshi Matsuda)在《软实力极其危害——战后初期美国对日本的文化政策》一书中则展示了"二战"后初期美国是如何通过软实力而将其与硬实力、军事实力有效结合,以及日本民众又是如何适应日美文化的融合。[11]英国历史学家尼尔·弗格森(Niall Ferguson)则声称所谓"软实力"实则太"软",尚不能构成真正的权力形式。[12]例如,中东那些喝可乐的孩子仍攻击美国,英国化的印度人仍密谋推翻大英帝国,这些都足以论证接纳某个国家的某些文化与支持该国外交政策仍然不能相提并论。

其次,"软实力"的概念难以从"吸引力"中剥离开并主动以具体的行为方式去支持另一个国家。牛津大学政治与国际关系系副教授托德·霍尔(Todd Hall)表示,软实力并不是一个分析范畴,而是一个实践范畴。基于这个原则,他把"吸引力"分解为代表性力量、制度性力量以及声誉力等范畴,并认为声誉力是指那些非强制性的权力形式,目前已被归入软实力的范畴。[13]因此,学者分析"软实力"概念时一方面应避免落入"吸引力"这个更加宏观的概念中,而应关注经济力量和军事力量之外的其他力量形式,另一方面应明晰民众对他国的文化认同并不意味着政策认同,这两者间的本质属性是不同的。正如阿利斯特(Alister Miskimmon)等学者基于"战略叙事理论"(Strategic Narrative)的系列调查发现,吸引力确实能够反映出民众对某国态度的变化,但却很难,甚至不可能预测出实际行为的改观。[14]

因此,对"软实力"的概念存在两种截然不同的解读。一种认为"软实力"即"吸引力",这是较为宽泛但经典的解读,该观点预设了一个前提——对一个国家的"喜欢"和"支持"是一体两面的关系。另一种阐释则对第一种解读提出质疑,它认为"喜欢"即"支持"的假设过于简单和直接,"软实力"概念的研究应从非强制性权力形式的多角度分析开始。

尽管"软实力"概念的界线和前提尚未明晰,但目前无论是学术界还是决策层都普遍认同并使用这个术语。诸如罗塞尔(Roselle)等学者似乎愈加"沉迷于具象研究"(mesmerized by concreteness)[15],他们试图通过对维和部队、留学生、大使馆等网络主页的访问数量进行统计分析,以期准确衡量特定国家的软实力。例如,由波特兰公关公司和南加利福利亚大学共同发布的《软实力30强(2016

年)》对 30 个国家 2016 年的软实力情况进行了复杂的计算。波特兰新加坡办事处总经理乔纳森·麦科瑞(Jonathan McClory)在报告中指出,英国的软实力最高,美国第二,而中国则排名垫底。[16]该报告所收集、计算和分析的数据是十分庞大和复杂的,而每年接收的国际学生人数便是其中之一。因此,国际学生在软实力方面的贡献被认为是对东道国有利,而非派遣国。然而,正如上所述,仅仅接收留学生并灌输给他们该国的文化,例如油腻的快餐或宫保鸡丁,并不能保证可以由此产生持久的软实力效应。在此,笔者再次强调一点,本论文接下来所有的讨论都基于"国际学生被东道国视为软实力的构成"这个大前提。当然,该论点在很大程度上也适用于派遣国将国际学生视为"国民大使"的观点,但该观点所持的立场对国际学生与东道国国民之间的高度互动是不容置喙的。

多数政府会通过公共外交或民间外交的手段加强与外国民众的沟通以提高自身的软实力,中国也不例外。中国于 2004 年建立海外第一所孔子学院,德国学者福克·哈廷(Falk Hartig)认为,孔子学院是中国公共外交的新路径之一[17];另外,借以大型国际体育赛事、英语电视频道和其他方式接触非中文观众[18],也是通过文化传播这种叙事方式而增强国家软实力和提升国家形象的有效手段。可以说,中国在这方面的投入与日俱增。然而,这些努力却频遭质疑:西方受众能否接受这种形式的软实力输出?[19]文化差异是一方面,外交风格又是一方面——中国对内的行政风格应用在国际外交领域致使国际受众的接受偏差是显而易见的。[20]荷兰的中国研究专家高英丽(Ingrid d'Hooghe)提出,越来越多的学者认识到国内受众在公共外交中的重要性[21],但就中国而言,似乎还需面对如何权衡国内外偏好的挑战。除此之外,有学者进一步概述了中国公共外交的四大障碍:一是中国外交政策的制定有许多行为主体参与;二是国际事务中依然存在西方霸权主义;三是中国外交官对国家政策具有高度的保密性原则;四是文化和语言的鸿沟导致某些中国概念并不能准确地翻译。[22]这些障碍都足以表明,非国家行为主体绕过政府主导的外交行为而直接参与公共外交是明智之举,至少能够消除一些国家与国家间潜在的误解。因此,越来越多的国家和学者把国际学生作为提升软实力的资源之一。

然而,软实力是否是一个有价值的议析范畴仍然值得斟酌。针对深度强化"软实力"概念的阐释问题,美国埃隆大学国际政治研究教授罗塞尔等人建议学者应该自觉研究政府关于提升国际地位方面的规划和战略决策,以及通过其他有效方式增强外国公众支持这些规划和决策的能力。[23]这两个建议的理论基础可上溯到约瑟夫·奈后期将软实力定义为"议程设置"(agenda setting)的部分内容。[24]因此,通过国际学生提升软实力的设想不外乎两个目的:一是增强国际学生对东道国政府政策的支持能力；二是中国留学生充当传播本国战略决策的宣传大使身份，以获取他国学生对中国梦或中国和平崛起等战略方针的支持。无疑，这两个目的的实现一方面需要东道国国民和国际学生之间频繁而密集的接触；另一方面也有赖于目标群体价值观的适当转变。

然而，现有的教育外交研究往往侧重于衡量留学前后态度的转变，而不是价值观的变化，这意味着当前的研究仍然尚未将"软实力"从"吸引力"的范畴中剥离开来。有调查研究显示，无论是西方的中国留学生还是中国西方留学生，他们在国外留学一段时间后对东道国的态度更为积极，这可能仅能说明他们在国外过得相当愉快。不同的是，他们信仰体系的转变，例如对约瑟夫·奈所倡导的民主、人权、个人机会等普世价值的变化，则意味着他们对东道国的积极态度极有可能转化为某些行为结果。遗憾的是，很少有研究能够条分缕析地把软实力的提升与积极的态度转变区分开来。

二、教育外交：留学生作为软实力的手段

高等教育的国际化通常与接收留学生所带来的潜在积极"软实力效应"密切相关，但具体目标可能各不相同。例如，欧盟委员会于 2003 年提出的高等教育项目计划——"伊拉斯谟世界计划"（Erasmus Mundus）的目的是"通过学术交流促进欧洲的团结"[25]，而留学美国的国际学生则被视为"支持、践行、发展权威国家自由主义价值观"的重要工具[26]。

关于软实力与国际学生或教育机构之关系的文献相对有限，基本是对现有交流项目的介绍、留学生数量的统计或留学生毕业后对东道国态度的变化的考察等。[27]本研究试图打破这个囹圄，率先着眼于欧盟对中国教育外交的研究。近年来，欧盟已将教育外交列为民间外交的重要组成部分，更在中—欧战略伙伴关系的基础上提出了"第三支柱外交"的理念。可见，欧盟在教育外交方面所做的努力是有目共睹的。纳塔莉·洪（Natalie Hong）将教育外交定义为：

> 以教育为手段，旨在促进外交政策目标的达成，以实现观念的重塑和道德的培养，从而改善国际关系的实践。[28]

他还表示，教育外交的目标可能是创造新的软实力，但毋庸置疑的是，软实力其实更容易依托文化而生长、发展。正如其调查显示，来自欧盟和中国的留学生回国后对东道国的态度呈现 3 种层次，50%持更积极的态度，40%左右态度不

变,态度较回国前变得更为消极的不到10%。[29]但他们对东道国文化的理解却变得更为深刻。在此需要说明的是,该调查只是基于留学生归国后的自我评估印象(self-reported impressions),并不包括出国前的态度评估,更不涉及态度转变后的行为结果。正如约瑟夫·奈所言,学者或决策者均期望以往交换生的态度能够成为后来者自主参考或效仿的"信誉宝库"(reservoir of goodwill)[30]。

洪的研究还论及中国留学生和欧洲留学生选择学习目的地的动机有具有较大的差异。中国留学生普遍认为欧美的学术质量比中国高,美国又更高于欧洲,但留美的难度更大、价格更昂贵;选择前往欧洲留学的首要动机则是欧洲的旅行机会多、奖学金数额优厚以及教育经费在可负担的范围之内。而欧洲学生选择到中国留学一般会带着特殊的兴趣,例如学习汉语以便更好地理解中国文化。可见,学术质量并非留学生所考虑的首要因素。当然,随着中国高等教育的发展和中外联合学位课程的增加,中西之间的合作交流也必然会带来中西学术标准之间的和解与统一。据此可以得出这样的结论:西方学生选择中国为留学目的地,是因为对中国具有浓厚的兴趣;中国学生前往欧洲留学通常是出于对旅游的考量,而非对东道国本身的兴趣。[31]

实际上,欧盟的教育外交战略不仅局限于学生交流,还包括其他一系列战略决策。例如,让·莫内计划(Jean Monnet)的设立旨在加强和促进欧洲一体化的进程,内容包括激励有关欧洲一体化的研究、教学、科研和思考,以及支持各类机构和协会促进欧洲一体化的教育和培训活动。显而易见,该计划明确支持本土学者研究欧洲主题的课题,这是欧洲学者科研积极性的重要保障之一。在这个层面上,华东师范大学学系副研究员杨一凡在伦敦大学国王学院攻读博士学位时就做过调查,调查显示有超过70%的中国留学生在听完欧洲学者的相关课程之后,对欧盟的态度表现得更为积极。[32]当然,杨一凡教授的调查同样只是来源于留学生课后态度变化的自我评估。他甚至总结说,让中国教授教授与欧洲事务相关的课程可以更有效地影响公众对欧洲的态度,因为在中国学生看来,中国教授对欧盟的态度将比欧洲教授更为可信。

以上所涉及的研究成果均指向一个潜在明确的前提,即高等教育的国际化和欧盟的教育外交策略对软实力的增强必有积极的影响。然而,以上涉及的两项调查研究都是基于留学生留学之后自我评估的态度变化,并未考虑学生出国之前的态度。换而言之,如果出国之前的期望值很低,那么对出国之后东道国的态度评价更为积极则是理所应当的。例如,就本研究的调查而言,当组1中的一位丹麦学生被问及为什么对中国的态度变得更积极时,她答到:"我来中国之前的期望值真的很低。因此,每当事情真的顺利解决时,我肯定会大吃一惊。"显然,她已经预设了一个状态:在中国,无论是学术上还是制度上,都会遇到诸多麻烦和挑战。

可见,高等教育国际化目标实现的主要障碍是制度上的挑战。即便是欧洲久负盛名的"伊拉斯谟世界计划",在推进国际化进程中依然存在诸多体制上的绊脚石,最明显的就是随着中国留学生的快速增长,热门的东道国和中外教育机构间的合资企业不得不面对官方文化和体制的挑战,运营压力陡然增强。加拿大约克大学高等教育国际化研究专家鲁帕·德赛·特里洛卡(Roopa Desai Trilokekar)指出:"国际化极易与全球化相混淆,两者的区别在于,全球化可能是被动的,但国际化却是可选择的。"[33]他还强调,决策者缺乏学术思维、外交政策重心不稳定等体制缺陷才是高等教育国际化的真正障碍。再如,高盛亚太区(除日本外)联席总裁詹姆斯·派勒戴斯(James Paradise)就曾对中国高等教育国际化道路上的困境做了一系列探索[34],他关于中国大学吸纳留学生的制度建设等情况的观点被美国著名比较高等教育专家菲利普·G.阿特巴赫(Philip G. Altbach)广为引用:

中国大学在国外校区的建设存在诸多困境,例如执行层面推进的不顺利,建设进程的缓慢导致时效性不强,规则和规章制度不透明,多方政府与机构的参与导致不可调和的利益冲突等。无可置喙的是,国际协商或国际谈判绝非易事,因为中国官方的行事风格和学术界的多元复杂性本就构成了一个非常复杂的局面。[35]

这意味着虽然去往中国的留学生至少会带着"善意的评价"离开中国,但与欧美相比,外国学生在华留学期间所达到的软实力效应会存在较大的差异[36]。俄罗斯的伊戈尔·斯米尔诺夫(Igor Smirnov)教授在分析本国缺乏吸引国际留学生的能力时也看到了实际制度问题与潜在软实力效应间的联系,并据此发现了一个巨大的机遇,也是困境之一:如今,邻国年轻人的第二语言是英语而不是俄语。他认为,究其原因是美国成功吸引了年轻一代中的佼佼者,而不是俄罗斯。但无法逃避的是,俄罗斯想要效仿美国却也存在诸多困难,一方面高等教育国际化的基础设施不健全;另一方面留学生入学条件简陋可能会深化留学生回国后对俄的负面印象。[37]

上述研究陈述了这样一个事实:高等教育的国际化存在一定的制度障碍以及由此影响软实力效应的发展,但并未因此而质疑国际交流所衍生的软实力效应,因为一旦一个国家成功吸引了留学生就意味着该国有能力为留学生的到来提供良好的环境。而卡罗·阿特金森(Carol Atkinson)的研究不再局限于关注学生留学期间态度的变化，她深入探讨了美国主办的教育交流项目是如何增强软实力的，并认为这些项目确实促进了留学生自由价值观的发展。基于此，她还指出通过国际教育来提升软实力需满足三个条件：一是留学生在国外要与民众深入互动；二是留学生与东道国之间要具备高度一致的认同感或社区意识；三是留学生回国后能找到如愿的工作或获得具有一定影响的职位。⑧这在职业属性较强的国际交流项目中体现得最明显，例如军官在美国军事基地接受培训并认同美国"鲜活的民主精神"，当他们回国后便会以军官的这个具有影响力的职业身份宣传这种精神。然而，她在研究中还强调，一般"正常"的国际学生交流项目的软实力效应其实并不明显，因为独自行动的留学生不一定与东道国学生有密集的社会互动，也不一定具有社区意识，更不用说回国后找到具有影响力地位的工作。

卡罗·阿特金森的"三条件"理论(社会互动、一致的社区意识、回国后的地位)，以及对欧盟留学交换计划和体制障碍的讨论，共同指明了通过留学生提升国家软实力应具备的条件。首先，出国前对东道国的想象对于留学的实际经历及其后续对东道国态度的变化都非常重要。其次，留学生与东道国国民实际互动的程度关系到对异国文化的理解与软实力效应的增强。再次，价值观和世界观的变化以及留学生未来的地位将决定软实力是否具有长远的影响效应。"三条件"理论构成了本文讨论软实力与中国留学生以及在华留学生的联系的理论框架。

三、中国留学生与在华留学生

本章将集中讨论中国留学生是否可以被中国或东道国视为软实力的来源问题，但也会从在华留学生的视角为该问题的探究作以补充。当然，此举主要是为了阐述跨文化交际的困难，以便为本研究增加一些小中见大的观点。

(一) 出国前：印象与决策

如上所述，中国留学生和来华留学生的动机具有鲜明的差异性，尤其表现在对东道国的印象描述层面。美国著名的中国教育问题研究专家冯文以中国北方某大学的来华留学生为目标群体做了较为深入的调查和研究，集中阐述了留学生在留学之前是如何高度关注发达国家的，其中对目的地国的"理想化"是普遍存在的状态。这些学生自视为高等教育的精英一族，留学则更容易实现"成为发达国家的公民"这一愿望。③ 在此,冯文提出了"孝道民族主义"("filial nationalism")的概念以及它在留学生群体中所发挥的作用:一方面,留学生虽然认为自己的国家较之于发达国家是"落后"的,但他们时刻保持对国家的忠诚与热爱;另一方面,他们可能对其他中国留学生的爱国动机表示质疑,但他们大多数仍然希望能回到中国,抑或以一种可执行的方式将所学所获回馈给自己的国家。她还总结了一个海外留学目的地排名榜,其中,美国为首选,其次是英国、爱尔兰、澳大利亚。高度发达的亚洲国家,例如韩国和日本也在这份榜单内,因为对中国留学生而言,这两个国家的行程可能更快捷、花费也更低廉;新加坡则被认为"太中国化了"未能上榜。3年后洪的研究也证实了冯文的研究结论,美国之所以是接收留学生的超级大国是因为它的学术质量全球首屈一指[40];而欧洲则由于欧盟共同体内便于自由旅行的缘故同样具有较大的吸引力,当然,足额的奖学金制度也是不可忽视的因素之一。

西方作为一个政治地理概念,"高度发达"是多数人先入为主的印象,但这往往会造成留学生实际留学期间略有失望。例如,这些中国留学生在出国之前,基本是处于较为优越的中产阶层,但到西方发达国家之后,他们发现自己变成了最底层——他们成了洗碗工,或从事其他从前不可能从事的卑微的、劳动密集型的工作。关于这一点,那些通过学习语言课程来提升英语技能之后才顺利留学的学生来说更能感同身受,因为他们为了留学心目中的发达国家付出得更多,而拼尽全力实现留学梦之后才发现在这个曾经理想的国家,个人似乎变得更卑微了,这种心理落差是难以想象的。[41]

澳大利亚新南威尔士大学的学者特瓦恩·休伯斯和龚雪在一项关于中国大学生移民决策的研究中发现,与其移民决策一样,出国留学的决策也包括推动因素和拉动因素。[42]其中,推动因素包括国内发展机会不多、移民前景不佳、教育质量不高等,拉动因素则有目的地国家的学术声誉、安全、留学成本、地缘距离等方面。该研究总结了决定中国留学生目的地选择的三大主导因素:首要的是安全——学生不可能去一个不安全的国家;其次为教育质量,即国家的整体声誉和大学排名是留学决策的重要参考因素;再次是预期支出,包括行程费、生活费和学费等,这无疑成为留学是否能成行的现实因素。虽然这三要素为留学/移民提供了一个可参照的理论框架,但冯文认为出国的切实落实并不会总是建立在这种一目了然的逻辑推理的基础上,他指出:

就个人而言,留学/移民的决策并非仅依托理性分析,更多的是基于对一系列不可预测事件的主观反应。[43]

可见，出国留学的决策和目的地国的选择是诸多复杂因素共同影响的结果。

本研究中所采访的小组成员集中展示了这种先入为主的印象的多样性，以及在与有经验的先行者交流和媒体报道的影响下，该印象又是如何生成和强化的。例如，组4中的两名男生近期关注的目的地国是加拿大，其中一人直接表示："我不会去我不想去的地方。"因为欧美对留学/移民的负面问题太多。虽然欧洲的留学/移民危机和随之而来的质疑并非专门针对中国留学生而存在，但这足以成为学生选择一个更友好的国家的理由。其中一名拟留学女生被问及留学奥地利的主要挑战时，她表现除了完全相同的担忧："我担心当地人的排外情绪会影响我与他们的正常交流。"涉访的其他三名女生在拟留学的国家都有朋友或熟人提供信息或建议，但只有一人只能根据公开信息和大学网站了解所申请的大学及其所在的国家。这两个案例均指向了一个早已在中国学生心中生根发芽的观点：就留学或移民而言，加拿大是友好型国家，而奥地利是非友好型国家，这些深刻影响了他们的目的地选择。

自由，是本采访中出现的高频词之一。当论及美国或西欧国家，"自由"的概念就频频出现。例如，组2中的一名学生委婉地表示，相较于中国而言，在美学习期间所获得的学术自由和个人自由更令人满足。而另一位学生当场提出了反驳："每个国家都有积极的一面和消极的一面，你不能因此简单地定义这个国家比那个国家好。"由此不难看出，追求个人自由、社会自由和学术自由成为中国学生出国留学的关键动力。虽然可能留学回国后会因为较大的落差而遭受较大的压力，但他们依然直言值得。

受访学生一致认为美国教育体系更完备。综合组2和组3的采访结果可以看出，虽然他们普遍认为美国人身安全问题得不到保障，但拟留学日韩等国家的学生还是会对获得赴美留学奖学金的同学表示高度称赞和热烈祝贺。当被问及如果有完全的选择自由，他们所选择留学的国家是否会改变时，组2中那些选择非美国留学的学生均表示美国是首选。但事实在于，如愿获得美国一所好大学的录取机会是很难的，而且学费也较为高昂，这往往是学生选择时面临的最大矛盾，其结果也有目共睹——他们转向了其他的非美国国家，例如日韩，这得益于经验和语言上的优势——先行者丰富的经验和语言沟通上的无障碍或少障碍。可见，中国学生心中早已种下了一个根深蒂固的观念：国际大学排名和自由主义教育价值观是他们出国择校的最大影响因素。

上述对准留学生的动机和出国前的印象的讨论阐明了软实力与留学生之间的一个关系，亦即软实力在出国留学决策方面所发挥的作用。软实力广义的定义是"吸引力"，该定义的形成无疑与留学某国愿望的萌芽以及对该国作为目的地的偏好形成密切关联。然而事实是,实际的留学抉择远比根据简单的目的地的"吸引力"排行榜来选择复杂得多。学生们通常对潜在的东道国非常了解,虽然诸如个人自由和学术自由的战略方略被广泛接受,但这并不意味着对美国的一切全盘认同。恰恰相反,学生会将其与该国缺乏人身安全、明显排外等消极因素相权衡,以获得一个自主且理性的留学方案。这在现实中的体现就是,尽管很多学生都因为美国的学术优势而纷纷申请前往该国留学深造,但最终只有少数人获得了"橄榄枝",其他大多数学生则因为各种原因与它失之交臂。可见,对某国的态度的确会在留学初步抉择时起到一定的作用,但是申请过程中诸多其他因素(如有海外经历的亲友的建议)的影响力也是不可忽视的,甚至具有至关重要的作用。

(二) 出国后:国际经验

如前所述,通过国际教育提升国家软实力有赖于高效的社会互动和共同的社区意识。基于这两个层面,本研究接下来将集中探讨中外学生在校园内外的实际互动与沟通情况,以及当前现有的文化印象何以会阻碍共同的社区意识的发展。中国留学生数量逐年攀升,意味着留学生群体的背景也趋于多样化。除了"二代"、中产阶级和学术精英,一般中下阶层的学生家长也会积极为孩子的留学投入大量的资金。生源的多样化意味着留学的先决条件各不相同,从而造成对留学期望值也不尽相同。美国印第安纳大学东亚研究中心主任海蒂·罗斯(Heidi Ross)教授和陈亚静在2015年提出中国留学生的同质性特征:参与课堂活动的积极性不高、社会交往的态度孤立且保守、科研方法的工具主义等,均为他们所就读的学校带来一系列相当棘手的问题。[44]

因此,中国留学生群体需要通过调整心态和权衡得失来加强个体之于国际社会的认同并正确认识外界对"中国留学生"的分类。在很大程度上,中国留学生的先前观念决定了他们在海外的实际经历,并且不同国家的情况也有所差异。旅居日本的澳大利亚籍学者杰米·科茨(Jamie Coates)是一位"中国通",他在一项关于中国留学生的研究中阐述了留学日本的中国青年学生是如何固执于对日的负面印象,从而导致一种社交的孤立感或妄自菲薄的情绪;也许,只有在非语言场合,这种负面情绪才略有消解。同理,留美的中国学生行为处事的被动性和沟通交流的匮乏性也成为美国人对中国留学生的普遍印象。海蒂·罗斯教授有一项专门研究,针对的是美国中西部某所大型高校中中国留学生的学习生活状态。该研究集中展示了庞大的中国留学生群体是如何以中国体育俱乐部和课外活动的形式,创造了诸多与美国大学生活并行不悖的典型体例。他们通过独特的方式为自己创造了一个安全的空间来适应大学生活,在这个空间里,他们可能依然不愿意加入一个多国学生"混合"组成的篮球队,但他们确实变成了踊跃的参与者和交流者。

此外,文化意象的差异也成为课堂有效互动的潜在桎梏,例如对文化符号的陌生化常常阻碍中国学生与西方教师的彼此理解。英国开放大学王煜博士的研究发现,中国留学生对英式幽默持抗拒的态度,并发现教师自嘲性的幽默常常被误解甚至造成留学生和学校之间的紧张关系。造成这种文化误读的基础是学生和教师的之间的误会,例如,中国留学生在不明文化特色情况下的沉默被老师误读为是慵懒怠课,这种冲突在课堂上屡见不鲜。[45]这足以说明一点:中国留学生在课堂上选择礼仪性的沉默是不合时宜的,该行为被解读为是缺少互动以及不尊重师长和同学的标志。[46]

其实,无论是在课堂上还是社会交往中,语言技能是促进社会融合程度的决定性因素。本研究中所涉及采访小组的中国学生和丹麦学生都认为只有在与同胞沟通时才能真正的无所顾忌和推心置腹。组2中的中国学生在被问及是否有异国朋友时还集中讨论了"友谊"这个概念。显然的是,他们中的大多数人在大学的不同场合都遇到过外国人,但均普遍认为围绕社会交往的文化准则是难以驾驭的。例如组2中有位被访者表示:

> 我在大学里遇到过一个意大利女生。在我们刚认识不久的时候,她就约我们一起去喝咖啡。我其实不太喜欢这样。但后来我一想,可能这是她们国家的礼仪文化就是如此。

在此,他们还发现外国人对"友谊"的定义与中国人有明显的不同:

> 我们(中国学生)认为校园中的友谊是建立在课堂上互帮互助的前提下的,而外国人则认为友谊是在共同完成某些任务的基础上形成的。

这与罗斯教授的研究结论不谋而合。中国留学生发现,美国人的开放性和幽默性在与他们相识之初就表现出来了,这与中国人所期望的渐进式友谊(谨慎交往—纯粹的友谊—真正的情谊—永恒的友谊)的发展是有区别的。

无独有偶,来华的西方留学生也时常感受到想要与中国学生建立一种亲密关系并非易事。在北京接受"中丹学生系列小组访谈"的丹麦学生在发表关于国际留学生的观点时来华已至少3个月。起初,大学教师强烈建议他们寻找和中国学生共同喜欢的活动,以通过活动促进交流、增进情感。例如,根据组 1 部分学生的描述,他们也曾追随中国学生的爱好,和他们一起去 KTV 唱歌、去酒吧或者参加一些简单的派对,但最终还是或多或少地放弃了。究其原因,可能一方面是社会偏好的差异,另一方面是中国大学的课余时间十分有限。尽管受访学生来自同一个研究项目,但显而易见的是,丹麦学生拥有更多的课余时间,而中国学生忙于完成导师指派的其他工作。

这些例子都指向国际留学生在课堂内外的社交中的困境,以及由此产生的隔阂,即在学生群体中无法发扬高度一致的社交意识、相异的语言习惯造成不同程度的误解、文化的差异对"友谊"的理解以及教师和学生的角色期待也各有所别。被采访的各小组成员均毫不犹豫地将此类社会偏好的差异归结为文化差异的范畴,就如上文所提及的与意大利学生初相识就建议一起喝咖啡的例子就应界定为文化差异。当然,中西各方都清楚地认识到弥合这些差异艰难,大学管理者或者教员也一再敦促学生需要尽力克服这些困难,但现实是固有的观念依然在延续。本研究与其他类似的研究(例如罗斯教授的研究)均证明了"国际学生是潜在的提升国家软实力资源的条件之一"的观点,但身处西方的中国留学生似乎很难实现"频繁的社会互动",这是否会影响软实力效应的发挥?为此,笔者将在下一节中讨论是否能够挑战这些先入为主的观念并引导中国留学生世界观和价值观的转变。

(三) 回国后: 世界观和价值观转变了吗?

一位在丹麦奥尔堡大学的中国留学生说:"以前,我以为我是个自由主义者,但是来了丹麦之后,我好像变得更加拘谨保守了。"这就是本论文开篇表明的立场——如何让留学生成为真正的软实力资源?学者和决策者需要做的就是多关注他们在留学期间价值观的转变,而非仅仅着眼于对东道国是否具有积极印象。现有的研究多为中国学生留学期间价值观和世界观的变化,其中一些观点认为大学生的价值观不会随意改变,即使想要改变也需要多方共同努力。但 20 世纪八九十年代的研究指出,中国留学生的价值观确实发生了变化。[⑧]值得注意的是,这些价值观的改变并非是单向接受东道国的价值观,而是一个双向的过程。其最鲜明的表现就是一方面留学生的部分价值观转向东道国的价值观,另一方面他们在出国前就持有的信仰和价值观在出国期间变得更加重要和突出。美国文化人类学家爱德华·T. 霍尔(Edward T. Hall)在《超越文化》(*Beyond Culture*)一书中用"潜藏的控制"(hidden controls)这一非语言传播概念来解释后一现象,因为从人类的行为模式来看,看不见的文化规则通常通过沉浸于陌生的环境中而暴露出来。[49]这种形式的暴露又会导致两个相反的结果：一是固有的信仰或文化价值受到冲击，二是在陌生的异国他乡原有的熟悉的信仰或文化价值被紧紧捍卫而进一步根深蒂固。正如丹麦奥胡斯大学亚洲研究中心的曹诗弟(Stig Thøgersen)教授和博士后安德森·西布兰特·汉森(Anders Sybrandt Hansen)先生所提出的，人们习惯于用熟悉来解读陌生，但也可以通过陌生来重新阐释熟悉。

英国诺丁汉大学的古青(Gu Qing)教授则集中展示了中国留学生在海外留学期间如何坚定不移地致力于本国文化的传播和发扬，同时也不忘积极了解东道国的文化。然而正如本节开头所提及的留学奥尔堡大学的中国学生所经历的那样，积极互动的实际结果可能并不是跨文化的深度理解，而是愈加紧张的防御和鸿沟。在一项针对在夏威夷的中国留学生的研究中，加州大学尔湾分校社会学系的邱英豪(Henry Chiu Hail)博士指出，美国学生对中国的苛责和质疑的声音屡见不鲜，面对这种情况，中国留学生保持一种防御性的爱国主义立场，因为他们认为保护祖国不受虚假论调丑化是分内之事。[50]这正呼应了本论文开头引用的教育部关于"聚集广大海外留学人员……个个争做民间大使"的呼吁。梁怀超还指出，他所采访的学生似乎是出于一种责任感而争做"民间大使"，他们不愿外国人对中国的"误读"不受任何约束而有加无已。在此，他认为营造和谐友好的课堂讨论环境有助于解决跨文化理解的各种障碍，否则对于中国留学生而言，但凡涉及中国问题的讨论，其结果可能都是不欢而散。

在本研究的采访中，当有留学计划的中国学生被问及"你是否会认为你就代表中国的"时，他们最初的回答都是"尚未考虑这个问题"。其实笔者设计这个问题旨在考察被访者会如何在个人行为上反映出中国，而意外收获是由此可见出他们对出国或者对祖国的态度是错综复杂的。其中组3的一名女生谈论了来华的外国留学生的一些行为之后，还表示：

> 出国后我肯定会尽最大的努力好好表现，但是我作为一个个体，我的行为最主要的还是反映我自己，可能还无法上升到国家的高度。

然而，组2的学生则表示，他们的留学咨询主管或者老师都建议他们在国外要举止得体，并且喜欢老生常谈地重复一句话："你离开中国以后，无论做什么都要考虑后果——记住，你是一个中国人。"当被问到同样的问题时，他们都会不假思索地回答"不会"；但经过几分钟的讨论后，他们又补充道，如果对某个国家不太了解，那当然会影响他们对该国的态度。其中一位去过韩国的学生说，她在北京遇到过很多慵懒的韩国学生,但事实上韩国的学生在学习上至少和中国人一样努力。

这种以学生身份代表国家身份的讨论是十分微妙的,但丹麦学生似乎对此颇有体会。在组1中,来华数月的丹麦留学生强烈地感受到自己似乎代表了整个"西方"。例如,他们敏锐地意识到在他们班级中,丹麦男生可能对中国女生存在一定的误解;再如,在一些诸如地铁车厢等公共场合,丹麦留学生不仅被同乘者视为是丹麦的代表,甚至还是"西方"的象征。由此可见,待出国的学生和已有国际留学经验的学生之间的差异在于对"潜藏的控制"是否感同身受。[②]表现在所采访的群体中就呈现两种截然不同的态度:待出国留学的中国学生尚未亲身体验到中国文化与东道国文化的差异,所以在回答问题不以为意;而来华留学的丹麦学生已对两国文化的差异深有洞悉,因此他们"丹麦式"的行为模式让他们在采访时敢于畅所欲言——公开的批评和指责。当然,很多中国学生都十分清楚,从知识水平上将某人上升为代表他的国家的行为是不可取的,但无论是在潜意识还是认知中他们依然摆脱不了这种思维模式。

当然,留学生价值观的变化和调整后的价值观本身并不能保证获得确定的行为结果,例如对东道国无条件支持。但至少可以肯定的是,出国留学对一个人的影响远远大于对东道国是否能保持持续的喜爱和支持所产生的影响力。但是,就如出国前对东道国先入为主的印象与出国后实际的留学体验有很大的差异一样,留学前后价值观和世界观的变化亦是如此。其具体的影响效力和行为结果均需要取决于东道国教师和学生的态度,以及留学生是否把自己定义为非正式的"民间大使"。

结论

中国留学生已经成为全球高等教育的一个重要组成部分,对该群体的关注度也日新月异。除了关注经济效益之外,东道国的大学也在努力创造一个接纳国际学生的科学框架,对口的学者和专家为此格外关注国际留学生的方方面面,从最初的决策过程到他们出国后最终态度变化所致的行为结果,以期从中获得启示。此外,东道国和中国的决策者都将国际留学生视为软实力的潜在来源。在这个大背景下,本文质疑了一个惯常的观念,即国际学生会主动为派遣国或东道国增强软实力。就如大多数西方文献都将留学生视为东道国政府的软实力来源,中国也是如此——留学生既是派遣国的软实力来源,又是东道国的软实力构成。

由于"软实力"概念存在一定程度的模糊性,对"国际学生何时可以被视为软实力的构成"这一问题的回答便不甚明了。如果我们要将广义的软实力定义视为单纯的"吸引力",把软实力的衡量简单地视为对某国的态度的改善,那么,答案便直截了当:派遣/接收留学生确实可以被视为软实力的一种手段。据调查显示,留学生在国外生活后,对东道国的积极态度有所提升。此外,诸多数据、调查或采访均表明:西方的中国留学生和中国的西方留学生都认为自己代表了自己的祖国,因此或多或少愿意认同"学生大使"或"民间大使"的身份。

但是,如果把狭义的软实力定义为"一种真实的权力形式",并有明确的行为结果,那么情况就愈加复杂了。现有研究确实发现,在一定条件下,教育交流项目有助于软实力的产生。但是,对中国留学生的讨论表明,在中西教育合作的情况下,其中一些条件很难满足。文化和政治差异、对"他者"先入为主的观念以及教育体系中的体制障碍都意味着,在国外大学留学 1—2 个学期,其价值观的变化和文化交流在行为模式上的深远影响力实则是非常有限的。这一结论同样适用于来华的西方留学生。

2017 年春天,发生在美国某所大学的一起事件阐明了"国际学生主动构成软实力来源"这一假设的复杂性。该大学曾邀请达赖喇嘛在大学的毕业典礼上发表演讲,但遭到中国留学生的强烈抗议。他们认为达赖喇嘛代表的是一个"反动的力量",如果他在毕业典礼上发言则意味着此次留学违背了文化的多样性和政治选择的正确性。[⑬]为此,中国留学生会有选择地采用与自由价值观有关的言论和抗议形式,以推进中国在国际上的政治议程。本研究涉及的访谈小组中的学生同样表明,虽然他们对目的国的一些政策或价值表述有所接受和内化,并或多或少具有浅显或深刻的认识,该认识可能比"先喜欢后支持"的过程更加重要。值得指出的是,"先喜欢,后支持"的过程不是从 A 点到 B 点一蹴而就的直线过程,而是一路历经曲折——如果东道国和派遣国之间的文化和价值观差异较大,那么,这一过程也会随之变得更加漫长、复杂。毫无疑问,对学生而言,出国留学是一个重要且改变命运的经历,跨文化的认知会在这个经历中实现;但就中国留学生来看,他们并不认为这就可以主动转化为一种国家的软实力。毋庸置疑的是,国际学生可以被期待给出一种"善意的评价"或是促进跨文化的理解。但他们是否真的会"如我所愿"成为软实力的构成之一,仍然是一个值得再研究的问题。

作者单位:丹麦奥胡斯大学
译者单位:上海大学

注释

① 中华人民共和国教育部（2016），"中共教育部党组关于教育系统深入开展爱国主义教育的实施意见"［OL］.：www. moe. edu. cn/srcsite/A13/s7061/201601/t20160129_229131. html（2016 年 6 月 5 日）.

② Institute of International Education（2014），"International Students in China". www. iie. org/Services/Project-Atlas/China/International-Students-In-China（2016 年 6 月 14 日）.

③ UNESCO（2016），" Global Flow of Tertiary Level Students". www. uis. UNESCO. org/Education/Pages/international-student-flow-viz. aspx（2016 年 6 月 5 日）.

④（a）Nye，Joseph（2004），"Soft Power and Higher Education"，in：*The Internet and the University*：2004 *Forum*，33 - 60.（b）Atkinson, Carol（2010），"Does Soft Power Matter? A Comparative Analysis of Student Exchange Programs 1980 - 2006"，in：*Foreign Policy Analysis*，6，1 - 22.（c）McClory, Jonathan（2016），"The Soft Power 30 Report, Portland Communications". http://softpower30. portland-communications. com/wp-content/themes/softpower/pdfs/the_soft_power_30. pdf（2017 年 4 月 6 日）.

⑤ Atkinson, Carol（2010），"Does Soft Power Matter? A Comparative Analysis of Student Exchange Programs 1980 - 2006"，in：*Foreign Policy Analysis*，6，1 - 22.

⑥ Paradise, James（2012），"International Education：Diplomacy in China"，in：*The Brown Journal of World Affairs*，19，1，195 - 205.

⑦（a）Hong, Natalie Yan（2014），"EU-China Education Diplomacy：An Effective Soft Power Strategy?"，in：*European Foreign Affairs Review*，19，155 - 172.（b）Yang, Yifan（2015），"Does the Academic Programme Work? The Jean Monnet Programme and European Union Public Diplomacy"，in：*Journal of European Integration*，37，6，611 - 628.

⑧ Nye, Joseph（2004），" Soft Power and Higher Education"，in：*The Internet and the University*：2004 *Forum*，33 - 60.

⑨ Nye, Joseph（2011），*The Future of Power*，New York, NY：Public Affairs, 20 - 21.

⑩ Mattern, Janice Bially（2005），"Why 'Soft Power' Isn't so Soft：Representational Force and the Sociolinguistic Construction of Attraction in World Politics"，in：*Millenium-Journal of International Studies*，33，3，583 - 612.

⑪ Matsuda, Takeshi（2007），*Soft Power and Its Perils：US Cultural Policy in Early Postwar Japan and Permanent Dependency*，Stanford, CA：Stanford University Press.

⑫ Ferguson, Niall（2009），" Think Again：Power，in：Foreign Policy, 3 November". http://foreignpolicy. com/2009/11/03/thinkagain-power/（2017 年 4 月 6 日）.

⑬ Hall, Todd（2010），"An Unclear Attraction：A Critical Examination of Soft Power as an Analytical Category"，in：*The Chinese Journal of International Politics*，3，189 - 211.

⑭ Roselle, Laura, Alister Miskimmon, and Ben O'Loughlin（2014），"Strategic Narrative：A

⑮ Roselle, Laura, Alister Miskimmon, and Ben O'Loughlin (2014), "Strategic Narrative: A New Means to Understand Soft Power", in: Media, War & Conflict, 7, 1, 70–84.

⑮ Roselle, Laura, Alister Miskimmon, and Ben O'Loughlin (2014), "Strategic Narrative: A New Means to Understand Soft Power", in: Media, War & Conflict, 7, 1, 71.

⑯ McClory, Jonathan (2016), "The Soft Power 30 Report, Portland Communications", online: http://softpower30.portland-communications.com/wp-content/themes/softpower/pdfs/the_soft_power_30.pdf (2017年4月6日).

⑰ Hartig, Falk (2014), "New Public Diplomacy Meets Old Public Diplomacy: The Case of China and Its Confucius Institutes", in: New Global Studies, 8, 3, 331–352.

⑱ Tse, Agnes Chung-yan (2014), "Beauty Is in the Eye of the Beholder-Promoting Chinese Soft Power to the Right Audience in the Right Ways", in: International Journal of Arts & Sciences, 7, 5, 1–10.

⑲ (a) Tse, Agnes Chung-yan (2014), "Beauty Is in the Eye of the Beholder-Promoting Chinese Soft Power to the Right Audience in the Right Ways", in: International Journal of Arts & Sciences, 7, 5, 1–10. (b) Manzenreiter, Wolfram (2010), "The Beijing Games in the Western Imagination of China: The Weak Power of Soft Power", in: Journal of Sport and Social Issues, 34, 1, 29–48.

⑳ Blanchard, Jean-Marc F., and Fujia Lu (2012), "Thinking Hard About Soft Power: A Review and Critique of the Literature on China and Soft Power", in: Asian Perspective, 36, 565–589.

㉑ D'Hooghe, Ingrid (2014), China's Public Diplomacy, Leiden: Brill.

㉒ Wang, Yiwei (2008), "Public Diplomacy and the Rise of Chinese Soft Power", in: ANNALS, AAPSS, 268.

㉓ Roselle, Laura, Alister Miskimmon, and Ben O'Loughlin (2014), "Strategic Narrative: A New Means to Understand Soft Power", in: Media, War & Conflict, 7, 1, 70–84.

㉔ Nye, Joseph (2011), The Future of Power, New York, NY: Public Affairs, 20–21.

㉕ Carnine, Julia (2015), "The Impact on National Identity of Transnational Relationships During International Student Mobility", in: Journal of International Mobility, 1, 3, 14.

㉖ Atkinson, Carol (2010), "Does Soft Power Matter? A Comparative Analysis of Student Exchange Programs 1980–2006", in: Foreign Policy Analysis, 6, 19.

㉗ (a) Hong, Natalie Yan (2014), "EU-China Education Diplomacy: An Effective Soft Power Strategy?", in: European Foreign Affairs Review, 19, 155–172. (b) Yang, Yifan (2015), "Does the Academic Programme Work? The Jean Monnet Programme and European Union Public Diplomacy", in: Journal of European Integration, 37, 6, 611–628. (c) Paradise, James (2012), "International Education: Diplomacy in China", in: The Brown Journal of World Affairs, 19, 1, 195–205.

㉘ Hong, Natalie Yan (2014), "EU-China Education Diplomacy: An Effective Soft Power

Strategy?", in: *European Foreign Affairs Review*, 19, 156.

㉙ Hong, Natalie Yan (2014), "EU-China Education Diplomacy: An Effective Soft Power Strategy?", in: *European Foreign Affairs Review*, 19, 166.

㉚ Hong, Natalie Yan (2014), "EU-China Education Diplomacy: An Effective Soft Power Strategy?", in: *European Foreign Affairs Review*, 19, 162.

㉛ (a) Hong, Natalie Yan (2014), "EU-China Education Diplomacy: An Effective Soft Power Strategy?", in: *European Foreign Affairs Review*, 19, 155–172. (b) Jager, Kirsten, and Malene Gram (2015), "(Self) Confidence or Compliance: Students' Experience of Academic Quality in Study Abroad Contexts", in: *Learning and Teaching*, 8, 3, 37–59.

㉜ Yang, Yifan (2015), " Does the Academic Programme Work? The Jean Monnet Programme and European Union Public Diplomacy", in: *Journal of European Integration*, 37, 6, 611–628.

㉝ Trilokekar, Roopa Desai (2010), "International Education as Soft Power? The Contributions and Challenges of Canadian Foreign Policy to the Internationalization of Higher Education", in: *Higher Education*, 59, 2, 144.

㉞ Paradise, James (2012)," International Education: Diplomacy in China", in: *The Brown Journal of World Affairs*, 19, 1, 195–205.

㉟ Altbach, Philip (2012), "China Has Right Approach to Foreign Collaboration", in: *Inside Higher Ed: The World View*, online: www. in sidehighered. com/blogs/world-view/philip-altbach-china-hasright-approachforeign-collaboration (2017 年 8 月 11 日).

㊱ Paradise, James (2012), "International Education: Diplomacy in China", in: *The Brown Journal of World Affairs*, 19, 1, 203.

㊲ Smirnov, N. (2014), "Youth Soft Power in Action", in: *International Affairs*, 60, 1, 219–223.

㊳ Atkinson, Carol (2010)," Does Soft Power Matter? A Comparative Analysis of Student Exchange Programs 1980–2006", in: *Foreign Policy Analysis*, 6, 2.

㊴ Fong, Vanessa L. (2011), *Paradise Redefined: Transnational Chinese Students and the Quest for Flexible Citizenship in the Developed World*, Stanford, CA: Stanford University Press.

㊵ Hong, Natalie Yan (2014), "EU-China Education Diplomacy: An Effective Soft Power Strategy?", in: *European Foreign Affairs Review*, 19, 155–172.

㊶ Fong, Vanessa L. (2011), *Paradise Redefined: Transnational Chinese Students and the Quest for Flexible Citizenship in the Developed World*, Stanford, CA: Stanford University Press.

㊷ Gong, Xue, and Twan Huybers (2015), "Chinese Students and Higher Education Destinations: Findings From a Choice Experiment", in: *Australian Journal of*

Education, 59, 2, 196 - 218.

㊸ Fong, Vanessa L. (2011), *Paradise Redefined: Transnational Chinese Students and the Quest for Flexible Citizenship in the Developed World*, Stanford, CA: Stanford University Press, 94.

㊹ Ross, Heidi, and Yajing Chen (2015), "Engaging Chinese International Undergraduate Students in the American University", in: *Learning and Teaching*, 8, 3, 13 - 36.

㊺ Wang, Yu (2014), "Humor in British Academic Lectures and Chinese Students' Perceptions of it", in: *Journal of Pragmatics*, 68, 80 - 93.

㊻ Ross, Heidi, and Yajing Chen (2015), "Engaging Chinese International Undergraduate Students in the American University", in: *Learning and Teaching*, 8, 3, 13 - 36.

㊼ Hollway, Michael C. (2005), "A Comparison of the Impact of Two Liberal Arts General Education Core Curricula on Student Humanitarian Values", in: *The Journal of General Education*, 54, 3, 237 - 266.

㊽ Guan, Jian, and Richard A. Dodder (2001), "The Impact of CrossCultural Contact on Value and Identity: A Comparative Study of Chinese Students in China and in the U. S. A", in: *Mankind Quarterly*, 41, 3, 271 - 288.

㊾ Hall, Edward T. (1976), *Beyond Culture*, New York, NY: Anchor Books.

㊿ Hansen, Anders Sybrandt, and Stig Thøgersen (2015), "The Anthropology of Chinese Transnational Educational Migration", in: *Journal of Current Chinese Affairs*, 44, 3, 3 - 14. https://journals.sub.uni-hamburg.de/giga/jcca/article/view/878/885（2017 年 7 月 31 日）.

㉛ Hail, Henry Chiu (2015), "Patriotism Abroad: Overseas Chinese Students' Encounters with Criticisms of China", in: *Journal of Studies in International Education*, 19, 4, 311 - 326.

㉜ Hall, Edward T. (1976), *Beyond Culture*, New York, NY: Anchor Books.

㉝ Horwitz, Josh (2017), "Chinese Students in the US are Using 'Inclusion' and 'Diversity' to Oppose a Dalai Lama Graduation Speech", in: *Quartz*, 15 February. https://qz.com/908922/chinese-students-at-ucsd-are-evoking-diversity-to-justify-theiropposition-to-the-dalai-lamas-graduation-speech/（2017 年 4 月 6 日）.

（原文刊载于 *Journal of Current Chinese Affairs*, 46, 2, 81 - 109.）

重温中国和拉美经济发展

——不同工业化战略的非预期结果

李形/著　倪晓文/译

历史上,拉美国家的工业化进程先于东亚新兴工业化经济体(NIEs)和中国,但后者的经济增长迅速,包括经济在内的和社会发展的所有指标,远超拉美同行。今天,中国与南半球国家经济话题既突出又有争议。在过去的几十年里,中国经济保持快速增长。新兴的经济大国需要充足的能源、原材料和市场,以维持经济增长。在这种情况下,中国势必选择全球化和多样化的发展战略,以解决其严重的自然资源短缺问题,满足内需,并为全球最活跃经济体提供能源。非洲和拉美国家自然而然成为中国"走出去"战略的组成部分。

自 2000 年以来,中拉关系逐年升温,但也面临诸多争议和问题(Christensen & Becard, 2016)。从持续飙升的贸易数额来看,自然资源和大宗商品和农产品的贸易范围日益扩大。从大卫·李嘉图(Ricardo)的比较优势理论来看,中拉贸易被认为是"贸易的天作之合"(Skira, 2007),即中国需要自然资源和新的出口市场,而拉美国家需要财政援助和贷款来发展基础设施和提供社会福利。中国已成为拉美国家第二大贸易伙伴和第三大投资来源国,双边贸易额在过去 10 年中增长了 20 多倍。从宏观国际政治经济学角度看,中国的全球崛起延伸到拉美,使拉美国家在无损美国在该地区霸主地位的情况下,实现了对外经济和政治的多元化。中国的经济助力为拉丁美洲在 21 世纪头 10 年的经济繁荣做出了贡献,也是该地区在世界体系中实施优先国内和增加外交回旋余地的原因(Domínguez & de Castro 2016)。

中国和巴西的贸易往来对巴西日趋重要,特别是铁矿石和大豆等大宗商品的出口,使巴西获益良多。受中国对初级产品需求的快速增长和世界价格上涨的影响,其他拉美国家也存在同样的情况。然而,双边经济关系已经出现了一种明显的模式,这种模式由"不平等贸易交换"所塑造,即中国出口制成品,巴西出口商品和原材料。许多批评家认为,与中国的贸易关系正在导致巴西出口的"初级化"和经济的"去工业化",将对巴西经济的长期发展产生负面影响。

从双边贸易对参与者的相对重要性、贸易流量的构成和对外直接投资(FDI)流量的平衡等方面考察中拉经济关系的非对称性时,我们面临一系列棘手的问题:应该如何界定中拉关系?是南南合作还是北南模式?是双赢还是双输?20世纪六七十年代"拉美依附论"学者所讨论的许多核心问题,如"普雷维什-辛格命题(Prebisch-Singer thesis)"和"不平等交换",被认为是当前中拉贸易模式的再现。有西方舆论认为,中拉贸易关系的现状并没有促进该地区的经济发展,反而限制了拉美向高附加值出口的转变(Atlantic Council 2015)。因此,尽管中国坚持"南南合作"和"双赢",但无论从贸易结构的角度,还是从军事战略和全球安全的角度,中拉经济关系都应被定义为"南北关系"(Bernal-Meza 2016)。

目的与分析提议

针对上述问题,本文旨在为理解当代中拉经济关系之争提供一个框架。在本文中,作者提出三个分析提议作为"论据"。

第一,这种关系被认为是中国经济扩张的"比较优势"结果,其驱动因素是对资源和商品的需求飙升:中国需要大量的资源,愿意支付一个好的价格,而拉丁美洲拥有资源,并对价格感到满意。前者是全球市场的"世界工厂",后者则因其商品供应国的地位而享有"原料商品繁荣"。因此,中拉贸易数据呈现出"不等价交换"和"初级化"的趋势,中国主要出口制造业产品,进口原材料和大宗商品。中国扩大全球制造业产品份额和提升全球价值链竞争的出口增长战略与拉丁美洲的进口替代办法之间存在相互作用。正如"普雷维什-辛格命题"所解释的那样,尽管该区域曾享受过一段因"原料商品繁荣"而带来的收入增加的时期,但拉丁美洲的进口替代办法仍易受全球初级商品市场波动的影响。

第二,国家类型与所奉行的工业化战略之间的关联。出口导向型工业化战略的前提条件与特定的国家—市场—社会关系的前提条件相关联,如国家在规划、决策和执行中发挥威权和独立的作用,有纪律和熟练的劳动力为保障,对教育和技术的大量投资,加强社会政治稳定,开放国际竞争等。中国的国家—市场—社会关系的政治和社会因素具有深刻的文化和历史根源。然而,这些独特的先决条件能否在拉丁美洲和巴西得到再现和复制还不得而知。

第三,20世纪90年代以来,"中国制造"在全球的崛起受两个并行的"去工业化"进程的外部推动。这两个进程在核心发达经济体（北方）与半边缘和边缘发展中国家（南方）都存在。不同之处在于，前者利用廉价劳动力和低生产成本，有意将资本和生产转移到中国，从而实现自身的去工业化；后者的去工业化则是由于向"中国制造"出售原材料和商品而导致的意外的"原料商品繁荣"。换言之，北方的"去工业化"进程是一项战略计划，旨在将竞争转移到高科技创新产业，并扩大其在金融和服务业等"软经济"中的份额。另一方面，南方的"去工业化"是"比较优势"的结果，主要是由商品价格上涨推动的。

理论上，作者认为，世界体系理论所包含的观点包括对与国家的地缘政治、地缘经济地位，以及工业化战略相关的机遇和制约因素的一些有价值的分析。一方面，世界体系理论认为，世界体系的核心、半边缘和边缘三个层次决定了发展中国家的发展，因为发展中国家的资源回旋、流动空间受到世界体系结构不平等的制约。同样，拉丁美洲的"依附学派"在历史上是以拉丁美洲的经验为基础的（Cardoso & Enzo 1979；Frank 1967）。拉丁美洲的发展受历史遗留问题影响，政治、经济和文化等外部因素对国家发展政策的制定都具有影响力。依附关系不仅存在于国与国之间，也存在于利益共同体国家的阶级和团体间。但是，世界体系分析并不支持这一观点，即发展中的障碍是可以通过诸如进口替代等国家战略来解决，以便从世界体系的向上流动中获益。

另一方面，资本主义世界体系也被定义为一个动态的体系，在这个体系中，通过利用全球资本流动和生产转移，实现结构形态中的位置改变。从历史上看，资本主义世界经济内部的分工，通过生产、交换和投资链，带来并导致了商品、劳动和资本在不同地理区域之间的流动。东亚新兴工业化经济体（NIEs）和中国，虽然也容易受到外部动荡的影响，但却巧妙地抓住了外部市场的机遇，加入了国际价值链内的向上竞争。拉丁美洲寻求进口替代工业化（ISI）的发展经验表明，该战略未能使该区域摆脱对技术和资金的依赖。虽然进口替代战略旨在减少全球市场竞争中不平等交换的影响，但它也使该区域脱离了全球价值链的竞争，这视为实现向工业化的上进的途径之一。

"中国发展型国家"及其出口导向型工业化

1960 年代以来，除日本外，东亚新兴工业化经济体（NIEs）的经济增长率居高不下，1970—1980 年的 10 年间，实现了约 7% 的年均经济增长率，远高于世界其他地区 5% 的同类增长。国家的人均国内生产总值（GDP）在 1976 年已超过 1 000 美元，在 1987 年名义上增加至 4 000 美元（Fukuchi & Kagami 1990：22）。制造业在国内生产总值中所占的份额稳步上升。这些国家的人口结构发生了巨大而迅速的变化,生育率下降,教育水平提高,家庭更加富裕,预期寿命增长。

在很大程度上,出于对首个西方之外的快速工业化成功案例的强烈好奇,东亚新兴工业化国家(East Asia NICs)成为各种学术研究和解释的对象。世界银行资助了一项关于东亚奇迹的专题研究计划(1993)。自 20 世纪 80 年代以来,已有大量的研究(Borthwick 1992；Chan 1990；Deyo 1988；Wade 1990)对此提出了不同的解释。这种全球化关注部分出于人们对西方国家领域之外第一个成功工业化案例的强烈兴趣,部分是因为新兴工业化经济体提供了一个罕见的实例,证明发展中国家打破了依赖理论和世界体系理论所支持的世界体系核心,即边缘结构的假设。

EOI 出口导向增长的雁行模式

1960—1990 年,第一代新兴工业化经济体——日本以及第二代新兴工业化经济体——韩国、新加坡和中国香港、台湾地区——采用了出口导向型增长模式。紧随其后的是以泰国和马来西亚为代表的第三代。20 世纪 80 年代中国开始结构转型。东亚工业化的这一独特现象被描述为一种雁行模式("flying-geese"pattern)①。雁行结构的各层代表各国经济发展处在不同阶段,而该地区的国家是分层飞行的,日本处于最前一层(图 1)。雁行模式象征着产业的生命周期,通过这个生命周期,生产、技术和知识从前一层传递到后一层。同时,雁行模型也包含贸易和投资的产品周期(PC)理论。

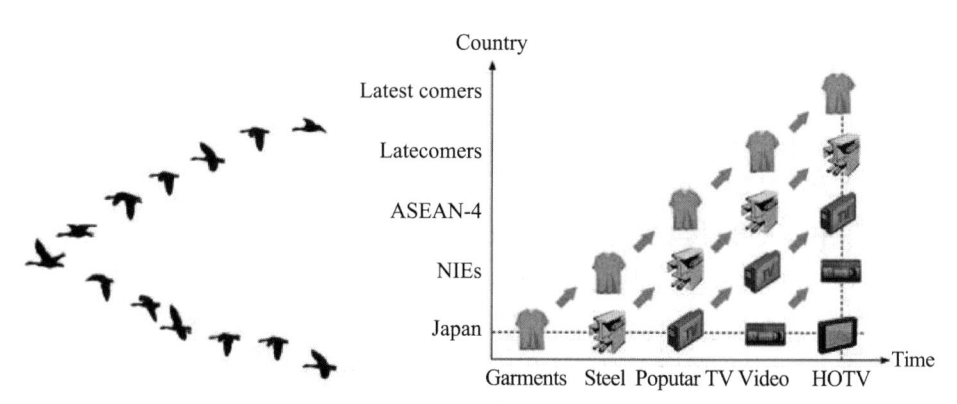

图 1 东亚经济关系的雁行模型(左侧为作者自拟图；香港贸发局经贸研究,2012：7)

出口导向是一种贸易和经济政策(或发展战略),旨在通过在一个国家具有比较优势的工业区内出口制造业产品来促进国家的工业化进程。出口导向型增长意味着向外国竞争者开放本国市场,以换取其他国家的市场准入。出口导向是一种外向型战略,强调通过鼓励出口导向型产业的资源和劳动力配置来参与国际贸易。这一战略的核心特点可以概括为:(1)通过出口补贴等政策措施,以促进出口为重点;(2)根据技能构成对劳动力进行教育和培训;(3)运用先进技术和税收优惠促进出口。

出口导向不是无成本的,而是取决于许多前提条件。首先,出口导向增长依赖存在产品需求的国外市场。其次,国内生产和金融基础设施建设符合外国市场的要求,因此淡化了国内优先事项。再次,决定全球出口市场竞争比较优势的因素之一是价格。低价产品意味着廉价劳动力、人力剥削以及工资压制。最后一点同样重要,全球出口往往因市场波动而具有脆弱性。2008年世界发达核心国家爆发的全球金融危机即揭示了经济转型期国家在过度依赖出口带动增长方面面临的可持续性问题。

中国式发展型国家:国家与市场的嵌入关系

东亚国家经济成功的另一个显著特征是,经济增长模式与发展型国家所涉及的国家类型之间有关。同样,中国的经济成功也可以用东亚经济发展模式的核心特征来解释。东亚的经验清楚地表明了"追赶"战略:建立强有力的威权领导和精英政府,实施发展政策,国家在包括治理市场等方面直接发挥作用。20世纪90年代,出现了大量以东亚新兴工业化国家为主题的研究(Evans 1995、Haggard 1990、Wade 1990、Weiss and Hobson 1995、Woo Cumings 1999)。这些研究成果表明,中国过去30年的经济成功可理解为这是一种东亚发展路径的再现:经济发展是由一个强大的、有利于发展的国家领导的,这个国家能够形成全国共识,并保持总体政治稳定和宏观经济稳定,以追求广泛的经济现代化。中国式发展型国家(CDS)与前东亚发展国家具备共同的特点,即能够通过独特的国家—市场—社会关系促进"嵌入式"经济成功,具体来说:

一、中国式发展型国家将发展经济视为国家的最高目标,努力促进经济增长,保持社会政治稳定,保持增长和分配的可控平衡,防止资本主义积累和阶级、行业剥削之间的危机。积极引导经济发展,培育、引导和保障经济长期增长和技术现代化,是调动财政资源和实施产业政策不可或缺的。

二、中国式发展型国家面向全球的国家制定发展计划和目标,这些计划和目标以追求各种发展战略的非意识形态政策为基础,渴望学习和吸收世界范围内的发展经验,同时坚持决策自主权。即使面对国际社会要求其金融部门自由化的压力,国家在金融控制经济方面仍发挥积极的指导作用。

三、中国式发展型国家建立面向全球市场的生产力和劳动力市场基础设施,使其出口导向型经济增长具有长期可持续性。国家教育和研究体系的形成也旨在服务促进经济增长和海外市场。

四、中国式发展型国家启动国家主导的产业政策,制定宏观规划和国家目标,承认并赋予有能力管理体制和决策的官员以精英权力,保证专业和独立地运作。中国式发展型国家的经济政策制定过程涉及政府与企业的密切合作,以便通过政策调整正确回应市场信号。

五、中国式发展型国家认为,自由市场交易需要明确的"专业指导"和"定向信贷",以选择有竞争力的赢家,或将某些行业/部门置于其他行业/部门之上。鼓励国家和私营部门合作,实现共同的经济目标。政府不仅对企业进行监管,还对企业进行管理费用和其他优惠政策的扶持,将投资定向于战略性私营企业,而企业则协助政府实现社会和经济目标。

六、中国式发展型国家不允许自由主义意识形态阻碍国家共识,也不允许政治多元化模式挑战其发展目标,对西方民主制度必然促进经济和社会发展的说法并不认同。它认为,一个国家在发展初期需要的是纪律和勤奋,而不是民主和个人权利。

中国式发展型国家外部是否对外复制?

然而,应该指出的是,东亚国家尤其是中国的出口导向工业化的成功是许多相互关联的外部和内部因素相互作用的结果。这独一无二的历史经验是其他地区所无法复制的。就东亚而言,这是外部因素(如美国的安全保护伞、有利的国际环境、外国援助和直接投资)与内部因素(如国家作用,廉价劳动力,出口导向的发展政策、教育和文化)的协同作用。忽视任何一个单一因素都不足以完整解释这一成功的经验。

就中国而言,20世纪70年代末至20世纪80年代,地缘政治等因素为经济改革初期的中国出口型经济增长提供了有利的国际条件。正是在这一时期,美国有意向中国开放市场。因此,中国经济的成功应该理解为外部因素和内部因素综合作用的结果,例如社会的稳定重建,以及在长期政治动荡和经济停滞之后的改革发展的民族精神。

海外侨胞是"中国现象"中另一独特的角色,很大程度上促成了20世纪八九十年代中国的经济腾飞。侨胞是中国经济增长的主要经济来源和技术支柱之一,其经济实力超过其他任何国家的侨胞。20世纪70年代末实行经济改革政策,中国就一直与世界各地区保持联系。中国侨胞的海外汇款和投资在全球对华投资中占有很大的比例。毫不夸张地说,中国侨胞是中国经济崛起以及进一步融入地区和全球经济的关键。

中国和东亚新兴工业化经济体的一个共同点是，出口导向战略为上进打开了大门。在上进的过程中，外国技术的获取、吸收、创新在帮助这些国家从低附加值工业向高附加值工业转变方面发挥了重要作用。日本、东亚新兴工业化经济体（NIEs）和中国的成功，很大程度上归功于鼓励外国技术的获取，与竞争对手相比，更有效地实施和改进外国技术。这些国家获取和开发技术的能力也得到外国投资的直接支持。

今天，在中国经验的作用下，越来越多的发展中国家正试图走中国自上而下、国家主导干预式的发展道路。然而，在吸取中国成功经验的同时，应该仔细考虑中国成功的重要文化因素和历史原因。除上述内部和外部因素之外，另一核心特性是具有中国特色的社会政治和社会经济"嵌入性"（Li 2016），这一特征恰恰具有不可复制性。这种"嵌入性"的概念解释了中国文化和政治的独特性如何影响经济活动，形成独特的制度形式，以及各种形式的财产和企业所有权，反映了以顾客为基础的社会经济关系的传统文化。这种独特性表明，市场化和商品化的非嵌入力量是如何被社会文化和政治结构的嵌入力量所平衡的。

拉美结构主义与进口替代工业化

自20世纪50年代以来，拉美结构主义在经济发展理论和政策的讨论中发挥了核心作用。劳尔·普雷比希（Raúl Prebisch 1950）以漫长的历史背景为依据，研究了结构主义的发展轨迹，最为人所知的是他对国际贸易所提出的观点，以及在进行经济分析时考虑一般情况下结构特征的重要性。普雷比希将经济学的纯理论与贸易的实际实践相分离，并将贸易制度和协议背后的权力结构相分离。根据他的观点，世界可划分为经济工业化的"中心"（美国和欧洲）和"边缘"（初级生产者）。"普雷比希假说"（Prebisch-Singer，也称为"普雷比希理论"）认为，从长期来看，初级商品价格相对于制成品价格下降，从而导致以初级产品为基础的经济体的贸易条件恶化。这一假设基于以下观察结果：（1）制成品的收入需求弹性大于初级产品，特别是食品；（2）随着收入的增加，对制成品的需求增长速度快于对初级产品的需求，此外，初级产品的需求价格弹性较低，导致其价格下降。普雷比希强调理解结构主义的重要性，即经济不平等和扭曲的发展是资本主义世界体系固有的结构特征。

早期的结构主义倡导者强调由于生产结构和发展中国家与发达国家的依赖关系而产生的内部和外部不平衡。结构主义的概念化及其内在的"内向发展"思想为进口替代工业化(ISI)的战略铺平了道路。

进口替代产业化

进口替代工业(ISI)的理论基础是一种源自普雷比希假说和上述结构主义思想的战略。劳尔·普雷比希、汉斯·辛格(Hans Singer)、塞尔索·富塔多(Celso Furtado)和其他结构主义经济学家的著作揭示了ISI的思想,他们建议采购生产资料以减少制成品的进口,以应对贸易条件恶化的现象。随着联合国拉丁美洲和加勒比经济委员会(UNECLAC或称CEPAL)的成立,这些问题日益突出。支持这一经济框架的思想家和理论家们有一个共同的观点,即国家主导、中央计划的经济发展形式(Renato 1986)。在这一背景下,"拉美结构主义"一词也指20世纪50年代至80年代许多拉美国家的进口替代工业化时期。对资本主义世界经济动态结构的理解能力应是评价拉美结构主义的衡量标准,然而,其对国内经济约束和短期政策问题的处理方式却常常成为人们批评的对象。在经历了20世纪70年代末的短暂衰退之后,拉丁美洲结构主义目前可作为理解发展问题的重要工具,而不是有效的发展战略。

进口替代工业化政策是一种通过降低一国经济对外依存度来促进快速工业化的贸易和经济政策,通过建立国内市场,实现发展和自给自足,同时对外国商品设置高壁垒,以鼓励国内生产。国家必须保护那些通过合理预期获得比较优势的新兴产业或工业部门。许多拉丁美洲国家之所以实施进口替代工业化政策,其目标是实现更多的自给自足,从而不易受到不利于贸易条件的影响。进口替代工业化政策通过国有化、对重要产业(农业、发电等)的补贴、增加税收和高度保护主义的贸易政策(Street & James 1982)发挥国家主导经济发展的作用,利用关税、进口配额和补贴来实现对自身的促进和保护。

理想地说,进口替代工业化政策目标不仅使这些国家减少对外部成品的依赖,更要使它们实现通过工业化进行经济建设的目标。预计这一政策将使那些生产自给自足的国家建立本国国民经济体系并提供国内就业机会。从逻辑上讲,进口替代工业化政策能够保护这些国家免受外部商品价格震荡和国际贸易恶化的影响,换言之,国内就业和恢复能力的增加将减轻衰退和萧条等全球经济冲击的影响。

全球视角下的出口导向(EOI)与进口替代工业化(ISI)增长模型

出口导向和进口替代工业化的核心区别是彼此间不同的发展方式,前者将工业化与控制市场和技术的资本主义世界秩序的核心紧密联系起来，后者试图通过减少或切断与核心经济体的关联来打破依赖关系。对东亚国家而言，地缘政治和地缘经济的重要性决定了与核心国家不可分割的必要性，他们的立场对以美国为首的战后世界秩序至关重要。这也是东亚国家出口导向政策的历史背景和前提条件。正如上文所指出的，东亚国家出口导向政策在应对世界经济变化，包括外国投资和技术流动方面，作出了迅捷有效的反应。

沃勒斯坦（Wallerstein）提出的世界体系理论为我们理解现代资本主义世界体系兴起所涉及的历史和变化提供了广阔的理论视角。这一体系在漫长的历史进程中不断扩展，将世界各地区纳入其分工，形成了经济核心——半边缘关系的永久状态。在世界市场单一分工的情况下，由主权国家和多种文化体系组成的政治结构在国家体系框架内相互作用（1974）。世界体系被概念化，成为一个动态的体系，在这个体系中，通过利用全球资本流动和生产转移，使体系结构形态中的位置变化成为可能。从历史上看，资本主义世界经济内部的分工，通过生产、交换和投资链，使商品、劳动力和资本在不同地理区域之间交互流动。

沃勒斯坦认为，资本主义世界经济是一个僵化的体系，从内部进行变革的可能性不大。尽管他也承认，从历史上看，一些国家能够提升它们在世界经济等级中的地位，但这并不能从根本上改变体系的嵌入性和不平等性（Wallerstein 1975：24）。根据这一理解，拉丁美洲被视为"进口替代工业化和初级或次级出口工业化（沃勒斯坦认为这是推动世界经济向前发展的可能手段）都没有效果"（Grell-Brisk, 2017：3）的一个典型案例。在进口替代工业化政策下发展自给自足的国民经济的目标并非易事。工业能力包括在技术、创新、失误和成功方面的巨大投资，不断与国际经济参与者竞争，其中许多参与者在开发领域可能已有几十年的经验积累和知识储备（Bruton 1989）。进口替代工业化政策的保护主义，虽然能使本国经济表面上受到保护，不受激烈的全球竞争的影响，但并没有带来比较优势和专业化。一篇研究文章对进口替代工业化政策的缺陷进行了如下总结：

> 由于进口替代工业化政策使本国经济免受国际竞争的影响，从而产生了低效和过时的产品。其他不利因素还包括全球GDP下降和失业率上升，这正是由于低效率推动而导致的。采取这一政策的国家面临许多不利影响，例如长期存在的贸易和收支不平衡等问题。虽然通过进口替代工业化政策的实施，本应减少对世界贸易的依赖，但仍有必要进口原材料、机械和零部件。一个国家的工业化程度越高，对此类进口产品的需求就越大，而

ISI政策严重偏向于出口。(Sanderatne, 2011)

全球价值链竞争(GVCs)

价值链描述的是"企业和工人将产品/商品或服务从概念到最终用途的所有价值活动的总和。这包括设计、生产、营销、分销和对最终消费者的支持等活动"(GVC倡议2016)。全球价值链与强调"制造和分销相关步骤"的全球供应链(GSCs)相关连(GVC倡议2016)。全球供应链包括与商品和服务及其全球供应、分销和售后活动相关的人力资源和活动。价值链可以局限于一个特定的地理位置,而全球价值链则意味着多个经济参与者的跨空间参与。对全球价值链的了解有助于我们理解工业部门通过利用出口作为发展工具对经济发展所起的作用。它还分析了一个部门如何处理创造就业、技能发展、工业地域多样化和其他发展问题。

全球价值链分析强调在全球价值链中定位国家生产模式的重要性。出口导向型经济体倾向于选择更紧密地融入世界经济,并期望国际贸易在经济活动中占比增加。出口导向增长政策与外国直接投资的涌入齐头并进,为出口导向国家制造业与全球价值链的融合做出了巨大贡献。从历史上看,日本和包括中国在内的大多数东亚国家创新中心,不仅对全球价值链内部的竞争全盘接受,同时努力应对挑战,使全球价值链更好地为国家发展战略服务(Taglioni & Winkler 2016)。由于接受全球价值链的企业和国家必须应对外部竞争,全球价值链往往将中低收入国家的"进口替代作为可行的工业化战略"边缘化,包括"高收入国家的民族主义产业政策"(Taglioni & Winkler 2016: xiii)。

从世界体系理论的角度看,全球价值链(GVCs)正是核心国家从顺差中获得巨大收益的手段,而边缘国家的份额相对较小。最近的研究表明,全球价值链已经成为中国制造产品进入全球市场,特别是高收入国家市场的竞争工具。这可以通过加工出口份额与贸易伙伴收入相关的实证检验,这意味着加工贸易是"中国制造"产品进入高收入国家的有效手段(Xing 2016)。一项研究将"研发支出GDP占比"作为投入变量,"研发及相关商业活动对制造业出口增加值的贡献"作为产出变量。研究结果表明,与其他许多国家相比,中国在创新体系方面成效显著(Zeng 2017)。

世界体系中的辩证性与动态性:中国经验

中国经济增长政策的成功验证了世界系统理论的分析,即为了使资本从衰退部门转移到"盈利"部门,衰退部门需要将劳动条件和技术水平转移到半边缘或边缘国家,其中一些国家将受益于全球资本流动和生产转移。从历史上看,正是在这样的关键时刻,国家在体系内上进的机会才得以产生和再生(通过提拔上进;Wallerstein 1979)。中国过去40年的经济高速增长反映了抓住机遇利用体制上进的积极溢出效应。因此,中国被视为最新一轮全球资本转移的主要受益者之一(Li 2008)。

"回旋余地"(Room for maneuver)指世界资本主义经济中有利于内部发展的"上进"的外部条件。从历史的长期角度看,世界体系理论所定义的全球核心—半边缘—边缘的层次结构,几个世纪以来一直相对稳定。半边缘国家被视为"缓冲区",作为一个稳定的固定装置,参与等量的核心和边缘活动,使它们能够从全球商品链中获益,避免掉回边缘,但也不足以进入核心。(Grell Brisk 2017:3)

世界体系的节奏周期和主要国家的兴衰提供了上下的流动性。"提拔上进"(Promotion by invitation)是指在全球规模的新兴经济体崛起时期,或其内部发展有利于全球资本流动和生产转移的半边缘或边缘国家所享有的上进路径。这种上进是由崛起的主要经济体的推动和邀请所创造的有利的外部环境,或由一组受驱动国家结合其自身的市场利益所创造的。东亚、日本和东亚新兴经济体,包括中国,都是这种通过外部提升上进的范例。目前中国提出的"一带一路"倡议和中国主导的亚洲基础设施投资银行(AIIB)也是"提拔上进"的范例,有可能增加"一带一路"沿线国家的"回旋空间"和"上进"机遇。

"抓住机遇"(Seizing the opportunities)是指一国利用国际政治经济新形势、新情况,相应调整国内发展流动性的内在能力。按照世界体系理论的分析,中国的崛起,加上资本向外扩张,对一些国家来说,不失为一个增加回旋余地和上进的机会,但对另一些国家来说,则意味着挑战和向下流动。

如图2所示,中国经济增长的成功和扩张是基于对"中国制造"过程的三大投入,这三大投入包括来自世界不同地区的资本、技术和商品。正如一项研究所显示的,"中国事实上已经通过全球和区域生产网络成为一个重要的区域'整合者'。中国的出口(超过50%为加工贸易)体现了来自亚洲不同经济体的原材料、零部件、技术和设备以及金融和经济服务,将"亚洲制造"转化为"中国制造"产品,面向世界市场"(Wong 2013:288)。中国能够逐步从低附加值和劳动密集型产品的最大生产国转变为高附加值和高技术的最大出口国,这是"中国制造"模式的一个显著结果。根据Worldatlas.com网站(2017)公布的数据显示,2013年中国取代美国而成为全球最大的高科技产品出口国。

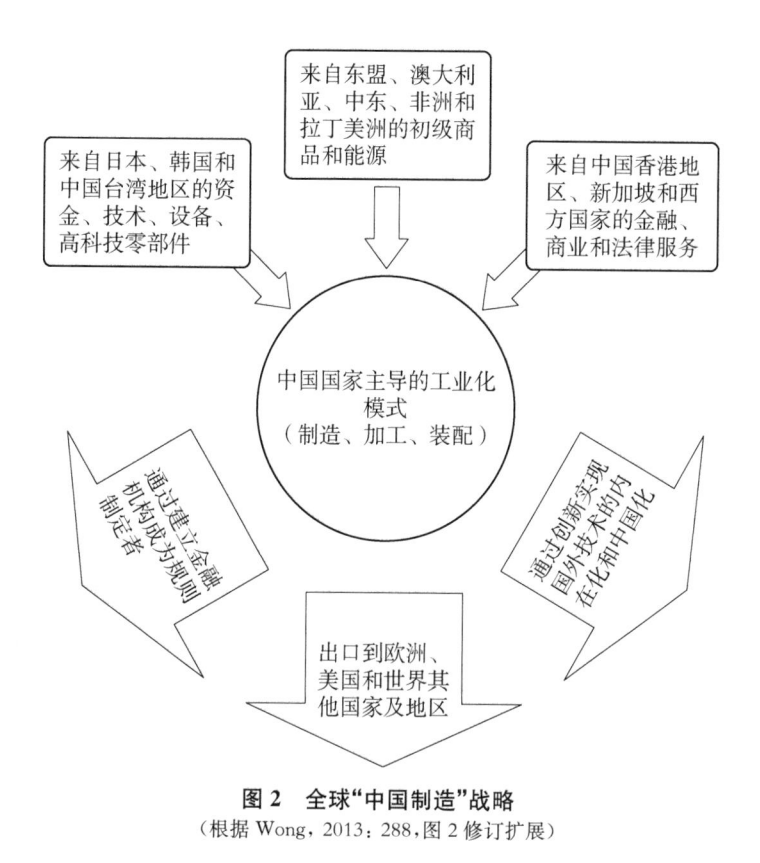

图 2　全球"中国制造"战略
（根据 Wong, 2013: 288, 图 2 修订扩展）

"中国制造"对世界体系分层的影响

自 20 世纪 90 年代以来，以"中国制造"全球化为代表的中国经济一体化政策对不同层次的国家均产生了重大影响。发达国家和发展中国家遵循着类似的模式，或有意或无意地进入去工业化阶段。但是，一些学者认为，去工业化未必是一种消极现象，而是制造业产出、就业和贸易关系中工业动力不断变化的预期结果（Rowthorn & Wells 1987）。另一些人则认为，"去工业化是大多数国家在经济发展的某个阶段所经历的普遍现象，各国不同的去工业化的因素决定了不同的非工业化道路"（Kim & Lee 2014: 65）。

中国制造与核心国的去工业化

本文认为，自 20 世纪 70 年代末中国开始实行经济改革和对外开放政策以来，世界各国在 20 世纪最后 20 年见证了生产向中国转移的过程。生产资本的转移和制造业的外包导致发达经济体的去工业化浪潮。以美国为例，1980年，金融、房地产和服务业等非生产性部门的总增加值国内生产总值占比首次超过制造业，国外制造业外包进程加快。类似情况在日本和欧洲也相继出现。

发达核心国家的"软经济"，即投机性金融业务的跨越式增长，由于自由化和放松管制政策，最终形成泡沫经济，导致了2008年全球金融危机。人们认识到，国民经济的过度金融化和有计划的去工业化是造成危机的根本原因。金融和服务部门无法吸收劳动力供应，也无法产生额外价值来弥补工业部门数量的减少，结果导致了更高的失业率和更低的经济增长。

自2000年以来，美国已经失去/外包了500万个工作岗位，其中大约一半在1999—2011年流向了中国和其他国家(地区)，以降低工资成本。然而，随着过去15年中国人均工资以每年12%—15%的速度上涨，近年来许多工作岗位开始回流美国。不幸的是，这些工作大多是由机器人完成，而不是由工人承担。一份研究报告指出，"到2030年，全球将有多达8亿工人失业，取而代之的将是机器人自动化"，"仅在美国，到2030年，可能会有3 900万—7 300万个工作岗位被淘汰，但这些失业工人中，可能有约2 000万人能够轻松转移到其他行业"(BBC News, 2017年11月29日)。

纵观2017年中美贸易数据(图3)，我们可以看到，中国对美国出口的最大组成部分是制造业产品，而美国对中国的出口主要是农产品和大宗商品(美国对中国的飞机出口数据不包括在内)。特朗普政府发起的持续地对华贸易战就是试图改变这种局面。自2017年以来，特朗普政府以"美国优先"和"美国制造"为口号，针对全球贸易伙伴广泛推行的单边保护性贸易政策，似乎旨在通过将失去的产业带回美国，实现国家的"再工业化"。

中国制造与半边缘和边缘国家的去工业化

本文认为，在南北对话中，北方核心经济体的非工业化进程与南方半边缘和边缘经济体的非工业化进程之间有机关联，两者都与"中国制造"的兴起有关。如前一节所述，核心经济的金融化和非工业化对核心—半边缘—边缘关系的结构产生了重要影响，中国显然是这方面的主要受益者。

许多半边缘国家和边缘国家，如拉丁美洲国家，在冲击中虽也有受益，但方式不同。尽管中国从外国直接投资转移(FDI)和核心国家的生产外包中获得了巨大利益，但巴西、阿根廷和其他拉美国家却从原材料和大宗商品出口中获益，为中国的全球制造业发展提供了原料。21世纪头二十年，拉丁美洲地区的"原料商品繁荣"对该地区的出口收入的增加起到重要作用。中国对初级产品和原

美国同中国贸易逆差（单位：10亿美元）
- 电脑和电子产品　$167.3
- 电子设备　$39.9
- 杂项制造　$38.6
- 服装　$29.3
- 机械　$25.7
- 家具　$23.4
- 金属制品　$20.3
- 皮革　$19.8
- 塑料和橡胶　$15.6
- 纺织品　$11.6

美国同中国贸易顺差（单位：10亿美元）
- 农产品　$15.3
- 交通工具　$10.5
- 燃油燃气　$6.9
- 垃圾和废纸　$5.5
- 矿物和矿石　$1.5
- 林业产品　$1.1

图3　2017年中美贸易情况

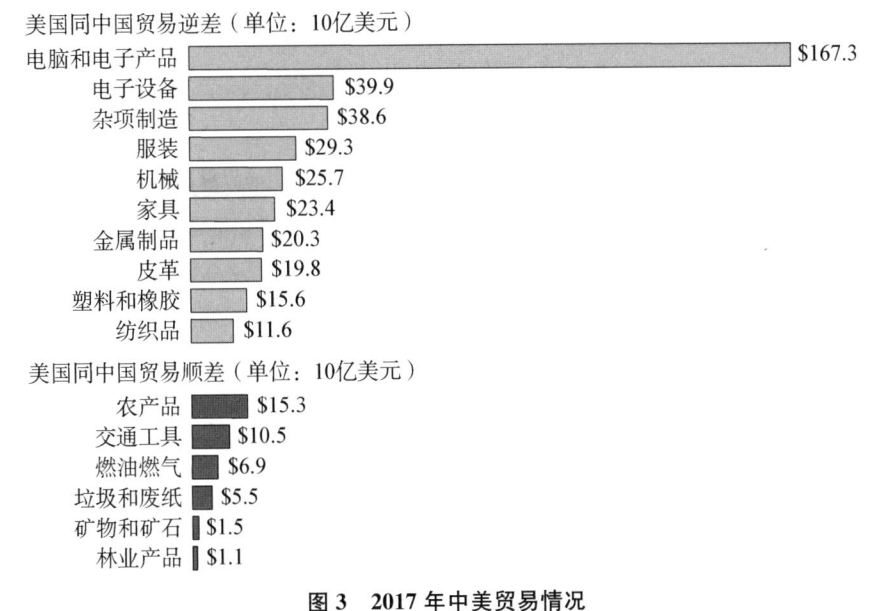

（资料来源：U. S. Census；MarketWatch，2018年6月15日）

材料需求的不断增长是刺激该地区经济繁荣的核心因素之一，而后经济繁荣的负面影响逐渐明显，成本也越来越高。

关于中拉有关存在机会和制约因素的辩论，作者的各种研究表明，在"回旋空间"和"上进"的条件下，中国的崛起确实对半边缘国家和边缘国家呈现出机会与约束并存的双重效应（Li & Christensen，2012）。人们认为，中国的竞争将导致现有半边缘国家在当前世界体系中的边缘化，因为"中国的竞争将彻底破坏现有半边缘国家在某些商品链中的相对垄断地位。在附加值将受到挤压的情况下，迫使传统的半边缘国家接受与中国相近的较低工资率（这是他们无法做到的）"。（Li，2005：436；2008）中国的竞争打破了现有半边缘国家在某些全球商品链上的相对垄断，使许多现有半边缘国家的地位从制造业商品出口国转变为世界经济强国，从而导致了一定程度的非工业化或边缘化商品供应。拉丁美洲的许多学者也认同这一思路和观点。

表1显示，拉丁美洲向中国出口的前五大商品是初级商品，而从中国进口的前五大商品是工业产品。从制造业在国内生产总值中所占份额不断下降的角度来看，巴西在很大程度上被视为相对非工业化的范例。巴西的制成品贸易平衡被视为问题的主要原因，而巴西与最大贸易伙伴中国的贸易，由于巴西在国内市场和出口方面缺乏竞争力，被认为是巴西经济相对非工业化和"初级化"的原因

之一(Jenkins 2015)。一项研究显示,中国已超过拉丁美洲,成为世界上最具竞争力的制成品出口国,2009年拉丁美洲92%的制成品出口面临来自中国的威胁(Gallagher 2010)。

表1 2011—2015年中国—拉美国家进出口产品总量前五

拉美和加勒比国家对中国出口商品		拉美和加勒比国家从中国进口商品	
1. 大豆及其他油籽	19.2%	电子通信设备	9.7%
2. 铁矿石和精矿	16.8%	数据处理设备	3.8%
3. 原油	11.8%	光学仪器,设备	3.3%
4. 铜	11.4%	船只,浮体结构	3.3%
5. 铜矿石,精矿	10.0%	其他电气设备	2.3%
总量前五	69.2%	总量前五	22.5%

中国与非洲的经济关系与拉美类似。根据数据显示,中国向非洲的外向资本扩张带来了新的"不平等交换"和"依赖"循环。

结语

本文回顾和讨论了中国和拉丁美洲两种不同发展政策的出口导向和进口替代工业化的发展历程,以及由此产生的后果。中国出口导向带动了"中国制造"的全球崛起,正如我们所看到的,中国的成功是国家发展特色的独特性、中美友好关系带来的机遇、改革开放政策、华侨华人等多种因素共同作用的结果。

中国的崛起和政策取向对核心国家、半边缘和边缘国家影响深远。可以说,中国的崛起对全世界影响深远,中国正在成为现有世界秩序"核心"的主要反霸权社会政治和经济力量,同时也不可避免地被视为世界体系半边缘和边缘地区的新兴霸权。

中国的出口创汇和全球"中国制造"政策对原材料和大宗商品进口的依赖,为拉丁美洲10年的"大宗商品繁荣"和收入增长铺平了道路。然而,矛盾的是,中国在拉丁美洲和全球南方其他地区的资本和贸易扩张被视为复制了一个新的南北关系体系。包括本文在内的许多研究都指出,由于拉丁美洲没有把重点放在高附加值的活动上,因此,该地区正在出现包括竞争力下降在内的非工业化状况。对初级商品的关注会导致贸易条件恶化。这种情况正是拉美目前在对华经济关系总体上所面临的。

中国在拉美的投资未来将继续增长,主要集中在资源和基础设施两大领域。如果拉美地区能够抓住中国贸易和金融所带来的新机遇,这批新的中国投资将有助于拉美国家实现发展目标。但与中国的经济关系体现在两个方面:一个方面增加政治和经济回旋空间和上进的机会;另一个方面面临经济依赖和贸易关系交换不平等的严峻挑战。

作者认为,寻求与北京的资本对外延伸的战略倾向是符合拉美的政治和经济利益的。拉美学习中国发展经验,增加经济机会,实现合作,在世界新秩序时代,利用全球治理的回旋余地,提高自身的"上进"。因此,在不久的将来,中拉双方还需要经历相当长的适应和调整时期。

作者单位:丹麦奥尔堡大学
译者单位:江苏师范大学

注释

① 20世纪30年代由日本经济学家赤松要(Kaname Akamatsu 1935)创造的,他提出了一个多层次的"雁行"模型理论,在这个理论中,随着发达国家的成本上升,工业化可以得到促进,并从发达国家扩散到欠发达国家。

参考文献

1. Akamatsu, K. (1935). Wagakuni yomo kogyohin no susei [Trend of Japanese trade in woollen goods]. *Shogyo Keizai Ronso* [*Journal of Nagoya Higher Commercial School*], 13, 129-212.

2. Atlantic Council. (2015). *China's evolving role in Latin America: Can it be a win-win?* Retrieved from http://publications.atlanticcouncil.org/chinalatam//

3. BBC. (2017, November 27). *Robot automation will 'take 800 million jobs by 2030' — Report.* Retrieved from https://www.bbc.com/news/world-us-canada-42170100

4. Bernal-Meza, R. (2012). China-MERCOSUR and Chile relations. In L. Xing & S. F. Christensen (Eds.), *The rise of China. The impact on semi-periphery and periphery countries*. Aalborg: Aalborg University Press.

5. Bernal-Meza, R. (2016). China and Latin America relations: The win-win rhetoric. *Journal of China and International Relations*, Special Issue 2016, 27-43.

6. Borthwick, M. (Ed.). (1992). *Pacific century: The emergence of modern Pacific Asia*. Boulder, CO: Westview Press.

7. Bruton, H. J. (1989). Import substitution. In H. Chenery & T. N. Srinivasan (Eds.),

Handbook of development economics. New York: Elsevier. Retrieved from http://faculty.nps.edu/relooney/bruton_is89.pdf

8. Cardoso, F. H., & Enzo, F. (1979). *Dependency and underdevelopment in Latin America*. Berkeley, CA: University of California Press.
9. Chan, S. (1990). *East Asian dynamism*. Boulder, CO: Westview Press.
10. Christensen, S. F., & Becard, D. S. R. (2016). China-Latin America relations: Main themes, main problems. *Journal of China and International Relations*. Special Issue on "China-Latin America relations in an era of changing world order," i – ix.
11. Deyo, F. C. (Ed.). (1988). *The political economy of the New Asian industrialism*. Cornell: Cornell University Press.
12. Domínguez, J. I., & de Castro, R. F. (Eds.). (2016). *Contemporary U. S.-Latin American relations: Cooperation or conflict in the 21st century*. New York: Routledge.
13. Dussel Peters, E. [coord.] (2016). *La nueva relación comercial de América Latina y el Caribe con China. ¿Integración o desintegración regional?* México DF, Red Académica de América Latina y el Caribe sobre China, Universidad Nacional Autónoma de México, Unión de Universidades de América Latina y Caribe y Centro de Estudios China-México.
14. Evans, P. (1995). *Embedded autonomy: States & industrial transformation*. Princeton: Princeton University Press.
15. Frank, A. G. (1967). *Capitalism and underdevelopment in Latin America: Historical studies of Chile and Brazil revised*. New York: Monthly Review Press.
16. Fukuchi, T., & Kagami, M. (Eds.). (1990). *Perspectives on the Pacific Basin economy: A comparison of Asia and Latin America*. Tokyo: Institute of Developing Economies and the Asian Club Foundation.
17. Furtado, C. (1963). *The economic growth of Brazil: A survey from Colonial to Modern Times*. Berkeley: University of California Press.
18. Furtado, C. (1964). *Development and underdevelopment: A structural view of the problems of developed and underdeveloped countries*. Berkeley: University of California Press.
19. Furtado, C. (1965). Development and stagnation in Latin America: A structural approach. *Studies in Comparative International Development*, 1(11),159 – 175.
20. Gallagher, K. P. (2010). China and the future of Latin American industrialization. *Issues in Brief*, 18. Boston University. Retrieved from https://open.bu.edu/bitstream/handle/2144/22726/18-IIB.pdf?sequence=1
21. Global Value Chain Initiative. (2016). *Concept and tools*. Duke University. Retrieved from https://globalvaluechains.org/concept-tools
22. Grell-Brisk, M. (2017). China and global economic stratification in an interdependent

world. *Palgrave Communications*, 3(17087), 1 – 12. https://doi.org/10.1057/palcomms.2017.87

23. Guelar, D. (2013). *La invasión silenciosa. El desembarco chino en América del Sur*. Buenos Aires: Random House Mondadori S. A. ; Ed. Debate.

24. Haggard, S. (1990). *Pathways from the periphery: The politics of growth in the newly industrializing countries*. Ithaca, NY: Cornell University Press.

25. HKTDC Research. (2012). *Transformation of Asia from a production base to a diversified market*. Retrieved from http://economists-pick-research.hktdc.com/business-news/freepdfdownloadservlet?articleID=1X09QNHM&LANGUAGE=en

26. Jenkins, R. (2015). Is Chinese competition causing deindustrialization in Brazil? *Latin American Perspectives*, 42(6), 42 – 63.

27. Johnson, C. (1982). *MITI and the Japanese Miracle: The Growth of Industrial Policy, 1925 – 1975*. Stanford: Stanford University Press.

28. Johnson, C. (1995). *Japan, Who Governs?: The Rise of the Developmental State*. New York: W. W. Norton & Company.

29. Kim, C. S., & Lee, S. H. (2014). Different paths of deindustrialization: Latin American and Southeast Asian countries from a comparative perspective. *Journal of International and Area Studies*, 21(2), 65 – 81.

30. Li, M. Q. (2005). The rise of China and the demise of the capitalist worldeconomy: Exploring historical possibilities in the 21st century. *Science & Society*, 69(3), 420 – 448.

31. Li, M. Q. (2008). *The rise of China and the demise of the capitalist world economy*. New York: Pluto Press.

32. Li, X. (2016). Understanding China's economic success: 'Embeddedness with Chinese characteristics'. *Asian Culture and History*, 8(2), 18 – 31.

33. Li, X. (2019). China's global rise and neoimperialism: Attitudes and actualities. In I. Ness & Z. Cope (Eds.), *Palgrave encyclopedia of Imperialism and anti-Imperialism* (2nd ed.). London: Palgrave Macmillan.

34. Li, X., & Christensen, S. F. (Eds.). (2012). *The rise of China and the impact on semi-periphery and periphery countries*. Aalborg-Denmark: Aalborg University Press.

35. MarketWatch. (2018, June 15). *Why the U. S.-China trade deficit is so huge: Here's all the stuff America imports*. Retrieved from https://www.marketwatch.com/story/heres-all-the-stuff-the-us-imports-from-china-thats-causing-a-huge-trade-deficit-2018-03-23

36. Prebisch, R. (1950). *The economic development of Latin America and its principal problems*. New York: United Nations Department of Economic Affairs.

37. Ray, R., & Gallagher, K. P. (2017). *China-Latin America Economic Bulletin 2017 Edition*. Global Economic Governance Initiative, Discussion Paper, 2017-1. Retrieved from https://www.bu.edu/pardeeschool/files/2014/11/Economic-Bulletin.16-17-Bulletin.Draft_.pdf

38. Renato, A. (1986). Latin American structuralism and exogenous factors. *Social Science Information*, 25(1), 227-290.

39. Rowthorn, R., & Wells, J. (1987). *De-industrialization and foreign trade*. Cambridge University Press.

40. Sanderatne, N. (2011, November 6). Import substitution: Is it a pragmatic economic policy? *Sunday Times*. Retrieved from http://www.sundaytimes.lk/111106/Columns/eco.html

41. Sevares, J. (2015). *China. Un socio imperial para Argentina y América Latina*. Buenos Aires: Editorial Edhasa.

42. Singer, H. (1949). Economic progress in underdeveloped countries. *Social Research: An International Quarterly of Political and Social Science*, 16(1), 1-11.

43. Singer, H. (1998). The terms of trade fifty years later-Convergence and divergence. *The South Letter*, 30, 26-30.

44. Skira, M. (2007). *China and Latin America: A match made in trade heaven or dependency reloaded?* Senior Honors Projects of University of Rhode Island. Retrieved from http://digitalcommons.uri.edu/cgi/viewcontent.cgi?article=1037&context=srhonorsprog

45. Street, J. H., & James, D. D. (1982). Structuralism, and dependency in Latin America. *Journal of Economic Issues*, 16(3), 673-689.

46. Taglioni, D., & Winkler, D. (2016). *Making global value chains work for development*. Washington: World Bank Group.

47. Wade, R. (1990). *Governing the market: Economic theory and the role of government in East Asian industrialization*. Princeton: Princeton University Press.

48. Wallerstein, I. (1974). The rise and future demise of the world-capitalist system: Concepts for comparative analysis. *Comparative Studies in Society and History*, 16, 387-415.

49. Wallerstein, I. (1975). The present state of the debate on world inequality. In I. Wallerstein (Ed.), *World inequality*. Montreal: Black Rose Books.

50. Wallerstein, I. (1979). *The capitalist world-economy*. New York: Cambridge University Press.

51. Wallerstein, I. (1997). *The rise of East Asia, or the world-system in the twenty-first century*. Retrieved from http://www.binghamton.edu/fbc/archive/iwrise.htm

52. Wallerstein, I. (2004). *World-systems analysis: An introduction*. Durham: Duke University Press.
53. Weiss, L., & Hobson, J. (1995). *States and economic development: A comparative historical analysis*. Cambridge: Polity Press.
54. Wong, J. (2013). A China-centric economic order in East Asia. *Asia Pacific Business Review*, 19(2), 286–296.
55. Woo-Cumings, M. (Ed.). (1999). *The developmental state*. London: Cornell University Press.
56. Worldatlas.com. (2017). *Global high tech exports by country*. Retrieved from https://www.worldatlas.com/articles/countries-with-the-most-high-tech-exports.html Xing, Y. Q. (2016). Global value chains and China's exports to high-income countries. *International Economic Journal*, 30(2), 191–203.
57. Zeng, D. Z. H. (2017). Measuring the effectiveness of the Chinese innovation system: A global value chain approach. *International Journal of Innovation Studies*, 1(1), 57–71.

[原文刊载于 Bernal-Meza, R.; Li Xing (eds.), *China-Latin America Relations in the 21st Century*, Palgrave Macmillan, International Political Economy Series, pp. 225–251]